从马尔萨斯到火星

[丹] 陈家舟（Nicolai Chen Nielsen）
[丹] 拉斯·特维德（Lars Tvede） 著

陈劲 姜智勇 译

FROM MALTHUS TO MARS

How To Live, Learn and Lead in an Exponential World

中信出版集团 | 北京

图书在版编目（CIP）数据

从马尔萨斯到火星 /（丹）陈家舟,（丹）拉斯·特维德著；陈劲，姜智勇译. -- 北京：中信出版社，2023.12

书名原文：From Malthus to Mars : How To Live, Learn and Lead in an Exponential World

ISBN 978-7-5217-6183-2

Ⅰ.①从… Ⅱ.①陈… ②拉… ③陈… ④姜… Ⅲ.①经济学－通俗读物 Ⅳ.① F0-49

中国国家版本馆 CIP 数据核字（2023）第 231450 号

From Malthus to Mars by Nicolai Chen Nielsen and Lars Tvede
Copyright © 2023 Nicolai Chen Nielsen and Lars Tvede
Published by arrangement with Sebes & Bisseling Literary Agency, through The Grayhawk Agency Ltd.
Simplified Chinese translation copyright © 2023 by CITIC Press Corporation
ALL RIGHTS RESERVED

从马尔萨斯到火星

著者：　　[丹]陈家舟　[丹]拉斯·特维德
译者：　　陈劲　姜智勇
出版发行：中信出版集团股份有限公司
　　　　　（北京市朝阳区东三环北路 27 号嘉铭中心　邮编　100020）
承印者：　三河市中晟雅豪印务有限公司

开本：787mm×1092mm 1/16　　印张：22　　字数：275 千字
版次：2023 年 12 月第 1 版　　印次：2023 年 12 月第 1 次印刷
京权图字：01-2021-3770　　　　书号：ISBN 978–7–5217–6183–2
　　　　　　　　　　　　　　　定价：79.00 元

版权所有·侵权必究
如有印刷、装订问题，本公司负责调换。
服务热线：400-600-8099
投稿邮箱：author@citicpub.com

目 录

前言 / III

第一部分　极速变化的世界

第 1 章　一成不变的终结 / 003

第 2 章　如何跳出马尔萨斯陷阱 / 007

第 3 章　"蓝色香蕉"地带与创新的 5 个 C / 021

第 4 章　创新促进因素 / 033

第 5 章　未来的指数级趋势 / 047

第 6 章　通向富足之路 / 058

第 7 章　编写生命代码 / 087

第 8 章　IT 的力量 / 095

第 9 章　从婴儿潮一代到 Z 世代 / 110

第 10 章　微观市场里看得见的手 / 119

第 11 章　飞快、动态、灵活的未来工作 / 127

第 12 章　关于未来的 25 种关键趋势 / 134

第二部分　适应未来的心智模式

第 13 章　应对涂尔干 / 141

第 14 章　为自己导航 / 152

第 15 章　清晰思考 / 163

第 16 章　学会学习 / 172

第 17 章　更大的抱负 / 185

第 18 章　把前面的点串起来 / 192

第 19 章　一年 37 倍速 / 200

第 20 章　要橡胶球，不要玻璃球 / 211

第三部分　组织适应未来的 10 种转变

第 21 章　为什么要完成 10 种转变？ / 226

第 22 章　明确价值立场 / 231

第 23 章　设定方向，而不是确定终点 / 239

第 24 章　为一人市场提供按需体验 / 248

第 25 章　快速、动态、灵活！ / 262

第 26 章　管理，体现生活的速度和丰富性 / 274

第 27 章　成为技术型企业 / 288

第 28 章　保持组织活力 / 303

第 29 章　关于学习过程：优兔案例 / 313

第 30 章　从管理人才到支持人才 / 323

第 31 章　马斯洛在行动 / 329

结论 / 339

致谢 / 341

前 言

世界在变，我们必须随之而变。我们都很清楚这一点，但是，问题在于，时代变革的脚步一直在不断加快，因此，我们转错方向或者落在后面的风险也变得越来越大。值得庆幸的是，我们可以做到**适应未来**，进而适应越来越快的变革。

"适应未来"指的是游刃有余地驾驭各种未来趋势，并采取行动实现最理想未来的能力。要实现适应未来，我们需要高效地搜集数据，高效地建立恰当的参考模型来解释我们观察到的事物，并且高效地培养个人习惯和心智模式以帮助自己在剧变中找到方向。本书会带着读者逐一探讨这些要点，并且带来更多的工具，帮助读者及其所在的组织更好地适应未来。

我们为200多家企业提供过组织变革、管理战略和未来等方面的咨询，其中包括30多家《财富》500强企业。我们还先后创办或合作创办过13家企业。在这些初创企业和知识平台中，最重要的是提供未来监测服务的公司Supertrends Institute（以下简称Supertrends），它是本书的出处和灵感源泉。

Supertrends运用人工智能、众包、大数据、文本挖掘、先进数据可视化和数字游戏化等技术发现全球创新，跟进其发展，解读技术驱动的市场趋势。截至本书写作时，Supertrends已经捕捉了超过1.2万项关键创新，从约330万年前的史前石器到未来几年预计的几千项突破。

Supertrends 还开发了一套包罗万象的全球创新实时监测系统，涵盖了所有的领域和技术。它还开发了一套数字模拟工具，结合未来技术的预期变革创建业务战略。它聚焦于业务活动之间的导航、理解、战略制定和调动。截至本书写作时，这家公司共有大约 160 位合伙人和专家，包括两位作者在内。他们是来自世界各地的创业家、科学家、未来学家、领导力顾问和管理咨询顾问，我们在本书中称他们为"超级趋势专家"。

Supertrends 的目标是提供"未来即服务"，为用户走向"适应未来"征程的每一步提供支持。本书描述的工具与 Supertrends 为用户提供的工具毫无二致。它包含了一系列来自"超级趋势时间表"上的快速浏览——它是我们的一个众包项目，主要用来确定重大技术突破可能在什么时间来临。应当注意的是，这些预测仅是合理的猜测，虽然它们都来自全球各个相关技术领域的顶尖专家。这些专家也会时不时地修改自己的预测——尤其是对重大技术突破发生时间的预测。同时，我们还会在书里援引大量的科学研究和其他信息来源。

说到这里，究竟什么是**超级趋势**（这里指大势，不是我们的公司名字）？总的来说，超级趋势指的是足以改变社会重要运行方式的大趋势。它们可能表现在金融、医疗、生活方式、人口统计等诸多方面，但是，归根结底，它们的根本起因还是社会和技术创新。因此，要打造属于你的适应未来的能力，第一个需要打通的关键节点就是理解过去的创新和随之而来的超级趋势是如何展开的。只有这样，你才能更好地预见、利用和影响它们在未来的发生方式。

本书的第一部分简要回顾了创新和超级趋势的历史，预测了它们在未来几十年，甚至更长的时间里，可能的发展轨迹。第二部分讨论的是它们对个人意味着什么，并提出了若干有助于"适应未来"的心智模式和心理诀窍。在第三部分，也是本书的最后一部分，我们会从未来视角，概述这些趋势对未来职场组织及其员工意味着什么。

无论是否担任领导者，在个人和组织层面建设适应未来的能力都与我们息息相关。随着变革脚步的日益加快，领导力也变得越发分散，因此，了解周围发生的一切，在趋势中找到正确的道路，周密地调整生活和工作方式，这一切已经成了我们每个人分内的事。我们可以从理论和实践两方面得知，我们无法让未来的脚步慢下来，不过我们确实有可能让自己的脚步变得更快，澄清我们的想法，在即将到来的变革中保持领先地位。

希望读者能完整地读完本书，因为每一部分都建立在前一部分的基础上。同时，每一章都是相对独立的，并且包括不少实用的技巧和清单，方便读者随时回头查看参照。

希望读者喜爱本书，欢迎诸位在社交媒体上与我们联络。

拉斯　陈家舟

> 适应未来指的是游刃有余地驾驭各种未来趋势，并采取行动实现最理想未来的能力。

第一部分
极速变化的世界

整个世界正在经历巨大的技术变革，它们直接影响着我们的生活方式、商业模式、文化、经济等方方面面。这些变革并不是随机出现在地图上的散乱的点。它们实际上遵循着某种确定的模式。这是因为，每一项创新都是对之前多种创新的重新组合。万丈高楼平地起，没有人能先盖屋顶再砌墙壁，也没有人能先砌墙壁再打地基。同样的道理，技术领域也会沿着一定的顺序展开，这是不可避免的。对这一模式的预测是极其复杂的，但是，对可能的顺序略知一二或者了解其潜在的时机并非不可能。这是因为，很多趋势的发展路径是相当稳定可靠的，无论它们是线性的、指数的还是超指数的。最著名的预测路径可能是预测计算机芯片性能的摩尔定律。这项定律准确地预测了近60年的数字化发展。实际上，类似的规律还有很多，简直数不胜数，我们会在下文讲到它们。

我们还会发现，一些趋势在特定转折点上的发展往往会引发其他事件或趋势。比如，随着财富的增长，人们会变得越来越不愿意生孩子。同时，他们会对环境保护表现得越来越热心。类似的现象在世界各地的数百种文化中俯拾即是，它们中有些具有相当高的可预测性。

事实上，人们对这些现象的认知也存在很多固定模式。其中之一是人们会整体低估发展进步，反而把各种威胁看得过于严重，这种刻板认识可能出现在很多人（或许是绝大多数人）的认知中。

不仅如此，要想让创造力和创新喷涌爆发，似乎离不开特定的前提条件。因此，在研究社群（包括国家在内）的结构时，我们可以确信地预测它们可能会达到的创新水平。这正是本书第一部分的主题，实际上也是全书故事的起点。

第1章
一成不变的终结

2019年,杰出的量子物理学家戴维·多伊奇发表了一场引人入胜的TED演讲。他在那场演讲中提出,宇宙本身其实相当单调乏味,并把这一情形称为"巨大的一成不变"。

这样的说法也许会让一些天文学家大动肝火。其实多伊奇的观点可以总结如下:在约137亿年前的宇宙大爆炸时期,数之不尽的、激动人心的崭新事物开始出现,包括原子、分子、第一批行星、恒星、流星和星系的形成。不过,这些新事物的绝大多数出现在距今130亿年或120亿年之前。实际上,它们大多是在宇宙诞生的前3分钟出现的。

按照多伊奇的说法,从那时起,我们所知的宇宙在数十亿年里基本上一直在重复几乎不变的现象:恒星、彗星、荒芜的星球、黑洞等等。

当然,有些现象非常引人注目,例如恒星的爆炸。但是无论在何时,假如你在太空中的任意一个地方放上一个摄像头,你几乎都会发现在很长一段时间里你看不到任何有趣的事发生。从个人的角度出发，我们可以理解为什么有人想去火星，那一定特别刺激。但是，等到最初的新鲜感过去后，我们究竟该做些什么呢？火星上没有人，也没有任何形式的有机生命，也许一小块巴西雨林中的生命活动就比整个火星表面的还要丰富。

当然，天文学家也许会告诉我们，天体处于相对运动之中。正是由于这样的单调乏味，今天的人们才可以相当肯定地预测天体数百万年，甚至数十亿年之后的命运，同样，人们也可以回溯天体在史前数百万年，甚至数十亿年前的模样。这样的情形堪称"巨大的一成不变"。这种一成不变不仅仅是缺少运动变化。截至目前，人类仅仅探明了几百种地球之外独有的化学物质。相比之下，我们在地球上任意一只动物的身上都可能找到数十亿种不同的分子。

造成宇宙空间巨大的一成不变的一大原因是多伊奇所说的"等级法则"。在宇宙中，较大的物质不受较小物质的影响，但是较小的物质可能被较大的物质改变甚至摧毁。当一颗彗星撞上一颗恒星时，恒星变大了一点儿，但彗星被彻底摧毁了。两个不同的事物融为一体，多样性让位于单一性。

打破等级法则

实际上，就像多伊奇随后指出的，这个法则存在一个让人拍案叫绝的例外：地球。在我们这个可爱的星球上，巨大的一成不变被打破了。它变化出数十亿种繁多样态，从微小到显著，难以尽数。在地球上，把摄像头或者显微镜放在任何一个地方，我们都能看到持续不断的运动变化、惊喜和接连上演的好戏。这一切奇迹来自DNA（脱氧核糖核酸），它成就了数百万种生命形式和数十亿种化学物质。

就这样，在我们的生物世界里，等级法则变得不再适用。可以想见,当两个DNA分子在受孕过程中相遇时,它们总是会产生新的事物——从无例外!这恰好和等级法则背道而驰。地球上的每个孩子都是独一无二的,这就是最好的例子。即使是"同卵"双胞胎,也有很大的不同。同样,与等级法则相比,小小的存在,即DNA,实际上控制着大大的存在,也就是整个生物的其余部分。举例来说,人体中的DNA仅占总体重的0.1%,可它完全控制着其余的99.9%。这是对等级法则最大的违反,或者说它走到了等级法则的反面,建立了"自发式创新"法则。

精彩远远不止于此,因为DNA创造和控制的不仅仅是任何一个时点上的生物总量。早在生命起源之前,地球上的天空和海洋是浩瀚无垠的褐色和红色,就像现在的火星一样。直到DNA让植物的光合作用成为可能,才为大地带来了广袤的绿色。然后植物产生了氧气,把湖泊、海洋和大气层染成了蓝色。DNA还创造了贝类,贝类为海洋底土带来了洁白的石灰石。

也就是说,DNA这种需要借助电子显微镜才能看清的微小分子重塑了地球的整个面貌。实际上,人们必须深挖到地下,才能找到一把没有明显受过DNA影响的土壤、黏土、沙子或岩石。多伊奇指出,看似微不足道的DNA产生的整体影响是它本身的10^{40}倍。如此一来,再也没有什么等级法则,更不会有"巨大的一成不变"了。

递归智能

当然,作为这个故事的一部分,大约30万年前,DNA创造了智人,并把我们塑造成独一无二的物种:只有人类能发展探索性知识(解读世界并建立相关假想),并把这些假想转化成充满想象力的创新。通过赋予我们这种能力,微小的DNA启动了一个不断加速的过程,它不仅包括自发创新,还包括递归智能。递归智能指某种智能创造更多智能的现象。不仅如此，它还会在一个正向反馈循环中产生级联创新。因此，从本质上来说，DNA 不仅改造了整个地球，还把地球变成了一台失控的超级计算机。

是的，这都是 DNA 的功劳，这些肉眼看不见的微小分子实在了不起。我们会在下文谈到这台失控的超级计算机是怎样不断加速的。

> 单调性和等级法则一旦被打破，我们就会收获自发创新和递归智能。实际上，我们获得的是一台失控的、自主式的超级计算机。

重新定义一切

所以，DNA 创造了拥有独特大脑的人类，人类后来又发展出批判性、理性和创造性的沟通和思维能力，这反过来又催生了新思想的不断交流，新思想由此不断得到检验和提升，这一切最终创造了我们今天生活其中的、多姿多彩的世界。人类有能力在现有知识的基础上不断提升，所以未来一定比现在更加多样化。戴维·多伊奇曾经指出，有一天人类甚至可能掌控整个宇宙。我们会不断用创新取代单调，最终"唤醒"整个宇宙。这个过程从过去开始，一直延伸到未来，画出一条迷人的轨迹。不过，有趣的是，情况并非一直如此。

第 2 章
如何跳出马尔萨斯陷阱

根据世界银行的数据,从 1960 年到 2020 年,全球人均 GDP(国内生产总值)的年趋势增长率为 1.93%。加上不足 1% 的人口年增长率,我们的总体 GDP 的年趋势增长率略低于 3%。

当然,"趋势增长率"代表的是长期或平均趋势,有些经济周期和随机事件会造成这种趋势的暂时偏离。无论如何,不足 2% 的人均 GDP 年趋势增长率还会持续下去。按照这个速度计算,10 年内全球的平均生活水平将提高 20% 左右。

这是极其可观的。实际上,只要仔细想一想,你就会发现,这几乎是令人发狂的。从现在算起,10 年后,全球人口的富裕程度可能增加 20%!按照 100 年复合计算,经通货膨胀调整后的人均 GDP 会是现在的六七倍。那是一个全然不同的新世界,可以这样想象,你的家人、朋友和他们的收入以及他们拥有的财产,在下个星期一会是今天的约 6 倍。这就是 100 年后的景象。

迷雾就在正前方

是的,人类正在共同奔向一个截然不同的未来。但是,无论对未来样貌的认知有多么模糊，我们前进的速度都不可能减慢。无论如何，我们都会以惊人的速度冲进模糊不清的未来，就像开着F1赛车风驰电掣般扎进浓雾里一样。

这让人在心理上很难适应。回望走过的人生，你可能经历过地球上一场又一场的巨大变革。一个人如果从2010年穿越到2020年，一定会完全震惊于智能手机、人工智能语音助手、加密货币、RNA（核糖核酸）疫苗、远程办公文化、大都市里的拼车等的出现。我们可能很容易忘记的是，我们今天早已视为理所当然的事物是在近些年才出现的，比如GPS（全球定位系统）、互联网和个人计算机等等。同样，我们也很难想象未来的可能模样。但是，想做到适应未来，我们就必须培养自己理解和利用趋势的能力。

未来之所以模糊不清，关键就在于创新。无论何时，只要有一项创新被推出，人们很快就会希望它不断得到改进和提高，并不断变得更好。比如，在很长一段时间里，人们从未听说可以在飞机上使用Wi-Fi上网。但就在这种网络推出后不久（尽管网速慢得像蜗牛），乘客的态度很快就从惊叹变成了抱怨，因为他们想要更快的网速、更好的易用性和更高的可靠性。是的，我们就是这样一群被惯坏了的人。我们总是要求更好、更快、更便宜。我们早就习以为常的发展就是这样，而且很可能会一直持续下去。

另一点需要强调的是，一切可能性的界限正在变得越来越没有界限。以蝴蝶为例，它从虫卵开始，神奇地成为一只幼小的毛毛虫，然后是蛹，接下来它变成了蝴蝶，翩跹飞舞。最后，这只蝴蝶会产卵，把这种神奇的变化不断地复制延续下去。

这一切是怎么做到的？你我也许不懂这一切背后的科学道理，可它明显做到了，借助卫星定位的精准导航也是如此。还有麻醉，有了它的帮助，人们可以对活生生的人体动刀，而接受手术的人什么都感觉不到。我们还可以在一瞬间把一条信息从伦敦发到法国，再发到中国。我们如今能做到的一切就像魔法一样，而在模糊的未来中等待我们的一切只会更加神奇。大自然——包括我们提到的那只蝴蝶——令人惊叹，而人类创造的东西也是如此。

大分流

尽管如此，人类的创新也不总是那么令人称奇。事实上，在人类历史的大部分时间里，我们都不曾拥有令人疯狂的、不断加速的超级趋势。和今天疯狂的变革速度相比，人类的创新曾经无比缓慢，如果那也称得上创新。

曾几何时，很多人终其一生也没见识过真正的创新。事实上，在人类历史的约 99.8% 的时间里，我们都没有见过类似的、显而易见的创新，更不可能体会到人均 GDP 相应的趋势增长。相反，人们生活在被称为"马尔萨斯经济"的环境中（最低水平的创新和由此造成的最低水平的经济增长）。即使各国经济偶尔小有发展，也主要得益于人口的增加，而不是人均收入的增长。马尔萨斯经济这一说法来自托马斯·马尔萨斯，这位牧师在 1798 年悲观地预测：地球上的人口将呈指数级增长，而粮食生产只能呈线性增长。由此得出了大规模饥荒迫在眉睫的结论。

然而，实际发生的一切恰好相反。经济学教授格里高利·克拉克在他的著作《告别施舍》中用一幅图说明了"马尔萨斯陷阱"和接下来发生的"大分流"。

我们从图 2.1 中不难看出，在长达 3 000 年的漫长岁月里，全球平均生活水平基本保持不变。然而，接下来发生了一件大事：世界上一部分人口忽然感受到生活水平的指数级提升。与此同时，另一部分人（主要是非洲的撒哈拉以南地区）体会到了生活水平的急剧下降，这就是所谓的大分流。

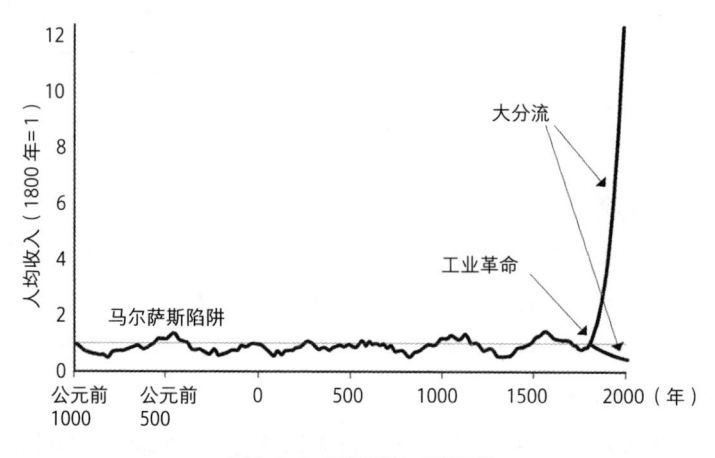

图 2.1 如何跳脱马尔萨斯陷阱

原因何在？部分地区生活水平的急剧提升源于创新，其他地区生活水平的急剧下降在于这样一个事实：那里的人们获得了现代化的医疗服务，人口持续增长，但是生产力并未获得相应的提升。幸运的是，如今世界上只有约 15% 的人口被困在停滞或衰落的社区中。

走向繁荣的 9 级台阶

我们发现，1450 年前后，世界上一个重要的角落成功跳脱了马尔萨斯陷阱——这距离我们撰写本书约 570 年。智人已经存在了约 30 万年，然而，这个物种从 1450 年以来经历的变革远比过去 30 万年更剧烈。顺便提一句，同样的说法也可以用来形容 1800 年以来的世界，甚至是过去 40 年的世界，尽管这些说法不无争议。

当然，这引发了一个问题，智人已经存在了约 30 万年，为什么这一切偏偏发生在 570 年前？要知道，就算是 670 年，也仅仅占人类历史的约 0.2%。为什么 99.8% 的人类历史都陷在马尔萨斯陷阱里？

究竟是什么让我们走出了这个陷阱?

在我们看来,起源于西欧一小部分地区的一些事件,逐渐扩展到全球大部分地区,使人类逃出了马尔萨斯陷阱。它们可以概括为下面9种新现象:

1. **文艺复兴**(约14—16世纪)。它推动了艺术表达、人文主义、个人主义、经验实验和创造力的发展。
2. **地理大发现**(约15—17世纪)。主要包括欧洲人的探险活动和欧洲随后对全球大部分地区(时期并不算长)的殖民。
3. **宗教改革**(约16世纪)。在此期间,一向崇尚个人主义的北欧人认为天主教过于制度化,因此摒弃了它。他们对宗教做出了更个人化、去中心化的解读。这也是一个崇尚文学技能的新时代,它强调个人成就,而不是群体顺从。
4. **科学革命**(在16世纪、17世纪的欧洲)。它用精确严谨的、可检验的知识取代了神秘论,为后来的工业革命奠定了基础。它还起到了增进人类团结的作用,因为人们会为宗教信仰而发动战争,但不会为数学或其他学科的定理而兵戎相见。可检验的科学真理堪称和平天使。
5. **启蒙运动**(约1600—1800年)。它把自由、民主、科学、宗教宽容、法治、权力的分立、理性和常理奉为圭臬,使之成为全社会的基本价值观。
6. **工业革命**(约1750年至今)。技术创新带来了批量生产和化学加工。它们在一定程度上带来财富激增、大规模城市化和文化剧变。
7. **女性解放**(18世纪末19世纪初)。女性获得接受教育的机会和政治影响力,这从整体上极大增加了创造性产出。

8. **精准经济**（约 1980 年至今）。它在很大程度上是由信息技术引领的计算能力驱动的，并且在众多方面远远超越了人脑的能力。原本非数字形式的媒介（如音频、图像和文字等）实现了大规模数字化，这也极大地推动了精准经济的发展。不仅如此，随着大众互联网的普及，网民能够获得的信息数量在量级上翻了几番。数字产品的力量还体现在，它们可以以接近零成本不断复制，还可以以接近光速被传送到任何地方。在 DNA 测序出现之后，对生命最细微的细节进行编码变得可行。DNA 变得越来越像一台机器，已经实现了数字化，并且越来越可编程化。
9. **社交网络革命**（约 2000 年至今）。在互联网的基础上，人们组成了无数的在线社交网络。这些团体开始承担无数充满创意的工作任务，而且是匿名的，也不需要从业资质证明（不需要成为正式同事，也不需要接受专门教育或者加入工会等任何形式的资格证明），就可以从事某些工作。

但是，为什么呢？

这很好地解释了过去发生的一切，但它并没有说明为什么。图 2.2 为我们带来了这个问题的答案。它回溯了人类创新的整个历史，从有据可依、能够把创新者的名字和创新成就联系起来的最早时代算起，直到我们选定的截止年份（1950 年）。

图 2.2 令人印象深刻，它是由美国企业公共政策研究所（AEI）绘制的。这家研究所借助量化历史工具研究了从公元前 800 年到 1950 年 2 750 年的人类成就。这项研究的目的是确定历史上所有留下名字的人在艺术、科学和技术领域做出的创造性创新的案例，这些创新必须足够重要，世界上至少有一半的现代主流参考书引用了这些

创新。

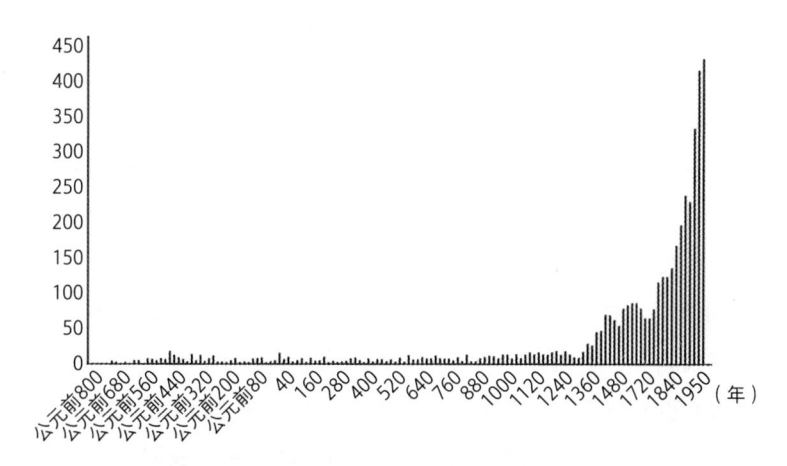

图2.2 人类创新成就（公元前800—公元1950年）

这个项目由50个人花了5年时间合作完成。这是一项庞大的工程，涉及研究超过163项现代人类成就来源（如百科全书），并详细记录：（1）每项成就的内容；（2）成就涉及的创新者；（3）为每项成就分配的版面；（4）成就发生的具体时间；（5）创新者当时的生活地点。这样就得到了一幅人类创新成就的全景图，创新者、创新内容、创新时间和地点的信息一目了然。研究结果包含4 002位声望卓著的哲学家、数学家、音乐家、诗人、天文学家、物理学家、生物学家、技术发明家，以及所有做出重要贡献、足以进入这一名单的人。此外，还有一张清单，专门罗列他们的成就。

从图2.2中不难看出，全世界的新成就数量一直很低，而且毫无上涨迹象，直到公元1000年，情况开始有了起色，但是并未加速发展。对数据的进一步研究表明，当时的成就不仅走势不明，并且地理分布极其分散。也就是说，创新的爆发同时出现在全球的不同地方，但都是短期的。每一次，自发创新都犹如昙花一现。在图中的最初约

300年里,虽然人类积累的知识和能力总体上稍有增长,但在很长一段时间里没有任何加速发展,甚至出现了短暂倒退。事实上,在长达数十年的时间里,人类根本没有任何创新!一片空白。这让我们不禁想起了戴维·多伊奇的"巨大的一成不变"。

接下来就不一样了,大约从1450年开始,全世界的创新真正实现了爆发式增长。想要理解这一切,不妨先看看它是从哪里发生的。美国企业公共政策研究所的研究告诉我们,这一切最初几乎完全发生在欧洲西部。在此之后,西欧人开始移居世界各地,如美国、加拿大、澳大利亚、新西兰等地,并把创新文化带到了当地。这一次,星星之火并没有熄灭,它在全世界燃成了一片燎原之势。

一些统计细节简直令人着迷。比如,这项研究表明,从公元前800年开始,直到1950年,不少于97%的人类成就是在西方文明的疆域内被创造出来的。1950年之后,尤其是20世纪80年代之后,亚洲国家(包括中国、日本和韩国等)快步赶上,并在一些领域处于领先地位。同样,印度和以色列也在创新方面显示出快速增长的势头。实际上,如果按照人均标准来计算,以色列如今已成为全球创新的领先国家之一。但是,用来衡量全球创新水平和成就的各项指标,例如全球创新指数等,继续显示了极强的西方主导地位。

为什么是西欧?

无论从何说起,我们都绕不开一个问题:为什么创新的爆发出现在西欧?为了回答这个问题,我们还是要先看看绝大多数创新活动发生在西欧的哪些地方:它们大多发生在一个狭长地带。它有时也被人们称为"蓝色香蕉"地带。

"蓝色香蕉"地带包括很多现代城市,例如米兰、苏黎世、慕尼黑、布鲁塞尔、阿姆斯特丹和伦敦等。如今谈到"蓝色香蕉"时,人们有时也会把巴黎、佛罗伦萨和布拉格包括在内。无论是哪种情况，这根巨大的香蕉覆盖的始终是欧洲人口密度最大的一片区域。它之所以成为创新的沃土，一个显而易见的原因是，平均而言，这片区域为公民带来的富足和繁荣程度远大于全球任何其他区域，包括欧洲其他地区在内。也就是说，"蓝色香蕉"是一块繁荣富强之地。

"蓝色香蕉"之所以独享繁华，最关键的两个原因是知识的传播和创造力的扩散，事实上，这里也是15世纪欧洲最早开始印刷书籍的地方。

即使是现在，从太空俯瞰欧洲夜景，我们也能看到极其相似的图景：一根巨大的"蓝色香蕉"格外明亮地闪烁着，与当时欧洲那些主要印刷城市的分布样态几乎重合。

还有更令人惊叹的重叠。根据美国企业公共政策研究所研究中提出的欧洲"创新核心"地带概念，我们可以从量化历史图表中看到，全欧洲有一大半的创新（或成就）发生在这个地区。

应该如何正确看待这一结果？这个创新核心地带仅占全球陆地面积的0.1%和全球人口的1%左右。

这简直让人难以置信：在2 750年的漫长历史里，全球1%的人口（他们居住的土地面积仅为全球陆地面积的0.1%）居然贡献了创新成就的半壁江山！不仅如此，在很长的历史时期里，全球其余的创新几乎都发生在西欧其他地区，而这些地区只占全球陆地面积的1%。这意味着，全世界其余99%的人口仅仅完成了人类创新总量的2.5%。因此，想要理解马尔萨斯经济的突围之道，看懂自发创新的喷涌，我们就必须把目光聚焦在这个地区，研究它在1450年前后究竟发生了什么。

通过 10 倍速创新实现去中介化

欧洲核心区域的创新是由印刷术的引进触发的。实际上，这项技术最早是中国人发明的，但它在那里发挥的技术优势非常有限。中国使用形体各异、数以千计的方块字，这让印刷工艺变得极为繁复，在一定程度上限制了印刷术的腾飞。与此形成鲜明对比的是，1439 年，古登堡在德国推出了活字印刷术，并迅速取得巨大成功。这主要是因为欧洲使用字母文字，所需字符要少得多。这使得欧洲的语言更接近数字化。

从这里开始，我们把类似古登堡印刷术的技术称为"10 倍速技术"。它指的是一项技术在解决问题时比它所取代的旧技术要好 10 倍左右。在古登堡之前，一本手抄本《圣经》约为 300 弗罗林[①]。到了 1454 年，古登堡销售的《圣经》只要 30 弗罗林一本。这意味着 10 倍速的进步。不仅如此，29 年后，也就是（欧洲）引入印刷术的 44 年后，Ripoli 出版社的书籍售价已经低到了手抄本售价的 1/500。这意味着书籍印刷已经不再是一项 10 倍速技术。它在 44 年里发展为一项 500 倍速技术，相当于成本效益大约每 5.5 年翻一番。

当一项技术实现 10 倍速跃进（更不用说 500 倍速跃进）时，它会走进更广大的人群，打破极少数人的专享。欧洲的图书产量就是这样的，它从 14 世纪的 280 万册迅速提高到 18 世纪的 10 亿册，大约以 360 倍速增长。

这给人们带来了巨大的力量，帮助他们减少了对他人的依赖。也就是说，印刷术让人们有能力独立获取信息，不再需要依赖教会或政府。从市场营销的角度来看，它也许是世界上最重要的"去中介化"（即去掉中间商）事件，它是 10 倍速技术的常见结果。

[①] 弗罗林是 1252 年由热那亚和佛罗伦萨铸造的金币。——编者注

它也是 10 倍速技术的第三种常见结果的绝佳例证，也就是说，这些技术通常把市场机制逐渐从**供方推动**（即主动将产品推向用户）变为**需方拉动**（即用户个体的活动自动决定了向其推销或为其提供的产品内容）。印刷术出现之前，信息是由教士和国王推向大众的，印刷术出现之后，民众开始越来越多地决定自己该读哪些书籍和宣传品。如此一来，信息就成了一种武器，人们用它来对抗权力中心。顺便提一句，类似的现象也发生在互联网上，无论是报纸、广播还是电视，基于互联网的拉动模式正在逐步取代原本的推动模式。

> 10 倍速以上的技术往往会推动去中介化、分拆，以及促进市场由推动机制转向拉动机制。

10 倍速以上的技术，如印刷术和后来的互联网，往往还会产生广泛的级联效应，影响其他技术，并影响人们的生活方式和人类组织。在欧洲，印刷术产生的一大组织效应是新教信仰的出现。我们先前提到过这一点，1517 年，这场运动兴起于"蓝色香蕉"地带，包括维滕贝格和萨克森选侯国（今德国的一部分）在内。教士、神学家马丁·路德在那里完成了他著名的《九十五条论纲》，并把它张贴在了维滕贝格诸圣堂的大门上。

当时，天主教会是很多国家里最大的地主，从土地和其他来源中获得巨额收入，包括出卖所谓"赎罪券"的行为。据说这种赎罪券可以减轻信徒及其家人的地狱之苦，路德和他的新教徒们针锋相对地反对赎罪券以及天主教会的种种做法。新教教义认为，人们用不着通过牧师来找到亲近上帝的路，相反，人们应当对自己负责，自己阅读《圣经》，陶冶自身道德情操，找到自我救赎的道路。这种**去中心化**的道路让新教分解成了数百个分支派别，而天主教仍是一个庞然大物。

与此同时，印刷术还推动了科学探索的发展。曾经广为流传的种种解释都立足于宗教信仰和想象，如今它们被还原论思维取代。每个问题都被拆分成多个子问题，这样的拆分不断地进行下去，直到所有的问题（在可能的范围内）得到检验为止。我们如今还在这样做，而且得到了更多设备的支持，比如，我们借助大型强子对撞机和电子显微镜等设备来理解微观世界里最微小的事物。

这一进步带来了令人着迷的结果：更多人学会了阅读。随后的大量研究告诉我们，新教地区的人口识字率远远高于天主教地区。不仅如此，新教徒逐渐发展出了一种相当独特的优势心智模式。哈佛大学人类学家约瑟夫·亨里奇在他的著作《世界上最怪异的人》(*The WEIRDest People in the World*)中指出了他称为"怪异"的人的各种特点（即 WEIRD，它是 Western、Educated、Industrialized、Rich 和 Democratic 的首字母缩略词）。西方的"怪异"的人主要是新教徒或新教出身的人。他们往往注重个人品质和意愿，而其他人更多地关注人际关系和情境。这一点可以通过试验来证明。比如请来自不同文化背景的人用 10 种不同的方式完成下面的句子：

"我是＿＿＿＿＿＿。"

"怪异"的人几乎总是用个人特质来回答这样的问题，例如"我是个**创意丰富的人**"、"我是个**有好奇心的人**"或者"我是个**没有耐心的人**"，而"非怪异"的人更多地通过与其他人的关系来识别自己（如作为某人的女儿、某人的母亲等）。也就是说，"非怪异"的人（同时很可能是非西方人）更具家族意识，他们对亲属极其忠诚，不太信任外人。反过来说，"怪异"的人更信任每个人。出于这个原因，他们更善于在社群之间形成运行良好的社会。换句话说，"怪异"的人更善于创造扩大化和/或灵活的社交网络。他们也会加入较小的氏族部落式的圈子，但这建立在较为灵活的立场上，并且涉及多变的社会团体，如贸易团体、海外团体、政治党派等等。这就产生了一种非常关键的现象：超社会性。

超社会性的爆发

大自然告诉我们，同其他物种竞争的最有效方式是合作，其中最理想的途径莫过于**超社会性**这一形式。在生物学意义的生态系统中，建立了超社会性的物种往往优于社会性较差的物种。除了蚯蚓，早已实现超社会性的人类和经其驯化的牲畜是如今地球上最大的生物群体，紧随其后的是同样做到了超社会性的蚂蚁和白蚁。

> 超社会性是一种能力，它通过大规模合作形成最强有力的竞争优势。超社会性是创造力的主要激发因素之一。

超社会性的一大效应是"虚拟大脑"的形成。例如，一大群蚂蚁合作完成一项任务，此时这些蚂蚁的行为实际上就像一个有机体，一个拥有自己大脑的有机体。一个小时后，蚂蚁们可能加入了别的蚁群，共同完成别的任务，于是，它们又变成了其他虚拟大脑的组成部分。

"蓝色香蕉"地带之所以能脱颖而出，很大程度上是由于这种超社会性的爆发。比如，在此之前，传统的天主教信仰足够强大，能够推行一整套固化思想，也就是说，它有能力强制推行多伊奇所说的"等级法则"和"巨大的一成不变"。然而，到了1450年前后，我们看到的是越来越先进的社会——然后是超社会性。

从创新核心地带的腾飞开始，越来越多的社会性——然后是超社会性——开始取代等级法则和一成不变的地位。前文提到走向繁荣的 9 级台阶，它们都是最明显的例子。文艺复兴与启蒙运动、地理大发现、宗教改革、科学革命以及工业革命的一个主要的综合影响是人的解放。从此以后，人们得以自由地试验和探索。我们如今拥有日益丰富的个人主义、实证实验、科学探索和远距离旅行等等，这一切都与超社会性密切相关。此外，更多涉及贸易和技能组合的劳动分工，都属于超社会性活动。

总体而言，我们在超社会性的爆发中获得了越来越多的虚拟大脑组合形式，而且它们始终处于运动变化中——不断变化的人们合作完成产品、服务和思想的交流。

超社会性是适应未来的成功个体和组织最关键的组成部分。

第 3 章

"蓝色香蕉"地带与创新的 5 个 C

我们在第 2 章提到了"蓝色香蕉"地带的部分成因,在这一章,我们会更进一步,探究它为什么发生在那个特定的地点和时间,以及我们能从中学到什么,比如创造力、创新和进步等,以及它可以如何启发我们过好自己的生活、管理好自己所在的组织。

我们可以在全球很多地方看到这种差异:我们会看到彼此相邻的两个地区、两家企业、两个民族或国家,其中一个充满高度的创新性,而另一个完全不是。差别来自人们的心智模式和组织方式。简言之,我们发现,想从停滞走向创新,离不开 5 个关键元素。它们可以被归纳为创新的 5 个 C:

- 集约单元(compact units)
- 合作网络(cooperative networks)
- 共通准则(common codes)
- 变革诱因(change agents)
- 竞争(competition)

集约单元

让我们从基本单元讲起：较小的或较集约的单元最有利于产生新想法。一个网络组成单元的平均规模越小，单元的数量越多，整个系统产生的创造力就越强。比如，你有 100 位听众和 1 个问题，你希望听众为这个问题提供解决思路。一种非常高效的办法是把他们分成 2~3 人的多个小组，请这些小组分头讨论，再逐一上台讲解自己的方案。台下的人通过投票选出最佳方案。重复这样的过程，几次之后你就能得到满意的答案。如果在图形设计在线众筹平台 99designs 上发起过公开 logo 评比，你就会发现二者的做法非常相似，而且同样高效。首先，你会贴出一段简介，很多设计者会根据简介设计并提交他们的作品。接下来，你会为每件作品打分。每位设计师都能看到你在选择过程中的反馈，这样他们可以回来完成修改，提交改后的设计。在评比结束前，这样的过程会被重复几次，我们称其为"创造力循环"。

人的设计，一次一个循环

在我们看来，创造力循环的效能是普遍的。事实上，2014 年，美国自然历史博物馆古人类学家伊恩·塔特索尔提出一个令人信服的理论，可以解释人类是如何通过类似的过程完成基因进化的。该理论是这样的：

- 史前人类生活在非洲。非洲大部分地区的气候在湿润的丛林气候与干燥的草原气候之间交替。
- 这些循环意味着史前人类要在两种情况之间往复：在丰饶的丛林里繁衍壮大；在贫瘠的非洲草原上挣扎求生，因为他们在那里更容易被捕食者发现。

- 每当"在草原上求生"的阶段结束时，史前人类的数量都会大幅下降，这就形成了集约单元。这使得近亲繁殖势在必行，从而加速了基因突变的发生。基因突变当然是基因创造力的一种表现形式，也就是说，近亲繁殖成了一种变革诱因。
- 然而，每当重返丛林时，本地族群的扩大和重新结合又带来了竞争性的"基因之战"，最优者胜出。这种"分离 vs 竞争"的往复模式带来了快速的基因变化，适者生存使之变得更加完备，一个有节奏的创造力循环由此形成。

这种扭曲为我们的社会性和超社会性概念增加了一个维度，即当它们被叠加在一个往复式创造力循环中时效率最高，我们也可以称其为"**脉动式超社会性**"。

> 创造力循环是社会系统中的一个循环过程，创造性单元首先被分离出来，各自进行发明创造，然后开展竞争和/或合作，之后这一过程会被重复。因此，它也被称为脉动式超社会性。

在集约单元内部，洞察力、决策权和结果通常是紧密相连的。这意味着在这种小型单元里，人们有权基于自己的洞察力做出决策，并且很快感受到自身决策产生的结果，无论它们是好是坏。这种现象通常会产生极快的学习周期：正如今天的创业者所说，集约单元能做到"快速失败"。我们还会在下文谈到这一点，无论是个人还是组织，对未来的适应都离不开足够的洞察力、决策权和结果，这样才能不断重复，既要不断地融入体系去塑造它，也要走出去保持创造力。

> "快速失败"最适合小型单元。这是因为，在小型单元里，

> 洞察力、决策权和结果往往是紧密相连的，因此，这里的学习周期最短、最精确。

另一方面，在高度集中的系统里，决策权往往与洞察力相隔十万八千里，而后者是掌握必要信息、做出合理决策不可或缺的。同样，决策权与决策结果往往也相距很远。出于这个原因，大型的、集中式的社会组织通常很少出现有用的创新——这些组织更有可能在错误的方向上在几十年或者更长的时间里不变地固执前进。

合作网络

在这个属于社交媒体的时代，人们也许都能驾轻就熟地使用各种社交网络，不过，这些优势同样体现在生活的其他方面——早在互联网诞生之前很久它们就占据关键地位了。为什么前面提到的欧洲最早流行印刷术的城市大多集中在河流沿岸？因为江河让贸易成为可能。

人们把贸易称为双赢的交易，也就是说，交易的双方都能获益。由于双方是互惠互利的，所以双赢的交易通常是自发自愿的。因为是双赢的和自愿的，所以人们自然希望它们尽可能地多，这常常带来贸易的爆发式增长。

网络可以促进人员的流动，以及货物、服务和思想的交流，从而提高了每个人的能力，帮助他们看到新的组合方式，从而产生新的创新和新的社会联盟。这可以激发超社会性，即个人之间存在非常广泛的合作。生物学家罗伯特·赖特把进化生动地描述为一场巨大的多人游戏。在这场游戏里，最终取得压倒性胜利的总是那些最擅长促成合作的人（如促成双赢贸易的人）。也就是说，在这场全球博弈中，人们在竞争的大背景下合作。换句话说，人们会相互竞争，而最有效的竞争方式莫过于结成联盟。

时至今日，人类的财富仍然不成比例地集中在传统的贸易路线上，因为在那里人们能够创造最多双赢的交易，那里也实现了超社会性。实际上，全世界绝大多数繁华而伟大的城市如今仍然集中于海岸线或江河沿岸，因为它们是超社会性的节点。即使远离江河湖海，它们至少也毗邻一个主要机场。

实际上，网络的力量极其强大，它甚至可以解释为什么智人能在欧洲击败尼安德特人。尼安德特人在身体上更适应寒冷的北方，但是他们不懂贸易，而智人懂。情况似乎是这样的，由于智人从事贸易活动，因此几乎可以肯定他们更擅长在竞争中合作，所以智人在组织更大规模作战团体方面远胜于尼安德特人。他们能一次又一次地攻击和消灭人数更少的尼安德特人，超社会性再一次取得了胜利。

这一理论同我们在历史上司空见惯的一种现象不谋而合，**那就是贸易最发达的文明最成功**。甚至在个人层面上也是如此：在销售、市场营销和金融交易等领域，出类拔萃的人通常比擅长生产的人富有得多。能很好地推动和促进超社会性的企业往往有令人艳羡的业绩。在主动开展合作方面表现出色，确实能让你收获丰厚的回报。

> 总的来说，那些善于合作的人要比善于竞争的人过得更好。最佳的业绩属于那些善于激发脉动式超社会性的人。

共通准则

出于很多原因，人们在从事贸易、开展创新时离不开标准化的、通行的准则。它就是我们接下来要讲的创造力的第三个 C——共通准则。

货币是最常见的共通准则之一：有了买卖双方共同接受的交换媒介，贸易变得轻松很多。另一种有用的共通准则是通用重量与体积单位。比如，在罗马帝国时期，在极其广阔的区域里，双耳瓶的制作必须遵循统一的尺寸标准。到了现代，我们使用公斤、升、加仑[①]和英里[②]等许多度量衡，海运行业使用的集装箱也是标准形制的。SWIFT（全球 200 多个国家使用的用于国际交易的安全信息系统）是人们在汇款时不可或缺的通用系统。

我们还需要共通准则来记录成功的试验或辛勤劳动的成果。只有当这样的手段存在时，我们才能从他人已有的发现中获益，并且/或者把我们的发现告知他人。这样一来，成功才能得到复制、保障、交易和回报。产权契约、专利、版权、文献、商标、会计系统、度量衡单位等都能起到这样的作用。举个例子，如果你想在 99designs 上出钱购买一个 logo，那么你可能希望为它注册商标，这样一来，你心爱的 logo 就不会被别人抄袭了。

体育规则属于另一类共通准则。比如，如果足球运动员对比赛规则无法达成一致意见，比赛就无从谈起。出于同样的原因，现代社会中的我们会付出很大的努力制定技术贸易标准、贸易协议和标准合同等等。度量衡与交通标准，例如公制系统、航运集装箱和互联网数据包等都是非常有用的。创造公平的竞争环境、制定规则，让竞争发生！在贸易繁盛的社会里，我们经常能看到记录、沟通和保护我们劳动成果的各项高超技能的发展。

变革诱因

进步离不开自发的变革，即使其中一些是消极的。我们已经看到史前人类（人类的直系祖先）是怎样由于往复的气候变化而不断进化

[①] 1 美制加仑 ≈3.785 升。——编者注
[②] 1 英里 ≈1.609 千米。——编者注

的，在这种情况下，气候似乎发挥了有效的变革诱因的作用，帮助史前人类走进近亲繁殖的时代，而这一点再次改变了人类的基因库。在现代社会里，个人正在变得日益强大。

在孤立的社区里，或者在旅行限制严格的国家里，变革诱因要少得多。这也是这些地区往往陷入停滞或衰败的原因。反观开放社会，它们拥有自由媒体、自由贸易和自由的社会互动，因此，思想和变革诱因往往蓬勃发展，社会财富也随之增长。

总而言之，人员、货物、服务、思想的经常流动可以激励和推动变革的频繁发生。不过，还有一点必不可少，那就是达尔文谈到的大家都非常熟悉的竞争。

竞争

竞争通常可以阻止糟糕创意的传播和扩散，同时帮助优质创意成倍增加，并使之不断改善和提升。这一点是显而易见的，就像我们在99designs上为各种设计评分一样，每个人都能看到我们的评分。组织也一样，在员工点评组织、职业流动性居高不下的今天，组织的寿命从未像现在这样短过。

社会体系内的竞争是必不可少的，一个最重要的原因是绝大多数的创意都非常糟糕。举例来说，在非洲大草原上，史前人类由于近亲繁殖而引发的大多数基因变化肯定是非常糟糕的。但是，从长期来看，最终胜出的反而是那些非常少见的、有益的突变。这是竞争的结果。

历史经验无比清晰地告诉我们，竞争是创新不可或缺的驱动因素，极端的竞争通常推动极端的创新。大型战争就是个例子，这种极端的竞争往往引发极端创新的爆发。从本质上说，新冠病毒感染疫情就是人类这一物种与病毒之间的竞争，它同样带来了极速创新。这一点不仅体现在 RNA 疫苗上，还体现在病毒的变异上。

反过来说，没有竞争的体系常常会陷入停滞，甚至完全衰退。这个问题在垄断者身上体现得尤为明显，例如垄断性公共服务部门。实际上，麦肯锡的研究表明，在全球范围内，一些公共部门的平均生产率长期为零。我们的人均 GDP 增长率之所以能达到 2% 左右，全靠私营部门的年增长率长期超过 2%。

"蓝色香蕉"地带的诞生

以上就是我们谈到的关于创新的 5 个 C。下面我们会看到，"蓝色香蕉"地带正是在这 5 个 C 的同时作用下实现腾飞的。

这一切必须从罗马帝国和它的崩溃说起。首先，罗马帝国并没有特别高的创造力。事实上，罗马的创新力其实不如之前比它小很多的希腊文明。尽管罗马帝国在约 1 000 年里统治着全世界 1/3 的人口，但它的发明其实并不算多。但是，它拥有一种更强大的能力，那就是将前人的发明创造（主要指古代的希腊文明）规模化。罗马人还很擅长建造用于促进贸易的基础设施。不过，事实上罗马人创造的应该是"第一次"文艺复兴，因为他们在很大程度上立足于先前希腊城邦的种种思想（这让我们如今常说的文艺复兴变成了第二次文艺复兴）。

是的，希腊人就是这么伟大！那么，就创造力而言，哪些是希腊人拥有而罗马人没有的？主要答案是众多的集约单元。在古希腊文明最富创造力的时期，它并不是一个统一的国家，而是城邦林立。希腊当时是一个由 700~1 000 个城邦组成的松散联盟，其中绝大多数城邦都非常小。城邦之间会自发地合作和竞争，而且当时的竞争和合作模式是变动不居的。尽管城邦之间多有竞争，有时还会开战，但它们也有同一种语言、相同的重量和容积单位、同样的货币、近便的海路等等。也就是说，城邦时代的希腊拥有创新的5个C，城邦之间实现了脉动式超社会性。因此，希腊做到了自发式创新！

从公元前335年开始，亚历山大大帝统一希腊，把它变成了一个完整的帝国，希腊文明从此失掉了大部分的创造力。尽管如此，它的思想后来在一个名叫罗马的意大利城邦中得到了复兴。罗马成长为另一个帝国，一开始相当分散，后来变得越来越集权化。然而，由于过度的军事开支、过度的税收、道德沦丧以及很多其他问题，西罗马帝国于476年灭亡。此后，西欧分解为数量众多的国家，其中大多数是极小的城邦国家，它们和超社会性时代的古希腊城邦非常相似。实际上，在罗马灭亡之后，西欧一度出现大约5 000个小国。从面积上来说，它们和如今的安道尔、列支敦士登、卢森堡、马耳他、摩纳哥、圣马力诺、梵蒂冈以及瑞士那些具有高度自治权的州非常相似，它们都是那个时代遗留下来的。

这引发了创造力大爆发。有趣的是，这股热潮主要发生在"蓝色香蕉"地带，它的面积仅占西欧面积的10%。同欧洲其他部分相比，西欧这块窄小但充满超级创造力的地区拥有众多小城邦的历史大约长出了500年。在我们看来，这一地区之所以如此富饶，极有可能是由于它在漫长的、极端去中心化的时代里经历过的一切。

今天有很多人误以为中世纪是一个相当糟糕的时代，其实，极少有人注意到这一时期出现了多少创新，因为创新的5个C此时已经回到欧洲大陆的大部分地区。当时的欧洲——抛开天主教廷的作用不论——不仅拥有高度分散的政治架构，而且享有绝佳的道路和港口（它们都是罗马人修建的）、通用的书面语言（拉丁文）、统一的重量和长度单位，以及通用的历法。此外，由于处于城邦时代，欧洲的城邦与企业之间存在高度的竞争与合作关系。

这种影响是压倒性的。比如，到1900年，西欧人的后代控制着全世界经济和陆地面积的大约85%，他们同时统治着全球的海洋。这一切都是因为创新，这是由于创新的5个C全部存在。在我们看来，这也是去中心化引发的。

说到这一点，我们今天同样应当注意的是，较小的国家往往比较大的国家做得更好。2014年，瑞士瑞信银行对比了较小的国家（人口少于1 000万）与其他国家，得出了这一结论。瑞信银行发现，平均而言，较小国家的人类发展指数和国家实力指数的平均得分要高出很多。不仅如此，平均而论，即使是从大国中分立出来的小国，如克罗地亚、立陶宛和哈萨克斯坦等，它们的相对表现也有可观的提升。

星星之火与生态体系

这一切都有限制条件，由干木柴做成的谷仓和干草垛很容易着火，很快就会灰飞烟灭。然而，它们在绝大多数时间里都是安全的。这是因为火灾需要最初的一个火星——比如一道闪电把它引燃，而这一切并不经常发生。

只要创新的5个C明确存在，这一点就适用于任何社会体系，不过还需要有人启动这一过程，为他人提供灵感。这也是我们经常在特定地区看到特定创造力集群现象的原因。以"蓝色香蕉"地带内部为例，意大利的西北海岸线上（主要是从拉斯佩齐亚到里窝那一带）有一个超级游艇制造商集群，摩德纳有超级跑车生产集群，米兰有著名的时尚集群，比尔有钟表制造集群，楚格/苏黎世是区块链/加密货币中心，巴塞尔是制药中心，慕尼黑是汽车制造中心，等等。由于所谓的创新路径依赖——一个地区过去开发建造的一切会对将来可能开发建造的事物产生极强的影响，这些集群才会进化发展。

反过来说也成立，核电的大规模生产本来可以极大地降低电价、提升电能质量，但是很多国家的公众反对建设核电站，因此，这项技术无法在当地得到采用。后来，核电成本过高这一事实又被同一群人拿来当作反对建设核电站的新论据。

> 创新存在路径依赖。一个地区过去做得好的事情会强烈影响它将来的强项：卓越是有黏性的。

创造这些集群的"胶水"正是超社会性。比如，意大利西北部的超级游艇制造商们依赖的是当地数千家次级供应商和相关的教育体系。由此而来的一种效应把这一切聚拢在一起，这种作用经久不衰。另一方面，当谈到技术密集型的生态系统时，我们常常会看到，超社会性的产生离不开以下几项因素的结合：

- 跨国企业的研发中心
- 相关教育机构
- 蓬勃发展的本地风险融资/私募股权环境
- 足以吸引人才的生活条件

一旦有了这样的组合，大量新潮的初创企业就可能蜂拥而至。路径依赖意味着有些产业集群可能会由此形成。不过，虽然初创企业的到来不难预测，但几乎不可能猜测哪些企业能够占据主导地位。

5C+3

现在我们可以更清楚地理解创造力和创新蓬勃发展的条件，以及超级创新的"蓝色香蕉"地带为什么能出现。接下来我们自然会问：创新能不能持续下去？如果能，它会出现在哪里？表现为什么样的方式？理解这些问题对引导和塑造未来趋势至关重要。在我们看来，好消息是创新将继续加速发展，并将成为一种全球现象。这主要是因为有其他三种创新加速因素，它们是连通性、组合爆炸和计算机化。我们会在下文详细讨论它们。

第 4 章

创新促进因素

全球陆地的一小部分承担起绝大部分创新的日子早已一去不复返了。例如,近年来,亚洲的创新呈爆炸式增长。如今,全世界约 60% 的智能手机是亚洲制造的。我们现在正在从"蓝色香蕉"地带转向全球创新富矿带,其中最抢眼的就是中国。就创新而言,中国在 2000 年时还处于比较边缘的地位,如今,它的市场经济繁荣昌盛,每年新注册的专利数量最多。不仅如此,中国拥有全球约 45% 的超级计算机,而且它似乎决心成为全球 5G 网络部署的先行者。全世界一半的电动汽车是中国厂商生产的,中国是高铁行业的领跑者,它不仅在太空探索领域取得了重大进步,还在核电、AI(人工智能)和基因组学等领域取得了不菲的成绩。中国对境外初创企业进行了大量投资,进一步扩大了影响范围和影响力。

未来的动力源泉

除了中国,其余 4 个专利注册总数排名前五的国家(地区)是美国、日本、欧盟和韩国。俄罗斯排在第六位,但它和第五位的差距非常大。这些地区,加上其他几个国家,如以色列和瑞士等,还占据着全球最创新城市的各种排名。比如在初创企业孵化能力方面，旧金山和硅谷始终独步全球；东京是全世界专利产量最高的城市；北京孕育了全球最多的独角兽企业（市值达到10亿美元的初创企业），在全球获得风险投资最多的城市里排名第三；伦敦15%的劳动力人口从事高新技术产业；巴黎是欧洲专利申请的冠军城市；纽约拥有全世界最多的《财富》500强企业总部。

然而，这并不能说明其他城市是碌碌无为的，恰恰相反，它们中涌现出了"下一个硅谷"，而且这样的城市和地区即将超过30个。除了人们通常提到的城市，还有很多枢纽城市，例如赫尔辛基、雅加达、拉各斯、墨尔本、蒙特利尔、莫斯科、孟买、圣保罗、新加坡、苏黎世和特拉维夫等等。很多城市专注于特定技术或产业（例如，蒙特利尔专耕AI，新加坡锁定金融科技）。非常有趣的是，随着英国的脱欧，我们看到它正在着力建设新的联盟，尤其是与美国的盟友关系，以及同英联邦成员国的盟友关系。我们还能在世界其他地区看到类似的区域合作。购买力正在转移，一个崭新的、无比庞大的消费者阶层正在全球各大洲蓬勃兴起。

上述的一切可以归结为一个明显的结论："蓝色香蕉"地带最初对全球创新的巨大主导地位早已结束。另一个没有那么明显的启示是，创新枢纽的多元化将如何改变各国的相对力量，并带来一个多极化的世界。创新必将创造未来的经济增长和财富。假以时日，这将转化为国家的实力。

能用最强大的军事力量威胁他国安全的日子其实并未结束，但是这样的情形正在减弱。人类的军备竞赛正在从导弹走向数据与创新的比拼。这一点最明显的表现是新冠病毒感染疫情期间各国的疫苗竞赛。疫情暴发后，美国、欧盟、俄罗斯和中国都在一年内生产出了疫苗。这四大力量中心都有能力控制疫苗的生产和分配，首先保证本国民众用上自己的疫苗，再给外国民众使用。

由于密集的创新从"蓝色香蕉"地带扩散到整个西方文明，进一步扩散到全球，所以，我们面临着前所未见的、日益加速的变革局面。与此同时，无论是从生理上还是心智上来说，人类都未曾适应如此迅猛的速度。这意味着，我们面对的是越来越复杂的问题，而我们没有能力去理解和处理这些问题。

病毒效应与网络效应

在地球上，对"等级法则"和"巨大的一成不变"最彻底的打破通常来自病毒效应。新冠病毒就是最明显的例子。其他不那么极端的例子还包括短视频软件 TikTok 和优兔上的无脑视频，人们会彼此分享和传播它们。因此，病毒式传播可以是有害的、中性的或有益的。如今，网络效应和数字化病毒现象的不同之处在于，全世界被真正地、完全地连接在了一起，这是人类历史上破天荒的第一遭。全球人口的大多数都是活跃的在线用户——确切地说几乎是全球人口的 60%，46.6 亿人。在大多数发达国家，渗透率高达 95%。社交媒体也是一样，目前全球一半以上的人都是社交媒体的活跃用户。线下的情况也很类似，越来越多的人为了生活、工作和旅行而跨境出行。旅行是个很有代表性的例子，1950 年的国际游客人数仅为 2 500 万，到了 1990 年，这个数字增长到 4.4 亿，而 2018 年为 14 亿。这个数字预计会继续呈指数级增长，2030 年将达到近 20 亿。收入与国际旅行之间存在明显的正相关关系，我们已经在一些发达国家看到，人们每年平均出国旅行两次，国内旅行的次数更多。

这一切带来了极端的超社会性，从而增加了网络效应和病毒现象的潜力和影响。这又意味着，创意、创新和新技术如今可以快速传播。说到创新的 5 个 C，"连接"让每个 C 都发挥了作用：如今，**集**

约单元正在个人层面出现；全球**合作网络**可以实时互动；**共通准则**覆盖全球，或者至少覆盖一个区域，例如苹果和安卓的应用商店以及5G网络等等；**变革诱因**的机会日益丰富；在越来越多的行业里，**竞争**几乎本质上是全球性的。

组合爆炸和相互依赖性

知识和创新是相辅相成的，因为创新主要是将已有事物以新方式组合起来，所以这个过程天然具有爆炸性：人类过去开发的事物越多，就越有可能在未来创造出更多的新事物。比如，如果人类只开发出了 A 和 B 两种产品，在不考虑等级法则的情况下，我们可以得到 3 种（由两种产品组成的）组合：AA、AB 和 BB。但是，如果我们过去制造的产品多出一倍，达到 4 种（即 A、B、C 和 D），那么，可能的（两种产品的）组合就会从 3 种增加到 14 种。进一步增加基本组成单位的数量，我们就能得到数学家常说的"组合爆炸"。换句话说，我们得到的将是爆炸式的创新，而不是呆板的一成不变。

> 创新催生更多的创新。当创新的 5 个 C 出现时，创新的过程就会呈指数级增长。这是共同演进的结果，即重新组合事物。

我们周遭的世界充满了事物通过组合创造更好解决办法的例子。比如，在数码摄影机刚诞生时，它的拍摄质量远低于胶片，但它通过数字化影像、本地数字存储、互联网、云计算和社交媒体的组合大大弥补了分辨率过低的不足。顺便提一句，这也说明了我们先前提到的创新的一个特点，即它的先后顺序在一定程度上是固定的。每种新的核心创新只有在其他创新就位的情况下才能发生。能够说明这一因果关系的更近的例子是智能手机的推出。想要引人注目，它需要永远在线，还需要数字摄像头、精准的触屏技术、指南针、超长待机的电池、极快的处理器和GPS（全球定位系统）等等。2000年，GPRS（通用分组无线业务）技术解决了始终连接的问题。在接下来的几年里，其他各项必需技术都以指数级增长，并被用在了智能手机上。这一切把我们带到了2005年到2009年这个窗口期，当时一定会有某个人在某个地方推出一款集所有功能于一身的智能手机。尽管当时的主流手机厂商并没有看到这一点，但苹果公司的团队做到了，他们在2007年推出了第一款智能手机。

伊恩·莫里斯的著作《西方将主宰多久》为这一现象提供了历史证据。在人类历史的前20项重大发明中，有15项在西方和东方独立出现——但是它们的顺序是一样的！不仅如此，它们之间的时间差约为2 000年。正如莫里斯在其著作的序言中写的："在过去的1.5万年里，东方和西方以同样的轨迹走过了同样的社会发展阶段……只是时间和速度各不相同。"

今天的不同之处在于，我们生活在一个创新数量极大的世界里，尤其是10倍速以上的创新，所以出现了爆炸式的变革速度。我们正在飞速冲进迷雾一般的未来，不过，即使它看似不可预知，我们实际上也算得出很多可能发生的事情。这是因为，它们在很大程度上都是预先确定的。

它的速度同样如此。许多指数级趋势正处于起飞的尖端。这些趋势一旦爆发，势必通过新的方式结合在一起。由于这种相互依存性，我们必须进行大量的预测，才能以合理的确定性预测任何具体的事情。也就是说，我们必须学会像雷达那样看待世界，而不仅仅是像激光那样高度聚焦。我们不仅要看到树木，还要看到森林。

永生的创新

实际上，通过重新组合实现的创新不仅是指数级的，更是超指数级的。在数学上，这种变化也被称作迭代幂次，也就是说，指数本身的指数也呈指数级演化。这适合用来描述整个创新，不过偶尔也会出现在一些较为具体的领域里，例如量子计算的性能提升。

戴维·多伊奇在他的《无穷的开始》（2012）一书中有力地指出，由于这一现象的存在，创新并不是我们正在迅速清空的一桶可能的想法，而是一个无穷无尽的指数级的过程。换句话说，创新实际上在各个方面都是无止境的，能够限制它的只有物理定律。

好消息是物理定律非常大方，简直慷慨到了极点。举例来说，仅就人类拥有的氚和氘而言，它们蕴含的能量足够为整个地球供应清洁安全的能源，少则3 000万年（保守估计），多则无数的几十亿年（乐观估计）。就速度而言，它的绝对自然极限是光速，光可以在1秒钟内绕地球飞行7圈。

尽管市场对新核心技术的最初反应往往令人失望，但随着时间的推移，人们会发现新的商业模式和应用程序，从而引发源源不断的新商机和技术。

这种现象的力量之大，足以让我们相信，在物理定律允许的广阔范围内，我们想要发明的一切最终都将被发明出来。因此，如果有很多人感到自己想要的事物在技术上是可能实现的，并且是丰富的，我们就应该利用它不断地开发新的体验——持续下去，直到永远。

创新失误扩大化

创新过程在很大程度上可以被描述为三种不同类型之间的流动。美国教授斯图亚特·考夫曼在他的《宇宙为家》（1995）一书中对此做过非常精彩的叙述。

- 实际的存在：已被发明的一切。
- 邻近的可能：原则上可以通过新的方式重新组合已有要素而实现的创新。
- 隐约的未来：在物理定律中，理论上是可能的，但目前尚不可行，因为必需的子要素还不是"实际的存在"。

创新设计领域存在一种有趣的现象：通常，"邻近的可能"包含已有核心技术的崭新用途。当一项新的核心技术刚刚推出时，它常常会在商业层面度过一段痛苦的挣扎期，因为"邻近的可能"中令人着迷的各种应用尚未被发现或推出。因此，这一技术最初可能是令人失望的。造成这种现象的一个原因是，擅长核心技术开发的人往往不适合为它们开发应用程序。举个例子，电视广播离不开多种颇为枯燥的核心技术，这些技术的开发者都是卓越的工程人才。但是，电视的真正腾飞离不开时尚人士，他们开发了令人神往的媒体概念和应用，例如体育赛事的实况转播、脱口秀和肥皂剧等。这一切都离不开新的创意、商业生态系统和商业模式等等。说到这里，也许我们应该提一个非常明显的反例：区块链似乎从一开始就绑定了杀手级的终极应用——以比特币为起始产品的加密货币。从这个例子来看，"技术宅"们似乎一开始就找到了杀手级应用。

阿玛拉定律。美国科学家罗伊·阿玛拉观察发现，"人们经常高估新技术的短期影响，同时低估它们的长期影响"。阿玛拉定律预测了这些现象的发生。这一认识最近因为比尔·盖茨的一段话被更多人熟知。盖茨指出："人们常常会高估两年后发生的事，低估10年后发生的事。"

> 技术的突破最初往往令人失望，因为工作的重心尚未从核心技术转移到应用开发上来。这一转变通常需要完全不同的人以完全不同的商业模式来完成。

大规模计算机化与 10 倍速以上的创新

关于创新过程，我们还必须了解的另一点是，10 倍速以上的创新正在越来越多地涉及数字化和自动化的组合。它允许计算机接管以前由人完成的任务——从而形成了创新的第三个核心促进力量：计算机化。这带来了具有自我强化能力的智能，比如，我们可以使用软件来编写软件等。

技术的生命周期

在最早的技术和商业化技术演进模型中，有一种被称为"技术采用生命周期"的模型。它最初是研究专家埃弗里特·罗杰斯在1962年提出的，后来被美国管理咨询专家杰弗里·摩尔用在了《跨越鸿沟》一书中。摩尔在这本书里强调，要确保一项创新获得足够多的早期采用者的关注，这样才能让它早日成为主流，并被大多数人最终接受。

此外，还有美国研究和咨询公司高德纳专为新兴技术提出的、图形化的"技术成熟度曲线"，如图 4.1 所示。该图显示，技术的成熟一共包括 5 个主要阶段：技术萌芽期、期望膨胀期、幻觉破灭期、稳步爬升复苏期和生产力成熟期。当然，这里提到的"幻觉破灭期"经常来自不可预见的技术复杂性，不过它同样可能来自引人注目的应用的最初缺失。

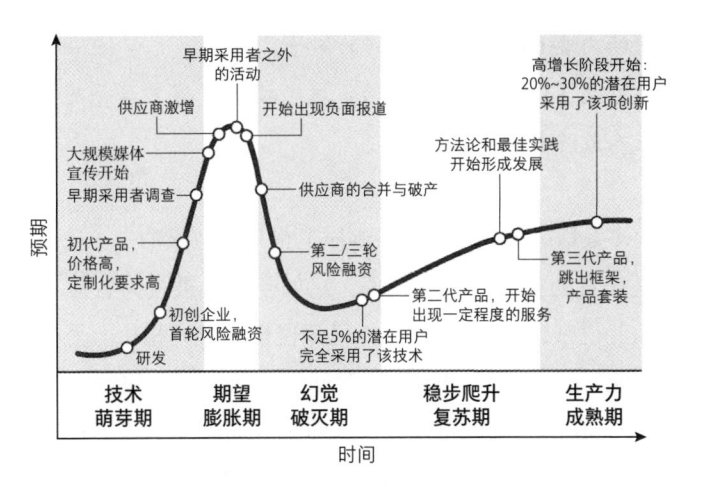

图 4.1　技术成熟度曲线指标

另一个距离现在更近的模型是指数级增长的"6D 框架"。它是希腊裔美国医生、创业家彼得·戴曼迪斯提出的，该框架指出，技术是沿着一条可预测的路径发展的：

- 数字化（Digitalization）：当事物从模拟样态转为数字样态（或者部分转为数字样态）时发生的指数级增长。
- 假象（Deception）：由于起点较低，初始增长较为缓慢，但指数级增长的本质决定了，一旦到达临界点，事物就会飞速增长。
- 颠覆（Disruption）：当新产品/服务更低价、更快捷、更方便或质量更高时，现有市场遭到颠覆。消费者会逐渐转向新产品/服务。
- 去流通化（Demonetization）：产品或服务变得日益廉价，最终低到免费或者只卖极低的价格。
- 消没（Dematerialization）：实体部分被移除，变成越来越小的组合。你的智能手机就是一个最典型的例子，汽车中控屏幕里的内置 GPS 也是个很好的例子。
- 大众化（Democratization）：这项技术变得日益普及，绝大多数人最终都能用上它。

在大多数情况下，这一路径本质上也是指数级的——比如，数码相机曾是昂贵的独立运行的设备，它如今早已被视为智能手机的一部分，如此说来，全球至少有 30 亿部这样的数码相机。另一个例子是音乐，它过去只能以实物形式存储和播放（例如黑胶唱片或磁带等），如今，在网络上就可以收听大量的免费音乐，人们也可以在各种平台上以极低的价格（或免费）订阅和收听，这样的平台有很多，例如优兔、声田、Tidal（流媒体音乐平台）和苹果音乐等等。

这些模型的共同之处在于，它们都描述了某种程度上可预测的技术进化路径，从早期尚不清楚一项技术能否存活下来，到可能被采用为主流技术。

这些模型大多涉及某种形式的数字化。如今，可能全世界都认为从实体格式向数字格式的转变是件再明显不过的事，但是我们不要忘了，MP3 播放器真正开始取代 CD（激光唱片）是 2010 年之后的事，而最后的纸质版《不列颠百科全书》的发售时间是 2012 年。

在此之后，人类实现了更复杂事物的数字化，比如 DNA、货币、决策、现实（通过虚拟现实技术），甚至可能是意识（图 4.2）。我们假设任何可以数字化的东西最终都会被数字化，当某个事物被数字化时，它通常就会进入指数级增长。这就是我们正在进入的未来。

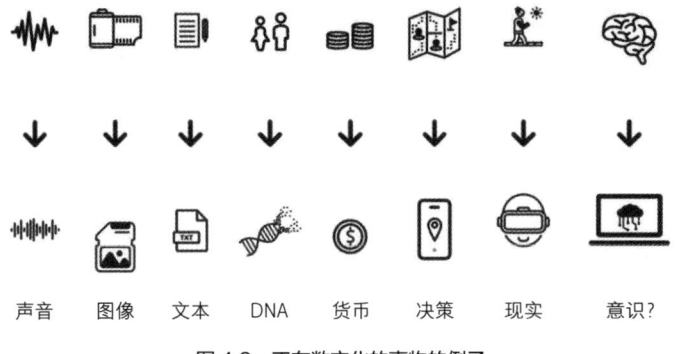

图 4.2 正在数字化的事物的例子

组合爆发

大规模数字化会让组合爆炸来得更加猛烈。一项技术能否被广泛接受往往是和技术的相互依赖性紧密相连的，而我们就生活在一个数字技术达到临界点的时代，例如大数据分析、量子计算、人工智能、区块链、基因测序、CRISPR（规律间隔成簇短回文重复序列）、机器人、虚拟现实（VR）、增强现实（AR）、物联网（IoT），以及其他技术，它们在技术采用曲线上的位置已经达到相当的高度，足以通过有意义的方式相互结合。

融合是必然的结果。原本不相关的分立的技术、产品和服务越来越紧密地结合在一起，甚至融为一体。比如，心率监测仪、手表，甚至是睡眠监测仪，如今都结合在一块智能手表里。机器学习和机器人技术如今也合二为一，带来了智能制造设备、自动驾驶汽车和机器人助理等等。

这只是无数可能的组合方式中的几个例子，这些组合都属于相互依存的范畴。这种情况不断发生，一项技术或创意会与其他技术或创意结合，孕育出 10 种以上不同的创意。这些创意再次与其他创意结合，然后每种创意又产生 10 种以上的创意，如此这般延续下去。这种技术发展变得相互依赖的情况还被称为"共同演进"。善于发展相互依存性的人和组织往往能为组合找到更大的空间和更多的可能，实现更辉煌的业绩。不过，这要求人们拓宽视野。也就是说，只有在心智的雷达足够高效时，共同演进才是最有效的。

> 高度的相互依存性能孕育出高度的创造力和敏捷性。

我们能在古老岩洞的壁画上看到石器时代先人猎捕大型动物的情景。这些猎物包括重达 1 500~3 000 磅[①] 的欧洲野牛。1 万年到 8 000 年前，古人开始用驯养的方式取代猎杀，到 17 世纪时，最早的野牛开始灭绝，而畜养的家牛在人类的领导下成倍增长，已经达到一个惊人的量级，现在全球家牛有 15 亿头。

人类最初驯养野牛显然是为了获得牛肉和牛皮，后来才发展出了役使功能。不过，在某个时候，有人喝起了牛奶——可能是被逼无奈，因为这看上去很奇怪，很可能不太受欢迎。牛奶含有乳糖，而最早的人类是无法消化乳糖的。实际上，所有的哺乳动物都没办法在成年后消化乳糖。尽管如此，人类喝牛奶的潜在益处实在太大了，所以两大变化同时发生了。第一是基因的突变，从人类最早饮用牛奶时算起，大约 80 代人之后，成年人乳糖耐受性开始变得越来越普遍。第二是受到选择性育种的影响，奶牛的产奶能力也提高了。

这种消化牛奶的新能力带来了一连串的影响，因为牛奶的营养价值是牛肉的大约 5 倍。所以，人类当然希望通过选择性育种获得更高的牛奶产量，这意味着 10 倍速的提升。

这反过来意味着，一个人可以用单位面积的土地养活更多的人，

---

① 1 磅 ≈0.45 千克。——编者注

这又使得军事集结、劳动分工和更发达的贸易成为可能。也就是说，人类与奶牛的合作促进了人类之间的合作，推动了如今我们所说的文明的发展。

这个例子通过共同演进的形式说明了相互依存性。它不仅指人类与动物之间的相互依存，还包括人类与文明之间的相互依存——由涉及动物的创新来调解。它也是超社会性的一个例子。

奶牛（或者更确切地说是野牛）推动人类文明演进的故事同样能说明，创新是如何推动人类生活方式和消费模式向前发展的。

这是一种非常普遍的现象。比如，汽车的普及让人们有机会居住在远离尘嚣的郊外。如今，微出行的发展，例如电动滑板车等，减少了城区的汽车数量，同时扩大了道路两侧的空间，这让路边咖啡馆变得越来越多。与此同时，电动汽车的发展大大降低了城市噪声，让城市生活变得更具吸引力。不过，无人驾驶也让通勤变得轻松很多，所以郊区生活的吸引力并未降低。也就是说，得益于微出行的发展，城乡两种居住选择都在变得越来越有吸引力。等到四旋翼直升机大行其道时，富裕阶层最钟爱的生活方式也许是一套城里的公寓加上一栋郊外的别墅。只要坐上四旋翼直升机，就可以快速地从城里的家到达郊外的家。这简直令人叫绝！

> 共同演进不仅广泛出现在各种技术之间，也出现在技术与生活方式之间。

半人马、机器人和机器人程序的重塑

共同演进的另一个例子是"半人马"的发展。在希腊神话中，半人马是一种半人半马的怪物。在技术圈里，半人马指的是那些与计算机或机器人紧密合作的人。虽然关于人类与机器之间竞争的讨论甚嚣

尘上，但也许更相关的竞争发生在拥有机器辅助的人（例如拥有人工智能程序支持的外科医生）与没有机器辅助的人之间。人与机器的结合通常比纯粹的机器更高效——至少在特定技术足够成熟，能够表现出与人类相似（甚至超过人类）的判断之前是这样的。

这就要说到一种被称为协作式机器人的物理机器人，比如，代替仓库工人的机器人，它们知道工作人员在哪里，知道特定时间的库存情况，明白拣货的最佳顺序，知道打包发货的最佳时间，等等。与此相对的是无形的网络机器人。它被日益广泛地用于自动匹配，还被用于提高用户服务的速度和其他一些重复性工作，比如回答软件应用的常见问题、媒体使用和在线订票等。机器人程序一旦被开发出来，就会比人工廉价得多，而且它们可以在工作中不断学习，自动变得越来越强大。它们还能在几分之一秒内做出反应。如今，一半以上的网络流量都是由这种机器人程序创造的。

> 虽然关于人类与机器之间竞争的讨论甚嚣尘上，但更相关的竞争发生在拥有机器辅助的人（"半马人"）与没有机器辅助的人之间。

谈到共同演进，就必须提到尤尔的互补定律："如果两个属性或产品是互补的，其中一个的价值或需求与另一个的价格成反比。"比如，如果旅游成本下降，远途度假地产的价格就会上涨。前沿技术具有更复杂的共同演进关系，这使得任何人都更难掌握。

第 5 章

未来的指数级趋势

1965 年，英特尔公司联合创始人戈登·摩尔有一段著名的描述：从 1958 年到 1965 年，计算机芯片上晶体管的数量每年翻一番。他接下来预言，这种情形至少会延续 10 年。到了 1975 年，他把自己的预言修改成每两年翻一番。摩尔的预测相当准确。我们如今还知道不少类似的事情。比如下面几条，它们是和计算机性能有关的定律：

- 库梅定律：每隔 18 个月，相同计算量的能耗就会下降一半。
- 每隔 18 个月，随机存取存储器中每美元比特数翻一番。
- 根据罗斯定律，可扩展量子计算机中可能的量子位数量每年翻一番；但根据内文定律，增长也可能是双指数级的。

通信行业也在经历指数级演进：

- 库珀定律：每隔 30 个月，一个地区可以容纳的无线频谱并行通话数量翻一番。
- 吉尔德定律：每隔 12 个月，通信系统的总带宽会变成原来的

3倍。
- 尼尔森定律：高端个人用户的网速会每年提高50%。
- 光纤网络的吞吐量成本每9个月下降一半。
- 每9个月，光纤网络中每根光纤的波长翻一番。
- 无线通信的速度每10个月翻一番。

数据的生产和存储也遵循类似的定律：

- 克拉底定律：硬盘驱动器的单位性价比每年增长40%。
- 计算机的存储成本每年下降20%~30%。
- 全球数字数据总量每两年翻一番。

我们还会在数字传感器领域看到类似的现象：

- 每隔19个月，数码相机每阵列的像素数翻一番。
- 每隔12个月，1美元可以在数码相机中购得的像素数翻一番。
- 联网连接设备（物联网）数量的年增长率为15%~20%。

DNA测序精准发酵领域取得的进步比大多数计算领域还要快。它们带来了以下定律：

- 卡尔森曲线：DNA解码技术的性能倍增和价格下降速度至少与摩尔定律保持一致。
- DNA检测中每个碱基对测序的美元成本每18个月下降一半。
- 利用精准发酵技术，单位重量的生产成本每5年下降1/10。20年内即可实现1万倍速的性能提升。

通常来说，这样惊人的翻番增长发生在涉及信息处理的技术领域，而且规模不大。不过它们同样可以发生在其他市场里，比如与能源生产、存储和效率有关的技术领域：

- 每隔约 38 个月，利用太阳能电池发电的每兆瓦时价格就会下降一半。
- 每隔约 70 个月，陆上风电发电的每兆瓦时价格就会下降一半。
- 电池的性能每 9~14 个月翻一番。
- 自 20 世纪 60 年代以来，核聚变实验的三乘积（即粒子密度、温度与束缚时间的乘积）平均每隔 1.8 年翻一番。
- 海兹定律：每隔 10 年，LED（发光二极管）产生的每单位光的价格就会下降 1/10，而单位 LED 输出流明增加 20 倍。
- 每隔 10 年，人类纳米加工的微度大约缩小 1/4。

最后 3 个例子与人类健康、商品的可负担性和科学产出有关：

- 全球人类平均预期寿命每年增长 3 个月。
- 每隔 20 年，买下全球商品所需的劳动力（以工作时间衡量）减半。
- 齐曼定律：全球科学活动每 15 年翻一番。

每年都有类似的新定律出台。然而，据我们所知，目前所有的指数级技术最终都会趋向平稳，之后这些技术会变为线性增长或完全停滞。总体规律是，那些与最大的物理对象有关的技术通常会在几年或者几十年内趋于平缓，在此期间，这些技术会带来飞快的 10 倍速到 1 000 倍速的提升。然而，那些同较小物理对象或微观对象有关的技术延续的时间会长得多，它们的倍增速度也快得多，由此形成的性价比的提升可以达到几万倍，甚至几十亿倍。对这种差异最简单的解释是，对较小的物体来说，单位性能提升所需的能量更少。

指数级定律最终会逐渐消失，这一事实并不代表创新的递减和消失。恰恰相反，新技术会不断占据主导地位，激发指数级增长的新阶段，因此，创新的整体进程实际上是永无止境的。

需要注意线性趋势同时存在。比如，近几十年来，全球人类的预期寿命每年增长 3 个月，这个趋势就是线性的。在其他一些定律中，一个变量的变化会引发其他趋势。例如，当一国的人均 GDP 达到 5 000 美元时，该国的出生率通常开始下降；当它达到 1 万美元左右时，国民的生育率基本上会降到更替水平以下，这标志着人口的减少。同时，环境绩效指数（EPI）网站显示，环境改善的门槛是人均年收入达到 1 万美元左右。该组织通过将环境指数得分与国家 GDP/ 人均数字进行比较得出这一结论。

物更美，价更廉

这些趋势不仅让技术变得更快更好，还让它变得更廉价、更人性化。这在规模量产的消费型产品上体现得尤为明显，它让人们用更低的价格获得更高的质量。举个例子，大多数智能手机应用程序都是免费的，或者提供免费版本。如今，只要极低的包月费用，你就可以在手机上通过流媒体欣赏全世界的几乎所有音乐；每个月只要花一张电影票的价钱，你就能通过网飞获得全世界的娱乐节目。这一切都是指数定律带给我们的。

指数级发展的预测

本章开头罗列的指数定律例子只是九牛一毛，它们说明了一个道理，只要把这些定律加以外推，我们就可以比较稳妥地预知很多核心技术及其应用 2 年、5 年或 10 年后在商业和技术方面的大致情况。比如电动汽车、垂直农业和高清流媒体在商业上都是可行的，这一事实是完全可以预测的，因为它们都遵循稳定的指数定律。

> 稳定的指数定律可以帮助我们预测某些未来的应用何时成为可能，何时具备经济可行性。

在我们撰写本书时，这样一条定律正在发生作用：OLED（有机发光二极管）屏幕领域的全球产量每年增长约 30%，而在品质一定的情况下，每块屏幕的成本每年下降 25%~30%。这意味着，用数字屏幕打造整面墙的做法越来越具备合理性——再次为我们的房间和建筑物外墙的艺术应用创造了市场。这并不是一个多么新奇的想法。早在 2011 年，设计师扎尼亚兹·雅库博夫斯基就为豪华游艇 Luminosity 建造了巨大的屏幕，屏幕上显示的是一片热带雨林。而且它是互动式的：只要有人走过这个屏幕墙，雨林里的蝴蝶就会跟着她（他）翩翩飞舞。把一座建筑的整个外墙做成屏幕？把冰箱门做成屏幕？把餐桌的桌面做成屏幕？把你的皮带扣也做成屏幕？为什么不呢？这一切进入量产市场也许只是时间问题。可以肯定的是，配备很多块屏幕的又炫又酷的家庭办公室，一定会出现在很多人的购物清单上。

或者以物联网为例，它通过传感器产生了巨量的数据流，从温度到速度、位置、压力、光线、声音等等，这些数据流分布在网络上。随着物联网传感器越来越廉价，随着通信技术的日益进步（比如 5G 的发展），很多企业可以越来越多地通过"即服务"的商业模式销售产品。我们可以通过订阅的方式远程监控事物和场所的实时状态，全盘接管补给和维护工作。比如，使用滑板车的本地微出行就是一种基于物联网技术的"交通即服务"产品。整体而言，物联网和5G以及未来的通信协议会推动自动驾驶、增强现实、虚拟现实、远程手术、智能城市和诸多领域以指数级迅猛发展。

另一种理解方式是，通过了解相关的指数定律，我们可以更好地审视当前的创新设计领域，进入可能的未来领域，较好地预知核心技术及其应用何时走出模糊的未来，成为临近的可能，何时成为现实的存在。如果有什么能让我们和我们的组织更好地适应未来，这种做法一定是其中之一。

有趣的是，当技术进步导致价格下降时，它往往还会带来相同资源的加速消耗——这被称为"杰文斯悖论"。比如，在过去几年里，随着DNA测序成本的下降，直接面向消费者的DNA检测市场增长了约25%。同样的道理，由于成本的下降，音乐流媒体市场容量未来5年的复合年增长率有望达到17.5%，这会把整体经济增长率远远地甩在身后。如此一来，一种有关性价比的指数定律可能创造出另一种有关用户渗透的指数定律——后者反过来又会推动前者。同样，一项技术的指数级提升与渗透又可能推动很多其他技术的指数级增长。

> 一个指数定律经常能触发其他指数定律，而后者又可能反过来推动前者的发展，形成正循环。

快速发展的递归智能

在过去的很多年里，大多数指数定律发挥了魔法般的神奇作用，全球知识水平也呈指数级增长。根据研究者约翰·齐曼的计算，全球科学活动约每15年翻一番。有些学者甚至把这一时间范围缩短到了接近10年。假如某一事物每15年翻一番，它的发展结果也许会让人惊诧——100年大约增长100倍，200年大约增长1万倍。我们就生活在这样一个让人发狂的进程中。顺便提一句，假如科学活动的增长速度是每10年而不是每15年加倍，一个世纪的增长就是500多倍，两个世纪就是50多万倍！

但是，这一切会长久吗？会不会在某个时间出现科研人员不够用的情况？会的，当然会。但是，作为递归智能的极好例证，计算机即将从人类手中接管大量科学工作。一旦人类能在量子计算机上运用人工智能，一些科学领域的探索成果就会实现爆炸式增长。

关于这一点，根据超级趋势专家的预测，量子计算将在2024年至2028年间开始极大地影响许多市场。药物研发就是一个可能的例子。如今，一款药物的研发上市往往要耗费10年的时间，动辄耗资20亿美元。量子计算机可以让这个过程变快很多，也便宜很多。正是出于这个原因，全球第二大制药企业瑞士罗氏制药公司在2021年启动了全球首个基于量子计算机的研究项目，研究分子组合方案，为未来阿尔茨海默病的治疗提出可能的新方法。

同样值得注意的是，人工智能不仅能解答极其复杂的问题，还能回答开放性问题，并基于自身通过"自动假设生成"的观察建立新的假设。

这一场景及其结果与马尔萨斯对全球饥荒的预测有很多相似之处。马尔萨斯提出，全球人口的增长将是指数级的，而粮食生产只能是线性增长。如今，时间已经过去了约200年，我们正面对怎样的情况？一方面是可用数字数据呈指数级增长，另一方面是用来解读这些数据的科技人员的增长停滞（如果还没有负增长）。尽管如此，正如粮食生产始终保持指数级增长，让全人类免于饥馑一样，人工智能也会用同样的方式挽救科学发现，因为它会确保人类对数据的智能化处理能力同样呈指数级增长。如果我们的心智模式和马尔萨斯一样，我们就会认定创新最终一定会偃旗息鼓。正是因为我们不断打破以往的束缚，人类才有富足可言。

不妨暂时放飞一下心灵，自由畅想一下：如果科学的发展 15 年翻一番，连续发展 2 000 年，那就会达到如今水平的 10^{40} 倍，人类积累的知识总量就会更大。正如戴维·多伊奇指出的那样，如果我们的探索性知识将来能主导比它自身大 10^{40} 倍的对象，人类实际上等于拥有了控制整个银河系的能力。多伊奇指出，到那时，整个宇宙将被真正"唤醒"，而"巨大的一成不变"也将被真正打破。这一切也许就发生在 2 000 年之后。当然不会有人规划 2 000 年之后的事，这再明显不过了，但是，它也许可以帮助我们建立起类似的心智模式，更好地思考较近的未来。

指数定律的推演

为了更加生动形象，让我们把上文讨论的指数定律稍加推演。我们把起点设定在本书写作的 2022 年，后续的时间节点分别为 2025 年，2030 年和 2050 年。表 5.1 涉及的是一些使用率或性能呈指数级增长的技术示例。

表 5.1　使用率或性能呈指数级增长的技术示例

技术	2025 年	2030 年	2050 年
摩尔定律：微芯片上的晶体管数量每两年翻一番	3 倍速	16 倍速	16 384 倍速
每隔 18 个月，随机存取存储器中每美元比特数翻一番	4 倍速	40 倍速	416 127 倍速
罗斯定律：可扩展量子计算机中可能的量子位数量每年翻一番	8 倍速	256 倍速	268 435 456 倍速

续表

技术	2025 年	2030 年	2050 年
库珀定律：每隔 30 个月，一个地区可以容纳的无线频谱并行通话数量翻一番	2 倍速	9 倍速	2 353 倍速
吉尔德定律：每隔 12 个月，通信系统的总带宽会变成原来的 3 倍	27 倍速	6 561 倍速	22 876 792 454 961 倍速
尼尔森定律：高端个人用户的网速每年提高 50%	3 倍速	26 倍速	85 223 倍速
每 9 个月，光纤网络中每根光纤的波长翻一番	16 倍速	1 625 倍速	173 162 038 545 倍速
无线通信的速度每 10 个月翻一番	12 倍速	776 倍速	13 019 952 185 倍速
克拉底定律：硬盘驱动器的单位性价比每年增长 40%	3 倍速	15 倍速	12 348 倍速
全球数字数据量每两年翻一番	3 倍速	16 倍速	16 384 倍速
联网连接设备（物联网）数量的年增长率为 15%~20%	2 倍速	4 倍速	91 倍速
卡尔森曲线：DNA 解码技术的性能倍增和价格下降速度至少与摩尔定律保持一致	3 倍速	16 倍速	16 384 倍速

该模拟表明，到 2025 年，技术的提升会是 2022 年的 2 倍速到 27 倍速。

到 2030 年，量子计算机的性能将会实现 256 倍速的提升，我们还会实现通信带宽 6 000 倍速以上的提升，DNA 解码技术的性能 16 倍速的提升，等等。总而言之，种种向量都指向一个真正富足的未来，而这一切几乎不会给消费者增加成本。

随着时间的推移，我们会看到很多令人难以置信的巨大数字。比如带宽，如果推算到 2030 年，它会是现在的 6 500 多倍。如果纯粹为了有趣，我们不妨把它们继续向前推算，到 2050 年，这个数字将会变成令人瞠目结舌的 22 876 792 454 961 倍。

这会是真的吗？

当然，在实际生活中，有些经验法则可能不会长久有效。比如摩尔定律，作为这里所有定律的始祖，它也许很快就会失效。但是，即使如此，很多替代性定律和新的核心技术也会取代它的位置，继续推动计算机性能向前发展——也许和以前的定律速度相同，就算它们的效用不能持续几百年，至少也能持续几十年。这些技术包括 3D 芯片、光计算和量子计算。随着摩尔定律的消亡，其他定律将会取代它的位置。

还有一点也许不会持续很久，那就是太阳能和风能性价比曾经的大幅提升。不过，只要某些新型核能技术取得突破，并获得大规模推广应用，它们可能会直接接过（可再生能源的）衣钵。在极长的一段时间里，它们会在电力供应中保证可观的性价比提升。

如果这一切成真，我们也不应该过于惊讶。因为早在 1994 年，诺贝尔奖得主、美国经济学家威廉·诺德豪斯就计算得出，从石器时代算起，人类用于发光的时间价格下降了 99.999 8%。顺便提一句，这让诺德豪斯认为，从那时起，人类经济进步的真实价格被低估了 99.999 0%。确实如此，大趋势站在我们这一边，未来会带给我们更多财富，远超很多人的估计。

在这样的环境里，我们每个人，包括我们身处其中的每个组织，都要准确地探知这些趋势，明白自己应当如何应对，以适应未来。但是，在此之前，我们首先必须理解这些趋势。因此，后面的章节会详细阐释几种产业和技术领域，为我们即将加速进入的未来提供一些路标。如果有些读者不大喜欢技术性较强的内容，可以浏览要点，参考表格里列出的超级趋势概览。如果有读者希望更深入地了解细节，可以参照书后的文献资料。

第6章
通向富足之路

总体而言，创新让整个世界朝着更好的方向前进，无论它发生在一个怎样的社会里，也无论当时这个社会（包括那些受过良好教育的专家学者在内）内心的信仰是什么。我们总是过多地关注眼前的迫切事情，忽略了长远的趋势。事实上，只要对公众关于社会和政治的公开辩论稍加留意，我们就一定会发现，有相当一部分人仍觉得我们还生活在马尔萨斯的世界里——即使我们在近7个世纪以前就果断地脱离它了。基本上，很多人还把资源视为桶里的水：用一点儿少一点儿，水尽桶空的一天终将来到。他们认为人类正在"耗尽一切"，最主要原因是人口的不断增加。当然，很多人没注意到人类历史上有多少的末日预言最终没有实现。比如，我们没有像马尔萨斯1798年预测的那样面临全球饥荒，也没有像许多灾难学家在20世纪60年代和70年代预测的那样，我们快速增长的人口获得了越来越充足的食物，平均寿命也越来越长。实际上，地球上第一次出现了肥胖人口超过营养不良人口的情况，这是30多万年来的第一遭。

有相当一部分人仍觉得我们还生活在马尔萨斯的世界里——

即使我们在近 7 个世纪以前就果断地脱离它了。

面对这样的有利消息，现代灾难论者的反应是简单地推迟灾难的预测时间，或者提出新的类似的世界末日场景。如果这个不会被用尽，那个也一定会被耗光！

在我们看来，这些新的世界末日故事大多（或者必定）会失败。原因是，这个世界变得真正有创造力。我们已经挣脱了一成不变的单调法则、等级法则和马尔萨斯陷阱的束缚，无论从怎样实际的观点来看，资源都已不再是有限的约束了。我们没有看到马尔萨斯预言的那种不断增长的饥荒率，恰恰相反，如今的热点话题反而是怎样把人类送上火星，你说奇怪不奇怪？

终极资源

这一成就的深层原因在于——至少在过去的 6 个世纪里，人类的聪明才智经历了一个指数级增长的过程。戴维·多伊奇在《无穷的开始》一书中给出了一个绝佳的例子。多伊奇指出，在久远的石器时代，一定有人在枯树枝上休息时死于寒冷的天气。他们遇到的问题是，当时的人类还没有发明出可控的火源，否则他们就可以把那堆枯枝变成一堆温暖的、令人身心愉悦的篝火。我们一定要记住一点，如果抛开创新的作用不谈，住在山洞里的远祖们实际上比我们如今拥有的人均可支配资源多得多，只是他们不懂得怎么利用。

我们必须理解朱利安·西蒙在《没有极限的增长》中提出的那句话："人类的创新才是真正的终极资源。"

这句话的背景需要略加解释。一个经济的发展有两种方式，它们有时也被称为"斯密型增长"和"熊彼特型增长"。斯密型增长是通过在生产过程中增加更多人力、资本和土地实现的。而熊彼特型增长主要立足于创新，它往往意味着使用更少的资本、人力和土地获得更大的发展。自 1450 年前后以来，人类大多数的经济发展是通过熊彼特型增长实现的。这种朝着熊彼特型增长的转变对资源的可用性产生了极为深远的影响，部分原因是它激活了潜在的资源，部分原因是它用人的心智取代了物质。

无穷的力量？

当今世界正处在大规模能源转型的早期阶段。变革的一部分驱动力量来自创新及其带来的市场变革，但在很大程度上，它也受到人类对全球变暖恐惧心理的驱使。温室气体的排放至少是引发全球变暖的原因之一。这种能源转型主要由以下几个方面组成：

- 节能措施
- 捕获和隔离温室气体（主要是二氧化碳）的技术
- 生产、运送和储存能源的新方法

节能措施随时随地都在发生作用。比如，如今的内燃机汽车每升燃料的行驶里程达到了前所未有的高度，老式的电灯泡早已被能效高得多的 LED 灯具取代。年复一年，这些技术仍在不断进步。

碳捕获与封存（CCS）技术也是一个有趣的研究领域。超级趋势专家预测，该领域的几项技术将在 21 世纪 20 年代中期取得重大突破。如果这些技术变得足够廉价，我们也许就不会停止使用煤炭、石油和天然气，相反，我们会在持续使用它们的同时完成对碳的捕获。被捕获的碳可以被封存起来，或者被用来制造合成燃料、碳材料和各种化学品。无论是哪种情况，CCS 技术都可以被强制用于大量排放二氧化碳的生产过程，例如水泥生产。

不过，最巨大的进步很可能来自能源生产、运输和存储技术。让我们直接进入一个可能最终改变一切的发展领域：核能。在自然界里，太阳的能量来自氢同位素的核聚变。据估计，地球内部一半以上的热量（地幔底部约为3 500摄氏度，地心约为6 000摄氏度）来自地下的自然核裂变，主要是铀、钍和钾的裂变。这些核反应原料的功率密度达到了惊人的水平。假如核聚变有一天实现了商用，那么，只要把一浴缸自来水中含有的氘提取出来，再加上两块普通笔记本电脑电池中的锂，就足够地球上一个普通市民一生的能源需求了。

这些商品的数量非常少，而且广泛发生在自然界中，因此，科学家估计，核聚变的商业应用足够为全人类提供极其安全的清洁能源，时间在3 000万年到几十亿年之间。我们可以这样形象地理解，即使按照最低的估量计算，核聚变为人类提供能源的时间也达到了化石燃料时代剩余时间（我们认为这将是大约300年）的约10万倍，甚至是智人迄今为止存在时间的约100倍。这只是最低估计。

怀疑论者很早就提出，人类实际上不可能获得所谓的三重积，即恰当水平的临界密度、温度与时间的乘积。然而事实告诉我们，自20世纪60年代以来，实验反应堆中的三重积始终遵循一条积极的轨迹：平均每1.8年翻一番。这堪称核聚变领域的摩尔定律。我们都知道摩尔定律为计算领域带来了怎样的改变：非常巨大！

就时间而言，如果相关实验沿着这一指数趋势继续下去，可持续聚变有望在几年内就出现在试点反应堆中。如果它真的发生了，易于建造和维护的商用核聚变反应堆就有望在10年到20年的时间开发完成，届时人类将开启一场巨大的变革，从此之后，人类会用上取之不尽的、极其廉价的集约型能源。现有大多数核聚变实验反应堆可以归为两大类：托卡马克式和仿星器式，前者看上去就像一个甜甜圈，后者像一个扭曲的甜甜圈。在这些反应堆里，极磁场约束着等离子态燃料，燃料被加热到比太阳核心还高的温度（它的温度必须高于太阳内部，因为它的压力比太阳内部低）。

其他类型的反应堆主要利用极强的激光束撞击极其微小的、飞行中的燃料粒子。这会引发核聚变——把它想象成全世界最先进的飞碟射击就明白了。2021年，在加利福尼亚的NIF（美国国家点火装置）实验反应堆，这一技术取得了极大的成功。一颗直径小于1毫米的氢球在瞬间爆炸，产生的热能相当于太阳为整个地球提供热能的10%。

2022年，英国企业First Light Fusion演示了一种极具创造力的方法：将极小的燃料条封装在约为1平方厘米的靶材内部，燃料四周充满空泡。随后，靶材被放入一种射线枪的枪口里，接下来，来自同一入口的射线弹以极高的速度撞向靶材后部。射线弹的速度达到了6 000米/秒，当它撞上靶材时，靶材内部的空泡会破裂并发生空化。这个过程会催动周围的燃料粒子，使它们加速到令人眩晕的69 000米/秒，从而引发核聚变。

这家公司声称，这样一次简单的撞击足以为一户普通英国家庭提供2年多的能源。如果这样一台机器不断地工作，每秒钟发射2次，我们可以为大约400万人源源不断地提供他们所需的全部能源。这种反应堆可以放在较小的建筑物里，而且完全无害。除此之外，它只产生极其微量的废物——氦气。氦气可以在孩子们的生日聚会上为气球充气。

核聚变一旦成为可行方案，我们就开启了人类历史上一个全新的、更辉煌的变革时代。它会真正地为人类提供取之不尽、安全且廉价的能源，而且丝毫不占空间。它真的非常节省空间：核聚变的动力源是煤炭的1 000多万倍。只要两汤匙的核聚变燃料，就可以产生足够你一生所用的全部能源。

这在一定程度上可以让我们得到一条普遍适用的核能定律：核电站的建造成本远高于在其使用寿命内为它供应所需原料的成本。核聚变电站将会取代风力发电和太阳能发电厂，后两者的占地面积是前者的数百倍，甚至数千倍。和燃气轮机一样，我们也可以调节聚变反应堆的速度，就像调节汽车的速度表一样简单。这样可以让它成为一种基本负载电力，填补太阳能和风能的缺口，因为太阳能和风能不够稳定，会随着天气的变化而起伏。截至2021年，全球共有23座核聚变实验反应堆（2010年只有8座）。这些反应堆获得的私人投资高达18亿美元，投资人包括亚马逊创始人杰夫·贝佐斯、瓦肯资本（这家投资企业是微软联合创始人保罗·艾伦生前创办的）、领英创始人里德·霍夫曼，还包括很多大型企业和领先的风险投资基金。

核能研究与开发还取得了许多其他令人激动的进步，包括钍反应堆。有了钍反应堆，一颗高尔夫球大小、重约100克的燃料球就足够供应一个现代人一生所需的所有能源。一旦进入量产阶段，这样一颗燃料球的价格最多不过几美元。钍是非常安全的，与铀裂变反应堆相比，钍反应堆废料的消降速度要快几个数量级。出于这些原因，美国2020年总统大选候选人之一杨安泽提出，他会投入500亿美元，用来加强钍反应堆的研究，并在2027年建成第一座钍反应堆。不过他最后退出了竞选。2021年，中国启动了一座实验性的钍反应堆。钍可以在10万年里为全球提供能源，这个时间是化石燃料时代剩余时间（300年）的300多倍。

除此之外，泰拉能源公司设计出了一种潜在的"行波"技术。泰拉能源是由微软公司创始人比尔·盖茨和微软公司前首席技术官内森·梅尔沃德投资支持的。这种行波技术有望通过嬗变利用核废料里的剩余能源（目前，铀基核反应中大约98%的潜在能量被白白浪费了）。嬗变指的是一种元素转变为另一种元素的过程，和中世纪炼金术士的梦想非常相似。按照当年的能源使用量计算，行波反应堆一旦成功，目前的全部核废料就可以为美国提供约 600 年的能源。无独有偶，一位 2019 年诺贝尔奖获得者也提出了一项技术，能在半小时内把核废料转化为无害物质。

> 核聚变的动力源是煤炭的 1 000 多万倍。

表 6.1 是超级趋势专家对未来核能突破的一些预测。

表 6.1　超级趋势专家预测的未来核能突破一览表

2025 年	实验反应堆实现可持续核聚变
2025 年	建造一座利用乏核燃料的微型核反应堆
2030 年	美国开发出一种便携式微型核反应堆
2030 年	全尺寸示范行波反应堆（TWR®）建成
2030 年	一种带有熔盐储存系统的钠快速反应堆实现商用
2032 年	一种先进的模块化核反应堆首次用于工业
2033 年	全球首个经济可行的商业核聚变电站建成
2050 年	核聚变电站的发电量为 2 000 兆瓦

能源存储和输送领域同样取得了很大进展。这包括电池技术的巨大提升，以及在使用风力发电机、太阳能电池板、微生物、微藻和核电站产生的氢气和合成燃料方面的一些突破。

"电转 X"是一种笼统的说法，它包含了多种盈余电力的转换、存储和再转换方式。这些盈余电力大多来自可再生能源，特别是太阳能和风能。这里的"X"表示盈余电力的多种转换方式。总体而言，它们包括气态、液态和固态三种。氢能适用于"电转 X"概念，比如，风电场产生的短期盈余电力可以用来产生氢能，以此达到储能的目的。

氢的生产共有5种途径，"黑氢"来自煤炭，"灰氢"来自天然气。如果把这两种方式同碳捕获结合起来，就会得到"蓝氢"。通过核电站的电力进行水解，我们可以得到"粉氢"。最后一种是"绿氢"，它来自风能或太阳能。

2022年，灰氢的价格约为每公斤1美元，其他4种"彩色"氢的价格都比灰氢高得多。例如，绿氢的价格约为每公斤5美元。不过，专家预计，到2030年，它们的价格都会降到大约每公斤1美元。形象地讲，1公斤氢的能源潜力约等于3公斤石油。也就是说，假定所有其他条件相同，每公斤氢1美元这一价格相当于每桶石油售价约55美元，这听上去很有竞争力。尽管如此，氢的处理复杂度通常远远高于石油，这也在一定程度上打乱了二者之间的这种对比。无论如何，氢能的生产效率都有望实现指数级提升，相当于年效率提高25%以上（摩根士丹利预测的发展速度远快于25%）。

氢还有另一个优点，它可以在一定程度上通过现有天然气运输技术和网络来运输。实际上，在有些情况下，我们可以在天然气中直接混入30%的氢气。如果混入的是"绿氢"，天然气会变得更环保。通过储存大量的氢能，人们可以让初级能源供应的波动变得更平缓。氢能已经被广泛用于工业生产，这在今天已经很常见。此外，它也被普遍用于热电站。为了方便运输，氢通常会被转化为氨或二甲醚，随后在运输装置中被还原为氢。氢还可以用于航空，比如，每公斤氢的能量密度是每公斤航空煤油的3倍。不过，氢气是一种极易挥发的气体。而且，在被压缩前，气态氢的能量密度仅为航空煤油的三千分之一。因此，估计人们会使用部分基于氢气的氨。

至于在汽车上的应用，毕马威调查了1 154位车企高管，高管们认为，到 2030 年，全球汽车的天下将会由内燃机汽车、电池驱动的电动汽车、混合动力汽车和燃料电池驱动的电动汽车（以氢为动力）均分。对 2040 年的预测基本相同，燃料电池汽车保持在 24% 的水平上。图 6.1 是理特咨询公司的时间预测：

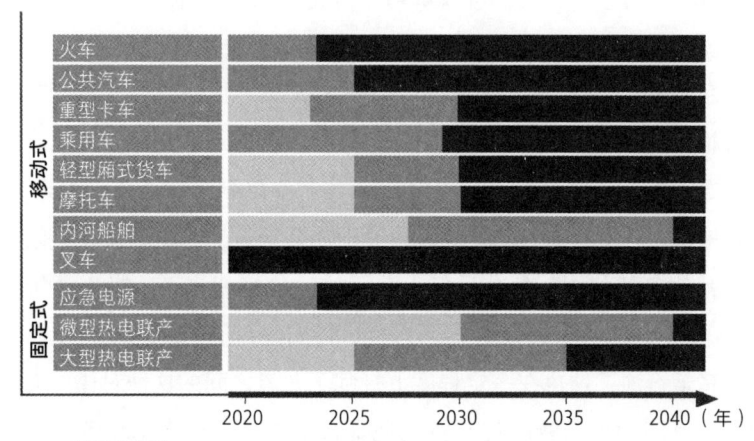

图 6.1 各种氢能实现技术和商业可行性的估计时间

根据这一时间表，氢能很可能在 2030 年实现商用，包括在乘用车上的商用。也就是说，2030 年之后，可能会有越来越多的火车和汽车转而使用绿氢，随后可能会使用粉氢，粉氢主要来自新型核能。

我们还不断见证其他技术的重大突破和振奋人心的预测。为了实现核聚变，人们还开发了一种名为毫米波束的技术。有些研究者认为，这一技术可以用来钻井，只要 100 天，它就可以打出一个近 13 英里深的洞。那里的温度高达 500 摄氏度，这样可以直接利用地层中自然裂变产生的能量。

另一个例子来自氮化硼纳米管（BNNTs）膜的能量获取，它用的是盐与清水之间的渗透压差，它可能产生的能量不容小觑。比如，最近有消息称，只要1平方米的"蓝膜"，每年就能产生大约30兆瓦时的电力，足以为3户家庭供电。另一条消息称，这一技术的全球能源潜力为2太瓦时，相当于约2 000座核电站的产能。

表6.2是超级趋势专家对各种能源存储及充电技术做出的预测。

表6.2 超级趋势专家预测的未来储能技术突破一览表

2023年	核废料金刚石电池实现商业利用
2023年	锂离子电池组的平均价格降至137美元/千瓦时
2024年	太阳能光催化用于废水处理和氢燃料生产
2024年	电动汽车实现路灯杆充电
2024年	电动汽车实现行驶中充电
2025年	加利福尼亚州建成200座氢燃料站
2025年	沙特阿拉伯建成4 000兆瓦风能及太阳能驱动的氢厂
2025年	能量密度超过500Wh/kg的锂电池上市销售
2025年	首款可水洗电池实现商用
2027年	钾离子电池成为锂离子电池的可行替代品
2027年	电动汽车配备石墨烯电池
2027年	用于机器人的生物形态电池实现商用
2030年	超过100辆由零排放燃料电池驱动的动力飞行器首航
2030年	阴影效应发电面板开发成功
2030年	首款氢燃料飞机推进系统问世
2030年	移动机器人实现运行中无线充电
2030年	氢能的总配送成本降至每公斤0.4美元
2030年	中国、印度和西欧的可再生氢能成本降至每公斤2美元
2030年	绿氢的全球产量达到3艾焦耳

续表

2030 年	商用海水电池上市销售
2030 年	物联网传感器首次配备"可终身使用的"电池
2031 年	可在几秒内充满电的电池开发成功
2031 年	首款能量永不损耗的手机电池上市销售
2032 年	首架零排放氢动力飞机投入使用
2032 年	首款使用纳米技术的氢储存设备实现商用
2032 年	绿氢开始具备商业上的竞争力
2032 年	无需电池和芯片的传感器节点投入商用
2033 年	无人机可在飞行中无线充电
2034 年	首款使用自充电电池的智能手机问世
2036 年	开始使用微波将电能转化为绿氢
2036 年	依靠细菌发电的氢厂开发成功
2036 年	电池续航一个月的智能手机上市
2038 年	由微藻产生的氢上市销售
2045 年	核电站为氢能生产提供动力

结论一目了然：人类不会耗尽能源，我们会通过新的技术和创新转向可替代能源和可持续能源。

话虽如此，多久能完成能源转化、实现零温室气体和颗粒物排放？我们仍然不能过于乐观。具体来说，瓦科拉夫·斯米尔在他的著作《能源转型》（2018）中总结了之前三次全球能源转型的情况。在 50 年的时间里，这三次转型分别达到了全球能源供应总量的 40%、30% 和 20%。这还是在它们首次获得 5% 市场份额的情况下发生的，如图 6.2 所示。

煤炭
50年间达到全球
能源供应总量的
40%

原油
50年间达到全球
能源供应总量的
30%

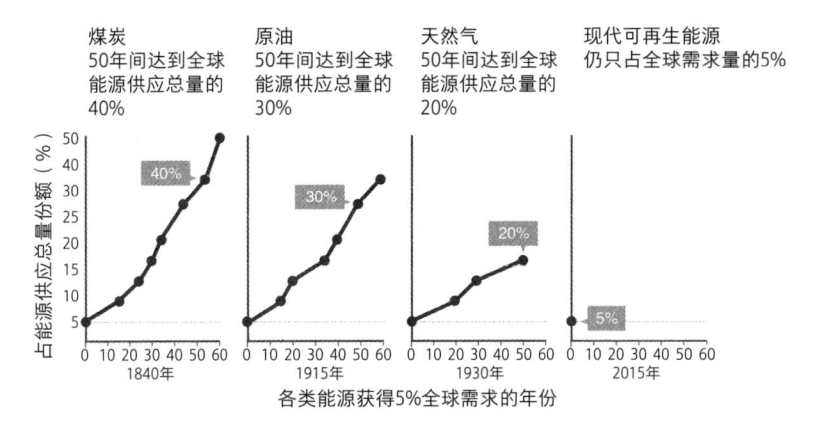

天然气
50年间达到全球
能源供应总量的
20%

现代可再生能源
仍只占全球需求量的5%

各类能源获得5%全球需求的年份

图6.2 在获得5%市场份额的情况下，各类能源的全球市场份额增长情况

截至本书写作时，全球能源产业规模约为5万亿美元，约占全球经济总量（100万亿美元）的5%。需要明确的是，与硅晶片不同，它不会按照摩尔定律的速度不断提升。现实的情况是，开发和建造新型电厂通常需要耗费数年甚至数十年，而且它们的建造成本极其昂贵。不过，电厂一旦被建成，就会以极富竞争力的价格产生巨大的电力。假如我们新建的电厂只比之前的电厂提升20%，那么可能连拆除旧厂的成本都不够。

我们发现，无论召开多少次气候峰会，成立多少个国家委员会，最现实的情况仍然是，这项综合行动至少需要50年的时间。它必须是组合式的。首先，我们不可能单纯利用风能来解决所有能源问题，即使是和太阳能互补也远远不够。在很多情况下，太阳能电池板和风轮机会占用过多的空间，如表6.3所示。

表6.3

能源	瓦/平方米
化石燃料	500~1 000

续表

能源	瓦/平方米
核能	500~1 000
太阳能	5~20
水力发电（水电站）	5~50
风力发电	1~2
木柴及其他生物质能	低于 1

而且太阳能和风能很不稳定，这就意味着它们对配套的能源储存及能源输送有大量的要求——离不开大量的工业金属。目前，储存一天量盈余风能或太阳能的成本大约是最初生产成本的 2 倍。比尔·盖茨在他的著作《气候经济与人类未来》中算过一笔账，假如纯粹依靠新能源为东京储存 3 天的备用电力一共需要多少资金？答案是 4 000 亿美元用于购买电池，相当于每年 270 亿美元的费用加上安装和维护成本。不仅如此，风能、太阳能和配套的备用和储存基础设施离不开大量的工业金属（参见图 6.3），这一数量远远超出了采矿业在合理时间内的供应能力，即使我们把这个合理时间放宽到 100 年也无济于事！举例来说，按照同样的发电量计算，海上风能所需的工业金属是燃气轮机的约 15 倍。不仅如此，燃气轮机还可以根据特定时间的需求调节产能，而风轮机做不到这一点。

如果依靠 CCP（美国气候变化技术计划）技术来解决整个温室气体问题，即使假设它的成本低于每吨 100 美元，每年也要耗费全球 GDP 的约 5%（当前的排放约为 500 亿吨，照此计算成本应为 5 万亿美元）。这会让全球能源成本加倍。

各类型能源每单位产出所需的工业金属量

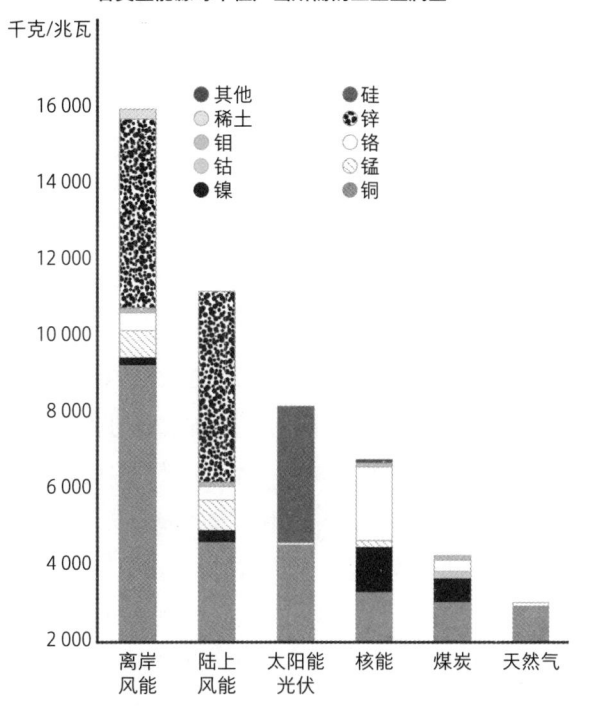

图例:
- 其他
- 稀土
- 钼
- 钴
- 镍
- 硅
- 锌
- 铬
- 锰
- 铜

横轴:离岸风能、陆上风能、太阳能光伏、核能、煤炭、天然气

图 6.3　矿物需求量:清洁能源技术 vs 其他技术

这里的要点是,我们需要广泛地把各类技术组合起来——部分原因是为了避免对铜或锂等单一资源短期内的过度需求,部分原因是不同的情况需要不同的解决方案,这样才能做到稳定可靠、廉价和实用。举例说明,按照同样的重量单位计算,如今每单位汽油产生的能量大约是锂离子电池的 35 倍。这也是电动飞机尚不现实的原因,但是电池可以用来驱动汽车。太阳能电池板离不开阳光,风能离不开风,而且它们都要占用巨大的空间。此外,所有不稳定的能源解决方案都需要至少一些储能方案,还要加上相当部分的备用电力,它们大多以调峰电厂的形式出现。这些额外增加的电厂仅在需求过高时启

用。如果调峰电厂不用煤炭、天然气或水力，那么新型核能是一个较好的选择。核能也可以用在集装箱货船上。一些工业过程，如水泥生产等，可以减少二氧化碳的排放，任何剩余排放的碳都可以利用CPP（催化热裂解）解决方案实现封存。

无论如何，能源领域的创新数量都是无比巨大且振奋人心的。这些创新也是极其复杂的，它们终将迎来属于自己的黄金时代。

像大自然一样创造

技术革命会带来更高的效能，翻天覆地的能源转型只是这一趋势的一个例子。3D打印是又一项有利于提高效率的通用技术。工业生产（和大多数工艺）的标准方式是"做减法"。一块金属、木头或大理石，人们提取有用的部分，去除用不着的部分。

而生物体是通过"做加法"的方式来创造的，也就是说，它们会从零开始，一层一层地累加，做到令人叹为观止的精度。我们清楚地看到，这种方法可以创造更微妙、更复杂的事物——比如蝴蝶或人类。有趣之处在于，如今的制造业正在经历一场不断进化的革命，它让我们通过"做加法"的方式生产出越来越多的产品。这意味着我们也能创造越来越复杂的、量身定制的产品，比如种植牙和牙冠早已广泛实现了个人定制。它还有一些奇妙的用途，从宇宙飞船上的打印工具到厨具、3D标识、人体器官、牛排、珊瑚礁、纳米电池和人体皮肤。科学家最近甚至用一台桌面型3D打印机生产出了柔性OLED屏幕。

表6.4是超级趋势专家对3D打印技术做出的预测。

表 6.4　超级趋势专家预测的未来 3D 打印技术突破一览表

2023 年	3D 打印的解剖模型成为复杂医学手术的通用标准
2023 年	商用乳胶 3D 打印机上市
2024 年	微观级 3D 打印机上市销售
2024 年	3D 打印气凝胶用于移植
2024 年	首款 3D 打印汽车实现商用
2024 年	3D 打印体积聚合物实现商用
2025 年	3D 打印的混合肉制品出现在欧盟的超市货架上
2025 年	3D 打印火箭升空
2025 年	首块 3D 打印珊瑚礁生产建成
2025 年	3D 打印的太阳能动力假肢制造成功
2026 年	3D 打印的医疗设备和模拟器普遍应用于复杂的手术
2026 年	3D 打印皮肤获准用于皮肤移植
2027 年	首个 3D 打印高层建筑竣工
2029 年	3D 打印肝脏完成人体移植
2030 年	3D 打印心脏移植成功
2031 年	宇宙飞船可在轨 3D 打印零部件
2035 年	可在太空中 3D 打印房屋基础设施
2045 年	与 2018 年相比，3D 打印让成品的运输量减少了 7%
2056 年	3D 打印的人造树叶用于在火星上制造氧气和能量

集约型粮食生产

紧凑型技术在食品工业中获得推广。如今，耕地面积约占全球陆地总面积的 11%。形象地说，这 11% 相当于俄罗斯的国土面积，或者等于美国、印度、阿根廷、格陵兰岛和南非的面积之和。我们都知道，耕地的生物多样性远远比不上浑然天成的大自然，就像我们在自然公园之类的地方看到的那样。所以，人们普遍担心，随着我们砍伐森林，从自然手里抢夺耕地，生物多样性会下降，一些物种会灭绝。

虽然有些地方对栖息地的灾难性破坏仍在发生，但是其他地方的耕地正在减少，更多的空间被还给大自然。自20世纪80年代以来，全球的耕地总量实际上基本没有变化。必须说明的是，这不仅是在全球人口翻一番的情况下做到的，而且是在过去40年里人均卡路里摄入量明显提高的情况下做到的。其中一个原因是推出了不同程度的"精准农业"，比如，可以广泛利用天气、水情况和氮水平、空气质量和病虫害传播等实时数据，为农民提供精准指导，告诉他们当下应该做什么。之所以被称为"精准"，还因为该系统使用GPS和精密仪器为每一英寸[①]农田都建立了具体的操作指南。农业机械最终会实现自动化，各种各样的机器人和传感器会互相通信，使得农民的工作内容发生巨大的变化：他们会远程控制各种机器设备——也许是坐在舒适的办公室里用iPad（苹果平板电脑）来操作。我们也可以在建筑、设计和运输等行业见到类似的趋势。

有足够的迹象说明，我们如今就站在全球农业的转折点上。这有7个主要原因：

- 不断发展和推广高效精准农业技术，包括使用基因改造物种，这需要的资源更少。
- 大气中二氧化碳浓度升高，并通过空中发酵加快了植物生长。
- 全球人口增长不断放缓，可能在21世纪中叶前后人口停止增

---

① 1英寸=2.54厘米。——编者注

长并转而减少。
- 垂直农业的引入，这种农业需要的水更少，不需要使用杀虫剂，就每生产单位的土地面积而论，传统农业通常是垂直农业的约 50 倍。
- 利用精准发酵来生产牛奶蛋白和类似产品。
- 人造肉日益普及，它实际上是由植物或其他蛋白质来源制成的，比畜牧业占用的土地少。
- 引进人工培养肉（在金属罐中培养肉类细胞），和垂直农业一样，每生产单位所需的土地面积是传统养殖的 1/50。

> 同样生产 1 磅食物，人工培养肉和垂直农业技术所需的土地面积减少了 98%。

后四点需要稍加解释。垂直农业是在受控的室内环境层叠种植农作物，它依靠的是人工光和水培技术，也就是说，农作物的根是悬浮在水基培养液中的。这种受控环境可大可小，有些只有集装箱大小，家用环境甚至更小，也有一些相当大。它的补充方案还可以在垂直架子上生产海产品，系统之间还可以结成有益的组合，比如，垂直海产养殖产生的废物可以为邻近的垂直农业系统提供肥料。

一家名叫 Plenty 的旧金山企业经营着一座 8 100 平方米的垂直农场。这家企业称，其每平方米的粮食产量是传统农业的 300 倍。这是有可能的，因为它有不断优化的种植环境，无须顾虑季节的影响，而且可以堆叠很多层。

也就是说，就土地利用而言，这是一项 300 倍速以上的优化技术。甚至有人在废弃的矿井和翻新的地下隧道之类的场所经营"地下农业"项目，这些项目完全不需要占用耕地。垂直农业还可以循环利用绝大部分的水，把无用微生物控制在最低水平。此外，它可以彻底消除昆虫、杂草和其他害虫——这一方面是因为环境是封闭的，另一方面是因为许多害虫的繁衍离不开土壤。

截至本书写作时，至少瑞士和阿联酋正在准备建造大型垂直农场。其中，瑞士项目是"半地下"（农场的一部分位于地面以下）的，占地约10万平方米，位于废弃的石灰石矿内300英尺[①]深的矿洞，预计年产3 525吨粮食。按照人均每年消耗约0.5吨粮食计算，这座农场（每年）可以养活约7 000人。瑞士的人口约为865万，也就是说，只要不到1 250座这样的农场就能养活瑞士全体国民，前提是他们都是素食主义者。这1 250座农场的总占地面积只有约125平方千米。在这个人口稠密的国家里，这个面积仅相当于国土面积的0.3%。垂直农业用水很少，可以通过屋顶收集。它需要的热量来自地热热泵系统，它产生的生物废弃物可以被重新用于发电。截至目前，我们还不知道核反应堆届时能否建成，或者它是否具备经济上的可行性，但是全球资源使用的前景确实一片光明。

精准发酵是一项水平更高的技术。我们对发酵都不陌生，无论是啤酒、红酒还是其他酒精饮料，都离不开它。精准发酵和发酵很相似，不过它使用基因工程微生物生产复杂的有机分子，如蛋白质。精准发酵自20世纪80年代以来已经投入商业应用，这项技术正在变得日益廉价。它一开始仅被用来生产极其昂贵的化合物，如人胰岛素、维生素、调味剂、补充剂、生长激素和皱胃酶等。不过，它的生产成本已经从2000年的每磅200万美元降到了2020年的每磅约200美元，复合成本年降幅约为60%。这为需要精准发酵的高端化妆品打开了市场之门，如胶原等。接下来，它还为精准发酵的建筑、服装和装饰

[①] 1英尺=0.304 8千米。——编者注

材料带来了良机，包括合成皮革和合成蛛丝等。（参见图6.4）

随着价格的下降，精准发酵正在颠覆越来越多的行业

图6.4 精准发酵价格的下降如何打开新市场

下一步是使这一过程在食品原料生产和散装食品生产领域具有价格竞争力。这会带来精确设计的食品和添加剂的量产，而且这样的量产可以在任何地方、任何时间进行。例如，我们可以使用基因改造的微生物来生产酪蛋白和乳清，用来制造不含动物成分的乳制品。

很多精准发酵产品被用作其他产品的原料，包括植物性肉类替代品。这个市场发展迅速，包括人造肉糜、培根等。为了获得真肉的味道和口感，素食肉公司 Impossible Foods 采用了精准发酵的豆血红蛋白。人类正在从原始的"攫取"模式转向未来的"创造"模式。和3D打印一样，我们利用信息来设计自己想要的事物，然后把它们创造出来——在这个例子里，我们用到的是生物复制。表6.5是超级趋势专家做出的相关预测。

表6.5 超级趋势专家预测的未来人造肉突破一览表

2023年	实验室培育的鱼子酱商业化
2024年	由细胞培育的蟹肉商业化

续表

2024 年	市面上可以买到实验室培育的蓝鳍金枪鱼
2024 年	生物工程鱼粉用于商业水产养殖
2024 年	精准发酵达到与动物蛋白分子同等的成本
2025 年	实验室培育的袋鼠肉上市
2025 年	垂直水产养殖成本比传统水产养殖更具成本竞争力
2025 年	细胞培育的牛奶开始在 B2B（企业对企业）市场上亮相
2026 年	人造麋鹿肉上市销售
2026 年	用于生产人造肉的连续生物反应器开始用于细胞培养
2030 年	50% 的蛋白质产品来自精准发酵
2034 年	全球 50% 的胶原和明胶是通过细胞培养的
2035 年	精准发酵的蛋白质的价格是动物蛋白质的 1/10
2038 年	家用或个人用途的小型人造肉系统上市
2060 年	人造肉和植物肉占全球肉类供应总量的 60% 以上

虽然准确的时间难以预测，但是粮食和农业正处于巨大变革的风口浪尖，这一点是非常明显的。一个名为 Rethink X 的组织在一份报告《对粮食和农业的再思考：2020—2030 年》中指出："当前的工业化畜牧业系统将被'粮食即软件'模式取代。在这种新的模式下，科研人员将在分子水平上完成对食品的工程设计，然后上传到数据库中。世界各地的食品设计者都可以进入这个数据库。这会带来更加分散、更加本地化的粮食生产体系，它们远比旧系统更稳定、更有弹性。新的生产系统不会受到产量和价格波动的影响，因为无论季节、天气、干旱、病虫害还是其他自然的、经济的和政治的因素如何变化，新的生产系统都能屏蔽它们的影响。地理条件不再具有任何竞争优势。人

们从依靠稀缺资源的集中式系统转向基于丰富资源的分布式系统。"

精准农业、空中发酵、人口增长的减缓、垂直农业、精准发酵、人造肉和培养肉的发展可能导致未来几十年，特别是21世纪下半叶，全球耕地面积大幅减少。因此，人类未来可能会拥有更多的国家公园和生物多样性。

> 可以预见，在未来的几十年，特别是在21世纪下半叶，全球耕地面积将会大幅减少。

表6.6是超级趋势专家对未来粮食和农业技术的预测。

表6.6 超级趋势专家预测的未来粮食和农业技术突破一览表

2023年	授粉机应用于商业性农业生产
2023年	可生物降解的海藻酸盐胶囊（化肥替代品）上市销售
2023年	农田卫星数据的双周订阅服务正式上线
2023年	植物蛋进入B2B市场
2023年	由稀薄空气制成的蛋白质商业化
2025年	基于RNA干扰的生物防治取代杀虫剂，应用于商业型农业生产
2025年	可抗黄叶病的基因改造香蕉品种进入商业性种植
2025年	利用生物废弃物喂养的昆虫被用作牲畜饲料
2025年	可发电的彩色温室进入市场
2025年	棉基纺织品实现化学回收，变为葡萄糖
2026年	孵化场孵出的百分之百都是母鸡
2027年	口味更佳的基因改造无咖啡因咖啡上市销售
2027年	由农业废弃物制成的纤维被用于1%的纺织产品

续表

2028 年	由透明的太阳能电池板供能的温室建成
2028 年	不易引发过敏的谷物和花生种植成功
2029 年	实验室培养的毛发上市销售
2030 年	通过基因编辑获得耐热型小麦
2030 年	基因改造奶牛品种兼具非洲和欧洲奶牛的基因特质
2030 年	以二氧化碳和水为原材料的蛋白质在地球以外生产成功
2031 年	需水量更低的转基因粮食作物获批量产
2032 年	经过彻底改造的基因改造食品上市销售
2032 年	木栓素、可实现碳捕获的作物种子获得监管机构的批准
2035 年	在欧盟，高科技垂直农业企业的市场份额超过传统蔬菜种植企业
2038 年	基因编辑的超级赛马亮相
2050 年	大片沙漠被改造成良田

人类甚至可能在越来越大的自然公园里重新引入久已灭绝的物种，就像电影《侏罗纪公园》和它的同名小说描写的那样。在过去的几年里，这种可能已经从遥不可及的模糊幻影变得触手可及。确实如此，只要掌握它们的 DNA 序列，我们今天已经有能力在技术上重新设计灭绝的物种：过去 1 万年到 1.5 万年消失不见的很多物种都可能重现人间。超级趋势专家对此做出了预测（见表 6.7）。

表 6.7　超级趋势专家预测的未来灭绝物种回归突破一览表

2025 年	首个灭绝物种可用胚胎成功克隆
2025 年	首批功能性灭绝物种代理进入野生环境

续表

2025 年	首次通过反向繁殖让已灭绝物种重返人间
2027 年	一种已灭绝物种重回野生环境
2030 年	对 200 万年前 DNA 进行测序
2034 年	第一种灭绝鸟类复活
2042 年	第一种非鸟类恐龙重生

几乎每个领域都将出现类似 10 倍速以上量级的创新。未来的种种可能性不仅是技术的，也是艺术的，在继续讲述之前，先列举几种可以预见的重大突破（见表 6.8）。

表 6.8　超级趋势专家预测的未来各行业突破一览表

2029 年	透光混凝土被首次用作建筑材料
2032 年	个性化癌症疫苗获得美国食品药品监督管理局（FDA）批准
2035 年	首次在火星上制成甲烷火箭燃料
2039 年	自动驾驶汽车首次占据一国汽车市场的绝大份额
2043 年	疟疾被消灭
2051 年	第一家太空旅馆开业
2083 年	人类永久居住在火星上

拥抱精准经济

就像这些例子所表明的那样，人类以更少的资源获取更多的能力，比如用更少的土地获得更多的粮食，这个进程已越来越快，尤其是自 20 世纪 80 年代以来。在人类生活的绝大部分时间里，攫取二字在生产手段中占据压倒性的地位——人类不停地杀戮、不断地从大自然中攫取，然后整合加工，满足我们的需求，比如砍伐树木、采伐石材，再比如切割和煮肉等。如今，我们开始越来越多地在数字网络上设计产品，然后在实验室里利用DNA、电子、光子和原子从无到有地创造它们。也许很快我们就会使用量子位，它是量子计算机中使用的量子信息的基本单位。

这是对戴维·多伊奇的等级法则的巨大背离，我们正越来越多地生活在"精准经济"的时代。在这个时代中，万事万物将变得更智能、更紧凑——而且它们会更多地被创造出来，而不是攫取而来。说到智能紧凑解决方案这个趋势，一个很好的例子就是智能手机。最早的手机非常笨重，重约50磅。如今的智能手机仅重300~700盎司[1]，并且配备了强大的计算能力。这种计算能力远远超过了20世纪80年代的大型计算机。要知道，当时的大型机能占据一间大屋子，重达几吨。一项发表于《自然》杂志的研究（阿努尔夫·格于布勒等，2018年6月）发现，智能手机材料消耗降为原来的1/300，电力消耗降为原来的1/100，待机功率降为原来的1/30。

智能手机的例子再次证明了印刷术的发明告诉我们的道理：它们会为众多行业带来一连串的变革，也改变了我们的生活方式和组织形式。比如，有了智能手机，数十亿人可以随时在任何地方办公。智能手机还帮助人们随时随地订购各种物品，帮助外卖行业实现爆炸式增长，帮助"出行即服务"（TaaS）实现腾飞，比如优步和其他出行共享平台等。智能手机还彻底改变了音乐、媒体、旅游和教育等众多领域。

最终，智能手机变成了魔法棒。它控制着我们的所见所闻，让各种物品出现在我们眼前。在很多情况下，比如在交通即服务和流媒体音乐服务领域，智能手机的解决方案带来的是10倍速以上的彻底颠

---

[1] 1盎司=28.349 5克。——编者注

覆。与此同时，智能手机的极大流行也提升了其所需技术的性价比，包括锂离子电池、传感器、数字相机等等，让数之不尽的其他产品和行业受益良多。

> 20世纪80年代至今，全世界越来越多的地区迈入了精准经济时代。

精准经济正在帮助我们在不使用更多资源的前提下创造出更多的财富。实际上，随着我们财富的增加，我们甚至经常使用更少的资源。例如，在美国，很多商品的消费早在20世纪80年代就达到了峰值，尽管美国的人均GDP从那时起一直在大幅增长。这让我们认识到，资源的可用性可以分为三个层次：

- 稀缺：资源有限，一旦人口增长或消耗增加，资源就会出现短缺或耗尽的情况。
- 丰富：通过斯密型增长和熊彼特型增长的结合，我们得以提高资源的产出，以满足我们日益增长的需求。
- 超级丰富：人口的增长和人均财富的增加使得整体创新获得更快的熊彼特型增长，这意味着人均可用资源的增加。

在人们谈论人口超过地球的"承载能力"或者提出"我们目前的资源消耗是正常水平的1.7倍"的言论时，其中隐含的基本假设是，人类仍处在稀缺性经济中。我们也许可以理解这样的想法，因为地球上所有其他物种都受制于自然稀缺性法则，无论它们是培养皿里的细菌，还是生活在大森林里的狗熊。但是人类与细菌和狗熊非常不同，因为我们懂得创新和交易。除了人类，任何其他物种都不曾与陌生对象有过交换物品的行为，一次都没有，更不用说和人类表现相当的创新性了。

因为这种独一无二的行为，人类不仅早已进入了富足时代，更是迈入了超级富足时代。衡量这一点的最佳方法是：为了获得等量商品，一个普通人需要工作多少个小时。这种被称为"时间价格"的标准是衡量稀缺性的最佳手段，这是因为货币实质上是一种代币化的时间。"西蒙丰度指数"（SAI）就是用来衡量这一现象的标准之一，它是一个衡量50种全球最普遍的商品的指数。该指数是以朱利安·西蒙的名字命名的。20世纪70年代，西蒙敢冒天下之大不韪，提出了人类将日益富足的预测。这个指数告诉我们，从1980年到2019年，平均时间价格下降了74.2%。事实上，在2019年，这50项商品中没有一项比39年前需要耗费更多劳动小时数，也就是说，每项商品都比之前**更**便宜了。总体而言，这些商品的可负担性的年复合增长率为3.63%。这意味着每20年商品的丰富程度就会翻一番，这又是一个指数定律。马里安·图皮和盖尔·普利在他们的著作《超富余》（*Superabundance*）中对这一现象进行了出色的研究。两位作者指出，从1850年到2018年，全球人口增长了约630%，在此期间，对美国蓝领工人和非技术工人来说，26种常用商品的时间价格分别下降了98%和96%。不仅如此，这26种商品中的每一种都是极大丰富的。

一个相关的观察是，从1900年到2000年，电力的可负担能力提高了大约200倍。这意味着每年可负担性提高5.5%。（当然，对很多人来说，有些商品和服务的价格变得没那么亲民，比如住房和高等教育等，但这并不是资源的稀缺造成的。）

> 迄今为止的经验告诉我们，商品的丰富程度大约每20年翻一番。

精准经济似乎还促进了和平的发展。在攫取型经济中，对稀缺资源的争夺时有发生。这会培养出强烈的"你死我活"的心智模式。在这种心智模式下，所谓成功的常见路径是通过战争掠夺土地。随着这些经济体的成熟，成功之路变成了创新和超社会性，这将人类的心智模式从"你死我活"变成了"双赢"。

当然，有些国家的领导者仍在追求通过暴力和威逼手段攫取土地，这是因为他们的头脑还没跟上精准经济的脚步。也就是说，这些人停留在掠夺式的心智模式中，还没有走进富足性心智模式。还有些国家大规模破坏自然栖息地，大肆攫取，而不是创造。如果拥有创造性心智模式，他们就会发现，这些自然栖息地蕴藏着丰富的物种，它们的 DNA 未来可以通过集约型实验室环境实现无穷无尽的数字化复制。对方兴未艾的体验经济来说，这些实验环境会成为巨大的资源。越来越多的领导者正在转向新兴经济模式的思维方式。

> 在马尔萨斯式经济和工业化攫取型经济中，经济成功的关键在于对资源的控制。这助长了侵略性的"你死我活"式的行为，如征服战争。但是，在精准经济时代，走向富裕的基本道路是通过熟练的超社会性完成创新，从而促进双赢活动，由此促进和平。

由创新走向财富

我们研究了一系列 10 倍速以上的新兴技术，并由此得知，人类未来最有可能拥有的是广泛而多样的技术，这些技术会更清洁、更便宜、更高效。

由此，我们可以得出总的结论：创新是人类最重要的资源。只有通过创新，我们才能解决贫困和环境问题，才能获得新资源。由于人类的创新进程是指数级的，所以我们对可负担资源的获得必然也是指数级的。这正是创新型社会永远不会耗尽资源的原因。我们深知，人类终将解决气候挑战，这在很大程度上要依赖于目前还未出现的技术。我们知道，人类永远不会断粮。未来可能看起来很模糊，但我们可以确信的是，更高程度的富足必然是人类未来生活的一部分。

第 7 章
编写生命代码

现在我们都知道，生命的基础是 DNA 和 RNA 写成的数字语言。如今，我们可以更轻松、更准确地读取和重写生命代码。比如，我们可以——

- 消灭现有物种
- 改变、疗愈或"调谐"物种
- 利用来自几个不同物种的基因制造杂交物种（种间嵌合体）
- 让灭绝的物种重返人间（"去灭绝"）
- 创造全新物种

当然，我们对前三种做法都不陌生。事实上，人类早就在消灭物种，我们食用的绝大多数物种都是在大自然最初生发的基础上经过高度"调谐"之后的模样——往往是人的肉眼很难发现它们与原始模样之间的关系。人类还创造了很多混合物种，比如小麦。

然而，现在我们有了更多的可能，我们可以专门设计病毒，让"基因手术"的效果达到最优，因为它们可以为患有遗传疾病的患者植入基因校正。我们可以重新编辑土壤里的微生物，改善作物的生长条件，或者利用基因驱动技术彻底消灭自然害虫和传播疟疾的蚊子。我们可以制造 RNA 杀虫剂，避免害虫形成耐药性。我们甚至可以让那些已经灭绝数千年（如果现在还做不到复活几百万年前的物种）的物种重现人间。

作为递归智能的一个极端的例子，人类还能重新编码我们自身的物种。毫无疑问，我们最终一定会做到这一点。我们还可以对细胞进行编码，让它们提供神乎其神的服务，就像对机器人发布指令一样简单。比如，为数之不尽的化合物的精准发酵进行微生物编码。简言之，人类是新一代的程序员，大自然就是我们的新计算机。

> 有了基因编辑技术，人类可以创造、再造、消灭、调谐和疗愈各种物种。

抗衰老技术

新兴的抗衰老技术同样很好地说明了人类日益进化的各项能力。大多数人都希望延长自己的寿命，尤其是延长"健康寿命"。后者指的是一个人维持健康状态的年数，而不仅仅是活了多少年。理想状况下，现在的 60 岁相当于过去的 40 岁，80 岁理应成为新的 60 岁。（实际上，我们认为，120 岁，甚至 150 岁，最终可能变成过去的 80 岁。）我们似乎很快就能做到这一点，皮尤研究中心的一项研究表明，75 岁以上的人只有 35% 觉得自己"老了"。

全球平均预期寿命从 1800 年的 29 岁增加到了如今的 73 岁。这是多方面因素共同作用的结果，包括医学的进步、更好的生活方式、更少的暴力和更安全的环境等等。全球预期寿命每年增加约 3 个月。尽管我们早已远离了饥馑、鼠疫和霍乱的威胁，但我们依然会变老。

简单地说，人的衰老可以归结为两大因素。第一个因素是机械性磨损。我们可以越来越多地通过手术解决这个问题，如髋关节置换术和牙科手术等等。第二个因素是基因故障，它比第一个因素复杂得多，也难对付得多。它也是很多机械性故障的原因之一，从本质上说，基因故障就是遗传信息的丢失。

表 7.1 是超级趋势专家对抗衰老技术的预测。

表 7.1　超级趋势专家预测的未来抗衰老技术突破一览表

2025 年	首个端粒酶基因疗法进入临床试验
2026 年	用于标准化衰老评估的高效评估工具包开发成功
2026 年	视网膜图像成为评价衰老的生物标志物
2029 年	至少可以改善一项衰老参数的抗衰老药物获得美国食品药品监督管理局批准
2033 年	一国人口的平均寿命达到 100 岁
2035 年	自动分析肠道微生物菌群的智能马桶上市
2035 年	开展临床人体实验，解决大脑老化问题
2036 年	推出一种基于 CRISPR 的疗法，改变肠道微生物菌群
2090 年	人类寿命的最高纪录达到 150 岁

消灭配方

在可预见的未来，原发性基因衰变似乎是不可避免的。每个成年人平均拥有超过 35 万亿个细胞，按照平均寿命计算，人的一生需要完成 10 万亿次细胞分裂。有些分裂会产生不好的突变，造成有用遗传信息的丢失。除此之外，我们的 DNA 也可能遭受辐射、有害化学物质、病毒感染等的影响，它们都可能造成基因退化。比如，每个细胞每天要经历 1 万多次氧化损伤。它们中的大多数都会通过自动纠错得到修复，但是，有些日常损伤始终没有得到修复，久而久之，错误累积，可能造成（遗传）信息的整体丢失。

基因故障是诱发癌症的原因，即使能根治癌症，我们也只能把患者的平均寿命延长3年左右，这是因为，如果衰老不能通过癌症杀死人类，那么即使流感这样简单的疾病也会夺走患者的生命。

如今，很多研发项目旨在延缓甚至暂时逆转衰老的进程，这个领域正在引发人们浓厚的兴趣，因为它的动物测试效果非常理想。科学工作者当前的一条攻关途径是让细胞变得近乎永生。1961年，美国解剖学家伦纳德·海弗利克发现，培养中的人类细胞只分裂40~70次就会停止分裂。这一现象如今被称为"海弗利克极限"。这个现象的原因在于，所有染色体的末端都带有端粒，这些DNA片段不包含有用的遗传密码，它们的作用就是保护自己不被其他染色体侵害。细胞每分裂一次，端粒的边缘就会缩减一点儿。只要染色体的边缘仍然受到无遗传密码的端粒的保护，人就会安然无恙，但是，经过足够多次的分裂后，人就会开始丢失有用的、带有遗传密码的DNA，于是细胞停止分裂并可能变得衰老。也就是说，它们会逐渐退化，直到成为"僵尸"细胞。

有些细胞会借助端粒酶来避免这种情况的发生，这种酶能促进端粒的复原，这可以使细胞接近永生。科学家已经培育出加长端粒的小鼠，它们拥有更长的寿命和健康期。一项涉及6.5万人的研究发现，那些生来拥有更长端粒的人寿命更长，健康期也更长。也就是说，保护或延长端粒也许可以延缓衰老。

我们都知道，人会在日渐衰老的同时损失肌肉，最终，这一点就足以置人于死地。除此之外，我们还会损失细胞，使得免疫防护、糖分处理等功能难以为继。这在很大程度上是干细胞的损失造成的。干细胞是一种特殊的细胞，由于端粒酶的存在，它可以无限地自我更新,并且能长成身体所需的任何部分。不幸的是,在人体衰老的同时,干细胞会变得越来越少,这意味着人会丧失更新衰老细胞和受损细胞的能力。不过,山中伸弥在 2016 年发现,只要增加 4 个转录因子,任何细胞都可以变成干细胞。（2012 年,山中伸弥因这个发现获得了诺贝尔奖。）有趣的是,科学家用干细胞治疗小鼠,并成功地改善了它们的健康状况,延长了它们的寿命。这种抗衰老方式同样充满了成功的希望。

这就是狂飙突进的精准经济,新兴的抗衰老方法还有很多,包括雷帕霉素疗法,它已经成功延长了酵母、苍蝇、蠕虫和小鼠的寿命。此外还有数之不尽的其他方法,它们都在其他生物身上证明了比在人类身上更显著的抗衰老功效。

人类是地球上有史以来第一个有意识改写自身基因的物种,而且我们在这方面实现了很高的准确度。这是相当惊人的,假如现有技术不仅可以用来改善人类的健康和寿命,而且可以用来提高人类的智能（以另一种方式创造递归智能）,我们就能在生物智能方面达到逃逸速度。这一现象堪比带领人类走出马尔萨斯陷阱的创新过程——它们之间的区别只是水平的差别。它甚至可能取代战争,成为获取权力的新手段。

> 以更高智能为目标的人类基因工程可能会成为未来地缘政治权力争斗的新工具。

很大一部分基因革命早已开始,但还无法在未来几十年里开花结果。下面是"潜在成果"的几个例子:

- 精准发酵、基因改造植物或藻类将被用来制造原料、纺织品、药物和食物。
- 免疫疗法将被普遍用于癌症治疗。
- 用 3D 打印和干细胞培育的新器官已修复或替换身体部件。
- 人类借助疫苗的力量摆脱过敏、成瘾、糖尿病、癌症和其他各种健康威胁。

人类即将获得一种能力，即对任何一个人（或宠物）开展基因分析，确定他们（它们）罹患哪种癌症的风险最高。通过注射疫苗的方法对这些癌症形成免疫，具体来说，就是注射一小段 RNA，帮助患者产生抗体。癌细胞一旦出现，抗体就会根据其表面的特定分子标记发现并消灭它们。

这就是我们如今生活的时代，在这里，活体细胞成了我们的计算机，它们会根据我们掌控的数字指令打印出自身的 3D 副本。人类这一能力的提升速度是指数级的。实际上，这方面的进步如此之大，科学家甚至推测，未来人类也许会造出一条额外的 Z 染色体，它的功能就像人类基因的应用商店一样。

表 7.2 列出了超级趋势专家对未来医疗与生物科技的预测。

表 7.2 超级趋势专家预测的未来医疗与生物科技突破一览表

2023 年	首个面向组织再生的表观遗传重编程疗法进入临床试验
2023 年	首个用于治疗视觉障碍的基因疗法获得美国食品药品监督管理局批准
2023 年	首次采用纳米磁体治疗癌症
2023 年	3D 打印解剖模型成为复杂医疗手术的标准
2024 年	第一支信使 RNA 流感疫苗问世
2024 年	信使 RNA 疟疾疫苗问世

续表

2024 年	用于治疗蛋白缺失或缺陷的信使 RNA 疗法获批
2024 年	3D 打印气凝胶用于移植
2025 年	售价 1 美元的助听器获批,成为医疗器材
2025 年	首批功能完备的代理物种被放入野外环境
2025 年	干细胞"绷带"用于治疗骨折
2025 年	可以防治/减缓阿尔茨海默病的疫苗问世
2025 年	以太阳能为动力的假肢 3D 打印成功
2025 年	一种高效的疟疾疫苗获得批准
2025 年	超声引导的大脑精确给药获批用于临床
2025 年	首个端粒酶基因疗法进入临床试验
2025 年	3D 生物打印网用于疝气修复
2026 年	为患者抽血的机器人获批用于临床
2026 年	3D 打印皮肤获批用于皮肤移植
2027 年	可生物降解的电子设备用于治疗神经损伤患者
2028 年	医用智能隐形眼镜获批上市
2028 年	一种能使癌症肿瘤自我毁灭的病毒上市
2029 年	CAR-Treg 细胞疗法研究带来首支活细胞疫苗
2030 年	立足 CAR-Treg 的 1 型糖尿病基因疗法和细胞疗法问世
2030 年	胰岛移植可用于治疗晚期 2 型糖尿病
2030 年	微型机器人为患者手术
2032 年	基因改造疗法首次治愈单基因疾病
2032 年	全基因组测序首次纳入新生儿筛查
2034 年	可治愈艾滋病的疗法获得美国食品药品监督管理局批准

续表

2036 年	人类用无生命材料合成创造出生命
2038 年	首台量子笔记本电脑上市销售
2038 年	帕金森病可治愈
2042 年	人类生殖系编辑获批,用于治疗传染性疾病
2045 年	基因编辑被普遍用于治疗遗传性异常
2049 年	阿尔茨海默病可治愈
2073 年	理论上,人可以长生不老
2143 年	世界上第一个活到 1 000 岁的人诞生了

第 8 章

IT 的力量

在研究技术进步时,一个反复出现的主题就是某些信息技术与我们在自然物种和生物界生态系统中看到的事物何其相似。长期以来,技术创业者早就把自己的协同体系称为"生态系统"了。计算机会出现各种"病毒"、"蠕虫"和"爬虫",这简直和我们在大自然中看到的情况一模一样。最令人震惊的是,如今的计算技术正在为人造物体配备传感器和大脑,让它们变得不再"哑"、"盲"和麻木。与之类似的是数字创新是如何通过一种良性循环激发更多类似现象、为人类带来递归智能的。这些反馈循环会不断加速,实现指数级的自我提升,在理论上没有上限。实际上,它们甚至可以拥有自己的独立生命。

只要创新的 5 个 C 全部到位,一切能够自我复制的数字就有可能获得递归智能。

> 递归智能的关键组成部分在于数字复制因子的存在。

话虽如此,如今大多数人工智能和机器学习关注的任务仍然大多集中在少数领域。那些给人留下深刻印象的系统,如阿尔法围棋、阿尔法 Zero 程序和 MuZero 算法等，不断地在全世界最复杂的游戏中击败世界冠军，很多时候它们是通过自学游戏规则做到这一点的。尽管如此，它们努力的方向依然是不断超越人类智能，从而灵活地解决不同问题。超级趋势专家预测，想要建成能够适应所有情况的人工智能系统，超越人类智能，也就是通用人工智能（AGI），最早也要等到 2036 年。

提起自我强化型智能，近年来最惊人的例子来自人工智能领域。比如 2022 年 4 月上线的 DALL-E 2 程序。只要输入一段简短的文字，描述任何你想描述的事物，之后这个程序就能创建照片般真实的图像，把你描述的对象栩栩如生地呈现出来。你还可以上传图片，圈画图片的某个部分，并通过文字描述你想要的改动，然后——瞧！——你想要的修改完成了！你也可以上传一张图片，让程序完成多个版本的修改。2018 年，纽约佳士得拍卖行拍出了全球第一幅由人工智能创作的艺术作品。它的算法是由一个名叫 Obvious 的法国艺术团体负责训练的。为了让这个算法画出一幅原创作品，这个团体使用的数据集囊括了 1.5 万幅肖像画，它们都是人类艺术家绘制的，时间跨度为 14 世纪至 20 世纪。这幅人工智能作品最后被打印在画布上，起拍价 1 万美元，成交价 43.2 万美元。

继 DALL-E 2 之后的是更进一步的 ChatGPT，它可以瞬间回答几乎一切问题。不仅如此，它还会写软件代码。无论你想要什么样的代码，只要简单地口头描述一下，它就能一挥而就地写出来。

自动假设生成

更有趣的，同时也是与未来 10 年更相关的，是目前各种形式的人工智能在具体任务中的实际应用，现在从事这些任务的还是人类。"自动假设生成"就是其中一个例子。它之所以行得通，是因为基于人工智能的计算机能以惊人的速度阅读海量的科学论文，并从中得出总体结论。它们还能筛选极端复杂的、汗牛充栋般的生物化学数据，并以人类无法企及的方式得出结论。即使人类皓首穷经地研究多年，也无法做到这一点。以新药开发为例，探索潜在解决方案的方法基本上有 3 种：

- 体内法：在动植物或人类身上进行试验
- 体外法：在实验室里对微生物、细胞或生物分子进行试验
- 计算机方法：通过计算机模拟完成试验

通常来说，对一个人进行体内试验的成本超过 4 万美元。体外法的成本要低得多。不过，计算机方法的成本可能逐渐趋于零，因此，它可能是一种 10 倍速以上的技术。这也意味着，计算机方法可以针对个人进行个性化设置。

自动假设生成的意义在于，计算机和软件已经发展得足够成熟，它们不仅擅长回答问题，而且能提出睿智的、充满意义的**问题**，并且形成合理的假设。它们带来了探索性知识，这就是递归智能！

它们还能设计人类无法提出的解决方案。2012 年，遗传工程学家克雷格·文特尔在《连线》杂志的一次采访中表达了对生物计算的期待："机器人的学习效率是人类科学家的 1 万倍，我相信我们能造出这样的机器人。到那时，新的发现将以我们难以想象的速度不断出现。"

在我们撰写本书时，文特尔 2012 年的梦想已经从遥不可及变得触手可及，甚至部分变成了现实。这又是递归智能的另一个例子，它会在某种程度上使得人工智能软件的学习速度"比人类科学家快 1 万倍"——至少在某些领域是如此。

人工智能已经变得更像人类。我们看到，AI可以作曲、绘画、作诗、创作广告文案。我们根本无法区分AI和人类的作品，而这场好戏才刚刚开始。

那么，人工智能驱动的计算机是如何获取信息的？它们当然可以读取科学文献，或者由人类手动输入数据。不过它们的数据输入通常来自联网设备上的传感器，这个来源正在变得越来越重要。当某些事物配备了传感器，并可以通过网络连接和通信时，我们就称它们为物联网。这样的组合让人造物体做出了类生命体的行为，让中枢计算机产生了类似人类的情境意识。

仪表盘、数字孪生和即时预报

物联网进步的一大影响是"数字孪生"现象的迅速发展。数字孪生指对实体的虚拟复制，目的是监测和模拟。比如，现代核反应堆显然拥有自己的数字孪生体，更常见的例子是大型零售集团，它们拥有成千上万的供应商和销售点，会实时追踪所有工作，并通过AI来预测瓶颈可能出现在哪里。举个例子，如果天气预报说某地炎热晴朗，那么，相关门店要不要储备更多的冷饮？我们还可以为学校制作模型，用替代性教学方法进行实验。

生物追踪和远程医疗

可穿戴健康追踪设备是一个巨大的增长领域，也被称为生物追踪设备，这些设备可以帮助用户通过多种仪表板监测自身健康状况。它也可以用来跟踪个人睡眠节律、血糖水平、血压、已走步数和体温等很多指标。如果加上经常性的血液检测，这种个人健康仪表板就能扩展并涵盖数百个健康指标的智能监测。其中，类似睡眠和运动追踪的数据基于物联网，并且实时更新。健康调节的建议就在用户的指尖，触手可及。

这也被称为远程医疗，因为类似的方法还可以用于远程患者监护。远程患者监护可以大大缩短患者的住院时间，既能节省花销，又能带来更多的社会效益和健康福祉。

在更极端的例子里，人工智能还可以用来提供数字化的生物标志物。它不仅能追踪物理指标，还可以跟踪其他指标，比如人们与各种应用程序之间的互动情况。这方面的微小改变可能预示着抑郁、焦虑等情况的发生。针对这些以及其他健康问题的解决方案可以以数字疗法的形式出现，这是一种通过软件和设备提供的循证疗法。也就是说，为了给你的健康提供更好的支持，信息技术提供商可以为你创造数字孪生体。

表 8.1 是关于此类技术未来突破的预测示例。

表 8.1　超级趋势专家预测的未来生物追踪和远程医疗突破一览表

2023 年	全球健康追踪市场规模超过 500 亿美元
2025 年	基于智能手机针对常见疾病的诊断方式开发成功
2026 年	电子皮肤用于健康监测
2026 年	首款毫米波段的商用织物天线上市
2034 年	可监测健康情况的内衣上市

从预报到即报

从更高的层面来说，我们可以利用物联网极大地改善宏观经济管理。实际上，人类经济已经迈入了《经济学人》所说的"第三次浪潮"。而主导这一浪潮的正是针对海量数据的实时处理。这是一个重大转变，因为经济学家可用的绝大多数统计数据的搜集直到最近仍然动辄需要数个月、数个季度甚至数年的时间。这就带来了《经济学人》描述的问题。2008年5月，美国总统经济顾问委员会原主席爱德华·拉泽尔指出："如果只看眼前的数据……我们确实没有进入通常意义上的经济衰退。"结果，5个月后，雷曼兄弟破产，国际货币基金组织（IMF）认为，美国"不一定"走向深度衰退。实际上，美国早在2007年12月就进入了经济衰退。

那是过去。在精准经济时代，实时经济变得日益精确。如今，我们可以获取各种实时数据流，比如亚马逊或阿里巴巴的购买情况、优步和其他共享出行和微出行平台的使用情况、信用卡开支情况、用电量、人们在购物场所和旅游区的实际运动情况、当前运行中的喷气发动机及飞行中的航班的情况、今日新车登记情况、当前石油销售量、离港/到港集装箱数量、今晚的OpenTable预订，以及我们的个人金融投资组合情况，一切数据都是实时的，或者接近实时的。从这个角度来看，我们的指尖已经越来越准确地摸到了经济的脉搏。

精准货币

领先的投资银行和管理咨询企业，如麦肯锡等，已经在大量使用这类数据输入。亚特兰大联邦储备银行使用GDPNow模型即时播报（并实时预测）GDP情况。这些数据能够极大地改善企业的库存管理、金融投资决策和财政金融政策的调整。举例来说，如果中央银行能比较实时地了解经济何时过热，或者陷入衰退，它们就能更快地做出反应，降低冲击带来的影响。这可以同数字货币的发行结合起来，数字货币会在限定时间后失效，这样可以促使人们及时消费。我们也可以称其为精准货币，这种被用于精准经济的货币甚至可以被专门用于特定行业。

借助技术实现分散化

我们的组织内部存在一对有趣的矛盾，那就是天生倾向于集中化的组织与倾向于分散化的组织之间的冲突，我们也可称其为"二分法"。首先，我们认为，无论哪个企业或国家，都存在一种内在的倾向性——权力更加集中和过度的制度化。科学工作者对这种现象做过非常恰当的描述，例如卡罗尔·奎格利（各种文明中存在自发的过度制度化问题）、曼库尔·奥尔森（公共部门与企业中的集权与官僚主义问题）等等。

在工业革命期间，在技术的驱动下，人们希望通过大规模生产实现规模经济效应，这样的愿望加强了集权化。因此，集权在当时往往是行得通的：在**工业化经济**中，几乎所有推动生产力进步的创新都与大规模的集中生产有关。工业革命带来的巨大生产力的提高是由一连串的 10 倍速以上的创新带来的。比如，贝塞麦炼钢法把铁路用钢铁的生产成本从 1867 年的每吨 170 美元降到了 1898 年的每吨 15 美元——31 年内实现了 10 倍速以上的提升。集装箱的发明和其他航运方面的创新让跨越大西洋的航运成本从 20 世纪 50 年代的 420 美元降到了如今的 50 美元。如果经通货膨胀调整，这相当于 70 年内实现了 80 倍速的提升。

然而，随着精准经济时代的到来，更多的 10 倍速以上的技术需要依靠去中心化或者促进了去中心化。比如，随着居家办公、远程会议和众包的兴起，越来越多的产品是由分散在各地的团队开发的。在垂直农业、精准发酵和人造肉的推动下，粮食生产可以发生在任何地方，而且变得比以前容易得多。还有，有了太阳能、风能和新的核能技术，人们基本上可以在任何地方生产能源。我们将来可以利用风力、光子、钍、核废料或氘和氚来发电，这些电能又可以在人们希望的地点或附近的地方生产流体燃料，如氢、合成气和氨等。因此，大型化将由小型化、本地化和去中心化来塑造，它们会自下而上、有机地叠加，而不是自上而下地设计——这彻底颠覆了多伊奇的等级法则。最终，我们会把这种由小及大的组装式技术推向成熟，到了那时，人类可以在宇宙飞船或月球甚至火星上，建立自给自足的栖息地。

说回地球，区块链是另一项促进去中心化和透明化的技术。在它的帮助下，我们可以在一定程度上取代国家、银行和律师等。有了3D打印技术，我们可以在任何地点开展生产。云计算、应用商店、区块链、众包、共享经济、在线教育、社交媒体、微出行和点评经济都属于促进去中心化的技术。

在这种经济样态里，创造力和设计是在全球数字网络中实现的。它让任何地方的任何人都更容易为创新和生产做出自己的贡献。这些趋势会影响人们的生活方式和组织有效运行的方式。

物联网、大数据、人工智能和机器人

为了处理来自物联网和其他渠道的数据，我们经常会用到大数据方法。这些方法同传统的统计抽样方法大不相同，主要表现在以下几个方面：

- 连续分析，而不是定期分析。
- 依据所有相关数据，而不是选取有代表性的样本数据。
- 通常基于所谓的"数据废气"：不是以分析为主要目的而创建的数据——但如今却被用于分析。
- 能够进行模式识别。也就是说，在某些数据丢失的情况下，它们能从其他数据外推以填补空缺，这被称为"合成数据"。
- 能模拟更复杂过程的未来预测——通常是通过人工智能。

这说明，人工智能、物联网和大数据是高度互补的技术。它们一起"唤醒"了更多的物理世界。随着这个过程的发生，我们身边越来越多的事物变得日益活跃，表现出了更多的适应性。正如前文提到的那样，它们有时几乎活了起来，就像生物界的生态系统那样。

你可能早就用上了云计算，它是一种计算机数据存储（云端存储）和/或计算能力可用性的按需分配，而且不需要用户直接主动管理。Gmail（谷歌公司的邮件服务）就是一种云服务，手机和计算机会定期将数据储存到云端。如今出现了另一种云：物联云。实际上，由物联网、大数据和人工智能组成的"铁三角"正在与IT系统的边缘地带形成大规模智能通信。在这里，边缘指的是传感器。

有趣的是，人工智能与开源的解决方案捆绑在一起，因此，人工智能组件可以在线自由访问，并被用作处理实际数据的模块，这和利用现成模板创建网站如出一辙。

> 物联网、大数据、人工智能和机器人技术"唤醒"了更多的物理世界，并让其变得越来越智能。

同时，在很多情况下，这种人工智能/物联网/大数据的技术铁三角正在进一步与机器人技术连成一片。这4种技术正在美国军队中大规模铺开。如今，美国军队在很大程度上依赖于几个相对较少的重要节点，如航空母舰、通信卫星和JSTARS预警机（改装的波音大型喷气式飞机）等。不过，正如美国空军采购主管威尔·罗珀指出的那样，JSTARS会变成"笨拙的、飞在天上的活靶子"。能够击落它的武器正在变得越来越便宜，即使小型军队也负担得起。卫星同样可以被摧毁，尽管成本更高。即使是强大的航空母舰也变得越来越脆弱，很容易受到打击。

群体的意义

这些原因促使美国国防部推出了"联合全域指挥与控制"（JADC2）的概念，目的是在维持军阶/指挥链的同时，做到军事过程的完全去中心化和部分自动化。这个想法抛弃了对少数几个中心节点的依赖，而建立一个使用无数传感器和节点的点对点网络，如果某些节点失效，数据就会自动找到新的路径——这和互联网的工作原理一样。这样做的目的是把"每个传感器同每个射手"连接起来，保证每一颗子弹都消灭一个敌人。传感器可以被放置在地面上，被伪装成一块石头，也可能是被伪装成小鸟或昆虫的微型无人机。射手可以是机器人，车辆也可以是自动驾驶的。人工智能极大地减少了数据处理时间和探测/选择目标的时间。它还可能推荐一些非常规的做法，比如，在军事攻击摧毁一座建筑物之前，它会触发火灾警报，让平民有足够的时间逃出去。

当然，类似的方法也适合民用，比如住宅区和停车场的安保等，它可以连续不断地检查各项情况是否正常，人工智能可以帮助人们做到这一点。这些技术也可以帮助企业运营部分日常民用业务。

在金融服务领域，机器人顾问正在变得日益普遍。可以想象，政府机构同样可以使用很多类似的技术：用宏观经济模型和全部法律法规训练出的人工智能可能提出各种建议，帮助简化法规、优化税收结构、提高财政政策等。

个人层面同样如此。我们可以畅想一下：机器人、物联网、大数据和人工智能合体，成为我们的专属助手。它不仅能实现我们的各种愿望，还能预判我们的需求。它甚至比你自己还懂你。冒雨骑车回家的你，进门发现一缸暖洋洋的洗澡水已经准备好了？依照通常的消耗量自动采购家庭日用品？在你埋头工作时，你的自动驾驶汽车完成保养？好的，都没问题！如果能收到你的定期反馈，机器人还能搜集更多数据，更好地了解你。这种反馈循环甚至可能产生递归智能，帮助你和你的机器人相互学习。

数字浪潮

数据有时也被人们比作这个时代的石油。20 世纪 40 年代到 70 年代，7 家超大型石油企业主宰着全球的石油业务，赚到巨额财富，它们被称为"石油七姐妹"。如今我们有了新的七姐妹，她们是脸书、苹果、亚马逊、谷歌（字母表）、百度、阿里巴巴和腾讯。唯一的不同在于，新的七姐妹都是**数据**企业。

也就是说，如今在算力、人工智能、连接性、传感器、物联网和区块链等领域蕴藏着真正的巨大财富。一个又一个领域正在走向数字化，一项又一项技术正在呈指数级增长。同时，这一切又同技术融合、网络效应、人工智能和递归智能融为一体。

数字化还带来了更低的单位成本。越来越多的领域正处在演进过程中。曾几何时，它们一度强调手工作业的重要性，接着又投入机械操作的怀抱，如今，这些行业终于走进了数字化运营的新时代。这意味着生产力从静态到线性增长，再到指数级增长。因此，组织往往要从为工业社会攫取型经济而优化的科层体制走出来，转向为精准经济和体验经济而优化的去中心体制。

虚拟现实与增强现实

虚拟现实（VR）是一种模拟环境，用户通常借助能够产生 3D 效果的眼镜进入这一环境。而增强现实（AR）是前者的一种延伸，它把虚拟现实叠加在真实世界之上，而且它是肉眼可见的，比如通过智能手机、GPS 屏幕或智能眼镜观看。虚拟现实和增强现实统称为沉浸式技术，这些技术带来了种种光怪陆离的结果，包括假肢、人工感官和虚拟力量等。比如，残障人士可以全凭意念来控制假肢。如果把它延伸到 VR 游戏中，想象一下自己化身孙悟空的样子，不仅如此，你还可以和自己的化身拥有同样的感受。只要念头一转，你就能飞起来！

有些类似的效果和专门的设备密切相关，这些设备可以和人类大脑直接互动——这是一种大胆激进的物联网形式。它们可以是使用聚焦超声（FUS）的非侵入式设备，也可以是使用深部脑刺激或光遗传技术的侵入式设备。未来的人类甚至可能利用这些技术来消除不好的记忆，比如关于暴力的记忆等，或者植入新的人造记忆，以此对抗一些人的自残行为。闭环机械装置也能增强脑部活动，在某些方面发挥辅助作用，比如帮助人们睡个香甜的好觉。

元宇宙

电子游戏玩家常常成为自己在屏幕上看到的那个形象。想象一下，现在你不再使用游戏手柄控制屏幕里的那个角色完成单调有限的动作，而是真切地感受到自己变成了那个主角。或者说，那个角色变成你的化身，化身的身份和一举一动都由你主宰，你通过化身和其他真人的化身互动，你们甚至可以在虚拟世界里结婚生子。你可以逃离眼前的物理现实，再造一个全新的在线现实。这太好玩儿了！如果把它制作成游戏，一定可以大卖特卖。

事实上，它并不是游戏。它已经通过元宇宙的样貌变成了现实，而且它蕴藏着极大的商机。推出元宇宙的企业就是脸书。这家公司把元宇宙的建设当作重大的未来使命，它甚至把自己的名字改成了 Meta。2020 年，歌手特拉维斯·斯科特在元宇宙的《堡垒之夜》游戏中举办了一场虚拟演唱会，吸引了 2 770 万名玩家。2021 年，微软获得了美国军方一份价值 219 亿美元的合同，为后者制造增强现实头戴设备。就在同一年，元宇宙中的虚拟土地购置金额达到了近20亿美元。元宇宙通过单一通用平台把人、虚拟现实头戴设备和可穿戴传感器连接在一起，这意味着我们即将进入一个崭新的数字宇宙，真正活在自己的梦里。真实和虚幻世界之间的界限正在变得模糊，越来越多的人选择用这种虚拟世界替代自己日复一日的现实生活。当你身处元宇宙时，你的真实位置变得无关紧要，你的物理现实也变得越来越不重要。你可以在其中塑造自己的身份和行为，而且，就像一位元宇宙的早期玩家说的，你"就像在睁着眼睛做梦"。

信息技术不可能止步不前，这再明显不过了。大量的"新技术"正处于非常早期的萌芽阶段，比如量子计算、区块链和元宇宙等。其中许多技术正在通过全新的方式实现融合。

下面是超级趋势专家对未来IT发展的快照式预测：

表8.2 超级趋势专家对未来信息技术突破的快照式预测

2023年	开始有政府用大数据取代人口普查
2024年	小型模块化量子计算机在数据中心联网
2024年	无接触式人工智能技术首次在公共场所取代传统的触摸屏
2024年	酒店开始提供沉浸式虚拟现实体验服务
2024年	语音助手能够预测用户需求
2024年	AI时装设计师的表现首次超过人类设计师
2025年	乘坐公共交通工具的乘客可以刷脸支付
2025年	量子计算和量子金融理论开始用于市场预测
2025年	制导子弹开始用于军事行动
2025年	磁屏护盾成功阻止无人机攻击
2025年	首款配备碳纳米管肌肉的机器人问世

续表

2025 年	可识别肉类是否安全可食的智能手机应用程序上线
2026 年	人工智能加入企业董事会
2026 年	一种算法可从匿名手机数据中识别出病毒的暴发
2026 年	自充电式电子设备嵌入日常物品
2026 年	量子计算被用来改善天气预报
2026 年	能够帮助人类与逝者交谈的聊天机器人问世
2026 年	一家大型零售企业在所有店面推出增强现实版试衣镜
2027 年	量子模拟器用于电子游戏开发
2027 年	全球半数 IT 基础设施开支来自云产品
2027 年	75% 的区块链流量依靠低能耗技术
2028 年	智能手机可全息投影
2029 年	一家主流社交媒体在登录系统中实现区块链整合
2029 年	首家只用 VR 教学的学校开学
2030 年	个人计算机的计算能力首次超过人类
2032 年	全基因组测序首次纳入新生儿筛查
2032 年	环境光与无线电信号被用来为电子设备供电
2032 年	计算机首次通过图灵测试
2033 年	首个预见性 AI 家庭助手上市
2033 年	智能隐形眼镜取代虚拟现实头戴设备
2034 年	6G 网络可在每平方公里范围内支持多达 1 000 万台物联网设备
2034 年	可使物体对人类肉眼不可见
2035 年	首款商用光学计算机上市
2035 年	电子设备可通过 Wi-Fi 信号充电

续表

2037 年	人工智能宣称有自我意识
2038 年	在美国的高速公路上，有一半的汽车是自动驾驶的
2038 年	首款量子笔记本电脑上市
2038 年	完全沉浸式虚拟现实成为可能
2042 年	全球 10% 以上的计算能力来自量子计算
2042 年	通用型家用机器人上市

第 9 章

从婴儿潮一代到 Z 世代

影响消费者如何花费时间和金钱的因素数之不尽，而代际习惯和价值观念的差异又让这一现象变得更加复杂。由于技术变革的加速，加上年轻人比前几代人更快地改变生活方式，这种代际差异正在扩大。如今的劳动人口和消费阶层包括了 5 代人（如果把出生于 1928 年至 1945 年的传统一代或者叫"沉默的一代"也算在内）。纵览人类历史，如今的人口也许是文化最为多元的。虽然营销人士和社会学专业人士经常把每一代人的"时代精神"挂在嘴边，但是问题在于，多种不同的时代精神同时摆在我们面前。技术变革的疾风骤雨正在把几代人撕裂开来。

> 如今的人口包括了 5 代人。每一代人都有自己的优势价值观和习惯，这些观念和习惯往往是相互冲突的。

下面是我们对各代人的简略画像。需要注意的是，这些画像都是概括性的，需要读者自己辨别吸收。如果有读者对这个话题感兴趣，希望深入研究，我们推荐博比·达菲的著作《世代迷思》(The

Generation Myth）。达菲在这本书中指出，每一代人的立场态度都会随着年龄的增长而改变，我们即将看到的"代际战争"不一定多于过去。

婴儿潮一代（出生于1946—1964年）

婴儿潮一代是在父辈讲述的二战真实故事中长大成人的。他们见证了录音磁带、个人计算机、拨号上网、太空旅行的诞生和很多发明的普及，例如电视、收音机和电话等等。这一代人安于稳定的、等级森严的工作环境。他们通常对自己所在的组织极度忠诚，以换取生活稳定和职业安全。他们经历过20世纪60年代、70年代巨大的资源与环境恐慌，走过了从传统平面营销向大众广播电视营销的转变。

X世代（出生于1965—1980年）

X世代经历了从模拟到数字的转变，他们深情地回忆着自己使用随身听的日子，它后来被笨重的光碟随身听取代，再后来，智能手机和MP3播放器闪亮登场。他们也许还在一段时间里玩过寻呼机和PDA（个人数字助理），所以，总的来说，这一代人的数字化转型还是非常顺利的。他们还记得冷战期间的对立世界和柏林墙的倒塌，记得有人大胆地宣称自由民主制度是人类"历史的终结"。这一代人通常习惯于更具参与性的组织文化，他们随时准备为更高的目标而努力奋斗，同时又很重视"工作与生活的平衡"（这个名词诞生于1986年）。在经济合作与发展组织中，X世代的人大约1/4在33岁时获得了大学学位。

Y世代/千禧一代（出生于1981—1996年）

千禧一代很小就开始接触互联网，如今他们还记得自己童年或少年时代得到第一部手机时的情景。很多人的第一部手机笨重得像一块砖头，和如今的智能手机一点儿也不像。伴随这一代人成长的是全球化、全球恐慌、冲击，以及全球威胁，如千年虫、"9·11"恐怖袭击事件、2008年金融危机和新冠病毒感染疫情等等。在工作中，他们要求获得授权和持续发展，但他们不像前几代人那么重视职业安全感。他们中的大多数人预计每3年左右换一次工作。这一代人越来越多地考虑自由职业，把它当作一种可行的职业选择。虽然约1/3的千禧一代拥有大学学位，但是有证据表明，在一些富裕国家里，千禧一代将会成为收入低于父辈的第一代人。

Z世代（出生于1997—2010年）

Z世代在智能手机、智能电视、家庭数字助理的陪伴下长大，是和社交媒体一齐降生和成长的。他们是真正的数字原住民，通常使用多种社交网络。他们看重的是使用权而不是所有权，并对购买和企业行为的道德考量更感兴趣。他们怀着真正的期望，希望人类在生物工程的帮助下能活到至少100岁，甚至有一天可能到太空去旅行。他们已经成为当前地球上人数最多的一代人，总人数接近20亿。据预测，高达1/2的Z世代取得了大学学位，虽然也存在一种相反的趋势，即更多人选择时间更短的技能类学历和微资质证明，而不是大学学位。有人预测，Z世代一生中会从事18种不同的工作，横跨6种职业，他们住过的居所会达到15处。与此同时，这一代人还表现出程度最高的焦虑和不安，他们中很多人对很多问题持悲观态度，例如气候变化、日益加剧的不平等问题等等。

> 据预测，Z世代一生中会从事18种不同的工作，横跨6种职业，他们住过的居所会达到15处。

我们暂时不去谈论阿尔法世代（出生于2010年至2024年之间的人），因为他们中年龄最大的到2030年才20岁。但是已经有明显的证据表明，阿尔法世代与前几代人在世界观上存在重大差异，而且他们是迅速发展壮大的一代（每个星期新增270万人！）。因此，这一代人会成为我们将来研究的重要对象。

每一代人都会带来认知、预期和行为上的明显转变，而且其中很多的转变是单向的。所谓"单向"指的是，它们是沿着一个特定方向前进的，即使途中偶尔会出现波折，它们仍会朝着未来持续下去。比如，总体而论，这个世界越来越多地关心环境问题，而不是越来越少。这个世界对性少数群体的态度越来越宽容，而不是相反。从人口统计的角度来看，Z世代对待差异性要比千禧一代更开放，态度也更宽容，比如在支持同性配偶收养和同性婚姻等方面。千禧一代又比X世代和婴儿潮一代更加开放宽容。

千禧一代和Z世代的宗教仪式感日渐淡漠，越来越多的人没有公开宣称的宗教信仰或正式信仰，相比之下，他们更有可能被自己醉心的事业召唤而四处奔走；他们更有可能相信气候变化是个危险的问题，而且主要是人为的；他们更习惯于成为自学者（从小就习惯了使用搜索引擎）；他们更有可能从事自由职业，更看重工作便利性的价值，例如工作时间和地点的灵活性；他们更有可能泡在网上，同时加入多个在线社群。不仅如此，世代越新的人越有可能为个性化商品或服务支付额外费用，更愿意为自己喜欢的品牌多付钱——只要这些品牌支持的事业和他们的身份认知是一致的。他们更有可能看重那些性别特征比较偏中性的品牌。还有，他们更习惯使用点评作为自己的购物决策，因此他们更愿意购买自己不熟悉的品牌，只要它们获得的评价足够好。

> 较年轻一代更愿意购买自己不熟悉的品牌，只要它们获得的评价足够好。

并不是所有方面都不同。比如，有一份工作仍然很重要，这一点对每一代人都很一致。这也许是因为人类天生渴望做一些有价值的事。还有一种可能，千禧一代和Z世代是在更具颠覆性的宏观经济环境中长大的，他们更多地见证了多次经济危机、房价相对实际工资收入的疯狂上涨、全球流行的大灾大疫等等。事实上，虽然高达71%的千禧一代更喜欢工作与生活的平衡，而不是高薪工作，但这个比例在Z世代身上已经下滑到58%。不仅如此，虽然千禧一代和Z世代每隔几年就要换一份工作，追求更灵活、更自主的工作，更有可能把一份自由职业当成副业，但他们仍然看重事业，而且他们通常很重视提高自身的技能、工作职责和薪酬。最后一点，无论是哪一代人，都对企业分享个人数据的做法感到不快，只有10%~15%的消费者声称他们对这种行为没有异议。

到2030年时，我们会看到人口统计方面的重大转变。到那时，有7亿婴儿潮一代达到退休年龄，他们中最年轻的人也有65岁了。有趣的是，他们中的多数人准备在65岁后继续工作，一部分年龄较大的人已经这样做了。那时的X世代在50岁到65岁之间，最年长的千禧一代人也快50岁了。与此同时，大约13亿Z世代加入劳动力大军，成为其中人数最多（也是全球人口比例最高）的群体。他们会接过千禧一代的班，成为主导力量。到那时，千禧一代和Z世代加起来将占据全球劳动力的2/3以上。

不过，在全球很多地方，婴儿潮一代仍然拥有很大一部分购买力（他们的退休浪潮必将惠及很多行业，比如旅游休闲、医疗保健、维生素和功能食品、传统零售和DIY商店等等）。这些转变会在很多方面带来重要的变化，如消费、工作预期、社群交往和投票行为等等。

> 如今，大多数人计划在 65 岁之后继续工作，有些人已经这样做了。

避险与野性的辩证共存

我们在前文讨论过社会和组织中促进集权和推动分权的力量之间的对立，这是一种很高水平的现象。还有一种现象与之类似，同样值得我们注意：随着时间的推移，我们的社会不断提升产品、工作、休闲时间等各方面的安全性。类似的力量会在困难和风险面前制造更大的逆境。然而，人类基因的变化并没有那么快，这就让很多人（尤其是男性）感到一种残留欲望的折磨：他们会渴望困难和冒险。这种渴望时常表现在相当暴力、有时是极限运动的项目中，表现在越来越极端和残暴的电影和电子游戏里。这两种相互对立的潮流会不会继续共存下去？也许会，至少现在我们还看不到它们无法延续下去的直接理由。

儿童人数最高峰 vs 持续的富足

按照百分比来衡量，全球人口的增长在 1964 年达到了峰值，并在此后逐年下降。按照实际人口计算，全球新增人口在 1988 年达到 9 300 万的峰值，随后逐年下降（2020 年的新增数量为 8 100 万）。另外，从全球来看，人类已经达到了儿童人数的最高峰，也就是说，全球儿童人数达到了一个平稳期，此后不再上涨。实际上，根据联合国的中位数预测，全球 5~15 岁儿童的数量在 21 世纪余下的时间里将基本保持不变。

这就意味着，尽管我们的技术在不断加速发展，但是人口的增长却在不断下降，这迟早会带来全球人口的下降。它的一个影响是，越来越多的人感受到富足，越来越多的人选择新的生活方式，不再追求更多的物质财富。人们会更加看重生活的质量，而不是物质财富的数量。

这里需要补充一点，同那些生长在富足环境中的人相比，新近致富的人，也就是所谓的"新贵阶层"，在物质方面的支出通常更多。常见的模式是，在成长过程中感受过物质财富匮乏的人往往会在以后的生活中过度补偿。但是，他们的下一代因生来具备"足够"的物质财富而不会做出同样的选择。这种知足的感受通常被称为"够用主义"。

> 随着越来越多的人在富足的环境中长大，越来越多的人会看重生活的质量而不是物质财富的数量。这就是人们常说的"够用主义"。

沿着马斯洛的金字塔一路向上

马斯洛的金字塔是对需求层次理论的可视化呈现，这一理论描述了人类需求的顺序，从最基本的需求，如食物和住所，到更高层次的需求，如爱、尊重和自我实现。研究表明，人们对马斯洛定义的这些需求并不总是严格按照金字塔所示的顺序由低到高地依次展开。尽管如此，相较于相对匮乏的人，那些拥有较多时间和金钱的人通常会在更大程度上追求更高层次的需求。

如今，人们普遍更重视人生意义的追寻和自我实现。比如，这反映在代表性价值观上，婴儿潮一代与Y世代/千禧一代之间存在相当明显的不同。对后者而言，闲暇时光和选择的自由正在成为富裕阶层的新财富，他们用这些时间来满足自身的新需求，提升自我以追求更高水平的目标，并关心社会事业。

> 如今人们普遍更重视人生意义的追寻和自我实现。

巅峰阶段的低科技

较早的科幻电影常常出现一种错误：在它们描绘的未来里，一切都是高科技的、人造的。现在的我们早已走过了很多早期电影界定的未来，也看到很多和电影呈现大不相同的现实。很多地方确实早已采用了高科技解决方案，但是，随着人们变得越来越富裕，他们往往更喜欢价格更高、科技含量更低，或更复古的生活方式。例如打猎，虽说没有什么获取食物的方式比打猎更不划算，但它正在很多地方成为最富裕阶层最钟爱的运动方式。虽然人人都可以在智能手机上查看时间，但是没那么精确的手工机械手表却在富裕人群中蓬勃兴起。在欧洲的阿尔卑斯山脉，最富有的人把山间房屋墙壁和外立面的新木料扒掉，换上老旧磨损的木材，旧木料的价格是新木料的 4 倍。类似的情况还有很多。实际上，是我们身边的高科技和 10 倍速以上的技术带来了经济的繁荣，这种繁荣使得越来越多的人有能力主动选择科技含量较低的选项，因为我们觉得这样的选择更迷人、更令人愉悦、更舒服，或者随便其他什么感受。手工生产通常效率很低，但正是由于它变得越来越稀有，所以人们才会趋之若鹜。这一点同样适用于创客运动，它指的是人们在家里动手制作自己需要的物品。它同样是人们对工业化量产的另一种反其道而行之的做法。它实际上反映的是，工业经济和精准经济创造的更多的财富使得人们有能力负担更令人喜爱的体验经济，尽管其效率低下。

认知的差距

不同人群和不同文化之间可能会出现认知差距，因为有些人奉行的是以不信任为基础的"我胜你败"的心智模式，或者信奉支配与征服式的心智模式，而其他人信奉的是以信任为基石的双赢的合作心智模式，其他类型的心智差距同样可能发生。比如，体验经济与精准经济对现实的认知路径常常是相互冲突的，这就很容易产生认知上的差距。举个例子，体验经济讲述了一个关于有机食品如何健康、如何有利于保护大自然的动人故事。而精准经济的支持者可能会随即指出，如果全球的粮食生产都是有机的，人类只有两个选择，要么把大片的自然区域变成农田，要么让几十亿人忍饥挨饿。因为和现代工业化农业或精准农业相比，生产每单位有机食物所需的土地面积要大得多。

相应地，当出生在安全富裕社会的年轻人——也许与他们的父母或祖父母不同——对体验经济的动人故事深深着迷，忘了这一切是如何建立在工业经济与精准经济有时不那么迷人的效率之上时，认知层面的冲突就会发生，随之而来的可能是解决办法的互不相容。

第 10 章
微观市场里看得见的手

随着技术和消费者偏好的演进，市场同样在演进。在大规模数字化、技术融合和不断变化的消费者偏好的驱动下，所有行业都在经历数量众多的重大转变。

日益提高的产品多样性

还记得戴维·多伊奇的"巨大的一成不变"和"等级法则"吗？在自然界里，DNA重组的可能性让多伊奇的法则走到了尽头。同样的情况也发生在商业市场的产品和市场营销中：数字化和复制技术极大地增加了产品的多样性。数字化的数据在线上通过不计其数的方式汇聚融合，随着制造工艺的数字化，人类有能力创造出更丰富的多样性和更大的繁荣。

从互联网的大规模普及开始，每个人触手可及的媒体数量几乎都在呈爆炸式增长，我们中的很多人如今订阅着数百个群组的消息和各种类型的流媒体服务——其中大多数是免费的和互动式的。

经济繁荣为我们带来了前所未有的更多选择。你注意到咖啡这种商品在过去几十年的变化了吗？如今有更多的品牌和品种可供选择。

这里的"更多"实际上是"非常非常多"。当然，部分原因是经济的繁荣让我们负担得起更多的选择和更高的质量。因此，如今的我们不仅在咖啡方面拥有更多的选择，而且由于小型啤酒厂的蓬勃发展，可供选择的啤酒种类同样丰富。在很多情况下，是数字技术让这一切成为可能。

类似的情况还有面包、手表、时装和杜松子酒等。在所有这些市场里，我们把工业经济和精准经济的优势同体验经济结合在一起。由此而来的不仅是更多的产品和品牌，还有各种应季的和与活动相关的特别版本、收藏版本和限量版本的产品。它们多得不胜枚举。在很多情况下，产品和服务经常会孕育出部落式的用户群体，他们拥有更专属的身份认同和归属感——不仅限于享用本地小啤酒厂的精酿啤酒，还包括小众健身概念、服装和共享办公空间等等。

> 更大的繁荣也带来了更高的产品多样性。这又使得消费者自我组织成各种部落式的小群体，覆盖了多种产品品类。这是企业可以利用的一点。

一人细分市场

在最极端的情况下，我们会提供完全量身打造的版本，针对一个人的细分市场——就是你！在线购物、人工智能、自我测量与追踪技术都可以达到这一目的。3D打印同样可以做到：你走进一家商店，扫描自己的双脚，3D打印机立即就能为你打印出一双完全适合你的定制鞋子。这极大地影响了一个行业，那就是服装行业，这个行业正在改进一种"软机器人技术"，用极富竞争力的成本缝制和编织定制服装。

表10.1列出了超级趋势专家对未来定制时尚的预测。

表 10.1　超级趋势专家预测的未来定制时尚突破一览表

2026 年	一家大型零售企业在所有店面推出增强现实版试衣镜
2028 年	一个品牌开始使用由 AI 支持的虚拟网红
2031 年	会自动升级的处方眼镜上市
2033 年	终端用户可以在 AI 的帮助下设计自己的服装
2035 年	会聊天的机器人造型师数量超过真人造型师数量
2041 年	技术娴熟的机器人化妆师开发成功
2042 年	人们普遍购买增强现实型服装
2045 年	人们可以在家里 3D 打印服装

同样，通信的发展和通信支持的计算开发也在推动产品的多样化。虽然第一代计算机是高度集中式的（还记得最早的大型机吗？），但是它不断地朝着网络、联网计算和云计算演进，后来更是在物联网、大数据和人工智能的支持下朝着边缘计算演进。这意味着日益分散的计算。这促进了数字产品多样性的爆炸式增长，同时推动了供应个性化的增加。

> 日益增长的财富与数字化的结合带来了更精准的细分市场定位，一人细分市场营销快速增长。

从推动到拉动

这些发展的一大结果是从推动式营销向拉动式营销的转变。用户越来越有能力提出极其精确的需求，这能为商家带来订单，而且人们不太愿意接受普通商品的狂轰滥炸。

我们同样可以在求知和教育领域看到这种从推动到拉动的转变。学历教育耗时极长，而且我们学到的大部分知识都是被强加给我们的，有些知识可能永远都用不上，有些在我们真正需要的时候早就忘了。因此，人们越来越喜欢通过谷歌搜索、优兔视频、维基百科等途径发现更及时有用的信息。即使传统教育项目，未来也可能通过人工智能的部署来实现对每个学生的个性化培养，让他们真正成为一人细分市场。比如，人工智能可以为每个人提供定制化学习方案。这意味着从工业经济式的批量学生教育转向精准经济影响下的大规模定制。翻转课堂就是个很好的例子，它会把家庭作业放在课堂教学之前。其他的例子还包括多学科超级实验室和完全沉浸式教学体验等。

> 从供方推动转向用户拉动，这一转变得到了大规模定制技术的支持。

体验经济的发展

与此同时，体验经济也将进一步发展。其实我们很早以前就看到了商家从销售产品向销售体验的转变。这也是有些消费者肯花10美元买一杯咖啡坐在海滨咖啡馆里慢慢品尝的部分原因，尽管那杯咖啡的实际成本只占其中的一小部分。随着越来越多的事物被整合在一起作为一种体验打包出售，品牌企业正在竞相实现差异化。从经济的角度来看，仍在进行中的工业革命和始于20世纪80年代的精准经济创造了海量财富，将我们推向了体验经济。这三者将共存，但体验经济的特质终将占据主导地位。几十年前，全球市值最高的企业都与工业经济密不可分，而如今雄踞榜首的企业都是精准经济里的执牛耳者。如果有人说几十年后笑傲全球的顶尖企业都来自体验经济，我们也不会感到惊讶。

我们还会收获更多惊喜。其中的一些可能来自新型计算机游戏和与之相关的电子竞技、新型媒体和类似的虚拟计算和环境计算之类的东西，换句话说，就是来自电子产品。令人着迷的新型混合体验会日益增长。它们会丰富我们的感官，发挥我们所有的感受，更不用说体感体验和电子体验在增强现实世界里的全新组合了。即使是成熟的传统行业也会迎来转型。仅以建筑、教育和医疗保健行业为例，它们都有可能通过转型为消费者提供更精准、更有意义的体验，而不仅仅是满足用户的基本需求。再比如迪士尼，为了实现从"讲故事"到"活在故事里"的转变，这家公司走进房地产行业，开发出主题住宅社区，把"迪士尼的魔力带入人们生活的任何地方"。这个例子同时说明了产品多样化、从"推动"到"拉动"的转变以及对用户体验的重视，它真是个令人激动的绝佳案例。

你就是产品

很多新产品和新服务的兴起实际上基于用户即产品的模式。这种现象非常有趣。它包括辅导、健康课堂、康复、塑形、辩论俱乐部、定制服装和室内设计、个性化饮食等等，只要你购买的东西在某种程度上增加了你的能力，你就可以理解为你购买了一个更好的自己。

> 在日益发展的体验经济中，用户往往就是产品本身。

与这一切密不可分的是参与型社会的发展。身在其中的我们不仅是他人生产的物品的消费者，也是这些物品的生产者——"产消者"。社交媒体就是个很好的例子，我们每个人都是媒体内容的生产者和消费者。在线流媒体音乐服务平台声田也是一样，每个用户都是播放列表的生产者和消费者。家酿杜松子酒、自种蔬菜和自制工艺品也在蓬勃发展，而部分参与也在增加，编曲和做唱片骑师都是很好的例子，有了最新的软件和设备的帮助，这类活动变得越来越简单轻松了。人们有时会选择出售一部分自己制作的产品，有时它是人们推销自己、扩大社交网络的一种手段，还有的时候人们单纯为了享受过程，为了自我消费。

> 就像人与机器的融合产生了所谓的"半人马"一样，生产与消费的融合让我们变成了"产消者"。

"即服务"型解决方案的发展

最有意义的转变之一是向按需经济的迈进。在如今的富裕国家里，人们的生活和几百年前大不相同。以前，人们大多生活在农村，除了空气，日常生活所需的一切都需要人工搬运。人们要从水井里汲水，用水桶运回家里。取暖用的木柴要搬回家，煤和焦炭也是一样。当时的主要信息载体是书信，或许还有报纸。虽然它们比成桶的煤炭轻得多，但是同样要被拿到家里才行。

后来人们用上了自来水。现在，清水会按照人们的需要流进家里，用多少水交多少钱。妙极了！紧随其后的是电力。后来还有天然气，天然气和木柴、煤炭不同，它会顺畅地流入千家万户。再后来是互联网带来的咨询和数据。然后通过云计算访问数据存储和计算能力。如今，在物联网的帮助下，我们越来越多地按照自己的需求从各类设备中获取数据。

这种按需模式通常对卖家和买家都极为方便，因此不断发展。数不尽的行业已经转入这种按需商业模式，也就是通常所说的"即服务"商业模式。更多的行业将紧随其后，这也意味着，很多行业即将迎来从拥有到租用（或者从购买到订阅）的转变。

> 随着数字经济的逐步深入,人们越来越多地从拥有转向租用,从购买转向订阅。

简单化和自动化

随着线上购物的比重日益增大,购物正在越来越多地受到算法的驱动,而且对消费者来说,购物正在变得越来越简单方便(比如一键结账)。亚马逊 30% 的销售收入来自推荐引擎,而声田等流媒体音乐服务商也在增加来自目标艺术家和歌曲推荐的流媒体数量。我们有时候甚至不清楚自己想要什么,或者希望得到惊喜,这正是机器算法大显身手的好机会。实际上,为了让用户的体验既美妙又简便,系统的后端可能极其复杂,这是我们平时看不见的事实。

不过,这种趋势正在向更极端的方向发展——完全自动化的行为,甚至是基于人们尚未意识到的需求的自动购买。想象一下,有一天你查看手机,发现你的自动驾驶电动汽车自己开去保养了,还换了新轮胎。当然,它用的是你的信用卡。可能我们希望它下次至少先打个招呼,等我们同意了再去。但是,对很多用户来说,这一切不过是点击一下屏幕那么简单。

共享和点评

我们还见证了共享经济的发展壮大。它有三种主要形式:

- 即服务模式(例如汽车租赁、自行车租赁、小时工等)
- 众筹来自个人而非企业(例如爱彼迎、遛狗服务,或者主要由自由职业厨师提供外卖服务的云厨房)
- 点对点模式,它和众筹非常类似,唯独少了中间媒介(例如 BitTorrent 文件共享等)

区块链技术可以在类似的系统里进一步增强人与人之间的信任，因为它维系的是一种去中心化的交易记账机制，不需要中间媒介发挥安全保障作用。有趣的是，这些趋势也让市场更加全球化，因为如今的人们实际上可以与世界各地的任何一个人进行分享。

我们还进入了**点评经济**时代。在这种经济里，用户会对产品和服务提出公开透明的反馈意见，这让最终用户大大受益，同时有利于持续不断地提高产品的质量水平。很多时候，价格甚至会变得更透明，会随着供求的情况实时波动——让市场那"看不见的手"变得越来越可见。这一点对共享经济特别有益，因为它供应的产品不一定是同质的。当然，点评也可以是双向的。租车平台上的司机同样可以点评乘客。

去中介化与平台

另一种重要趋势是去中介化，它指的是产品和服务被直接出售给消费者。这通常是通过开放的平台实现的。消费者可以在这里看到可用的产品（及其价格、点评和实物产品的可用性）。这些平台的网络效应极强，用户越多，平台越完善。完善的平台反过来又会吸引更多的用户。数字化和全球化往往会创造出赢家通吃的市场格局，这有助于理解为什么有些科技企业能够发展壮大。

第 11 章

飞快、动态、灵活的未来工作

职场正在以前所未有的速度发展，而新冠病毒感染疫情带来了全新的工作方式——这种转变只用了短短几个星期，而不是几年。我们相信，人们原本熟知的工作已经朝着更好的方向完成了转变，未来将出现四种重要的总体趋势：

1. 劳动力会不断地从工业经济向精准经济和体验经济转移；
2. 情感满足类需求和日益增长的够用主义越来越多地反映在职业偏好上；
3. 工作和生活模式会变得更快、更具流动性和灵活性；
4. 工作找人的情况会越来越多，人找工作的情况会变少。

精确性与体验

就工业经济而言，机器、计算机、机器人正在越来越多地接管常规和基本工作，人类的能力被释放出来，他们专注于更具创造性和认知层次更高的工作。当然，以 IT 和生物工程为代表的精准经济是一个巨大的领域，此外还包括以 3D 打印为代表的精准制造。事实上，与工业领域有关的全新工作正在大量涌现，并迅速成为主流，例如搜索引擎优化专家、博主、应用程序设计师和开发人员、云服务专家、人工智能专家、大数据分析师、机器人工程师、全栈工程师、用户成功专家、网络安全专家和行为健康专家等等。未来还会涌现出更多的新类型，比如器官制造、AR 用户旅程搭建、数字货币顾问、无人机交通调度员、自动驾驶车辆机械师和主动型隐形眼镜工匠等等。

更多的人会在精准经济与体验经济的交汇地带工作。计算机越来越多地接管了呼叫中心里的日常工作（例如在系统里修改地址、订购新的借记卡或预订航班等），呼叫中心的客服代表可以专注于提供卓越的用户服务，为某些类型的服务增添更多的人性化色彩，如费用纠纷、个性化推荐和预订等。在教育、医疗和零售等行业里，我们同样能看到人与机器互动的转变，着重推动组织与用户就更加复杂的问题进行讨论。这种半人马式的架构会在大多数的工作中更多地使用机器，不过这些机器始终处于人的监管之下。然而，相反的情况也会发生。举个例子，为了防止灾难性错误的发生，有时候人也会在机器的监督下工作，一些车辆的远程控制系统就是这种情况的早期例证。

说到底，体验经济最终会成为工作岗位的最大来源。我们已经在全球最富裕的人群中看到了这一趋势，它也带来了与生活方式相关的工作岗位的显著增长，如生活教练、健身教练、健康从业人士、康复师和设计师等。这样的情况会继续下去。比如，我们可能会在超验体验中看到大量新的工作：辅助型自我提升、梦境链接，使用微型胶囊植入技术提升感官体验（例如重温旧有感觉，或者增强电影或游戏体验）的主动式皮肤科学家、活态医学生物学家、屏幕墙设计师和文身艺术家主播等等。

在这一切发生的同时，我们会再次经历一件事，就像我们在人类历史上一贯经历的那样：技术不会扼杀工作机会，只会改变工作的样貌。实际上，这一现象已经伴随人类许多个世纪，它也被称为"萨伊定律"。它说的是，供给能创造自身的需求——从某种意义上来说，如果我们实现了某一事物的自动化，它创造的财富增长会流向其他事物。因此，这有时也被称为"再生需求"。

目的与实现

我们看到年轻人越来越多地在自己的生活中寻找目标，这一点也反映在他们的工作偏好上。他们越来越期望自己的工作能达到有意义的目标，期望自己的生活因此变得更加丰富，而不仅仅是为了赚钱。

此外，随着经济的繁荣发展，休闲娱乐机会也变得越发诱人，更多人选择减少工作量，降低收入，因为他们的收入足以满足他们的基本需求，并且能为更高层次的需求提供资金支持。这也是一种够用主义，在这种情况下，多劳多得并不是人们想要的生活。

人云

更快的创新周期、更复杂的工作流程和数字化把产品、服务和劳动分解成越来越细碎的组成单位，我们称为"微小对象"。由此而来的不仅是专业化的提升（例如产品经理、用户界面专家、设计专家和程序员构建应用程序等），而且工作内容通常是短期的、基于项目或任务的。

这为我们带来了一种新情况，人们不再问对方："您在哪里工作？"更有意义的问法通常是："您最近在忙什么？"对这个问题的回答可能越来越多地涉及人们同时做的多个项目，同时服务的多个不同的人或用户。也就是说，这里存在一种走向微工作和零工的趋势。

> 人们不再问："您在哪里工作？"如今更有意义的问法是：

> "您最近在忙什么？"越来越多的人在临时性的零工经济中从事微工作。

一项有利于增加选择、提升灵活性的技术是数字化的云技术，包括在线获得计算力的能力。我们在劳动力市场上看到了同样的转变。随着消费越来越多地转向更多的选择和按需模式，加上人口结构的变化带来的对工作生活平衡的新需求，工作流程变得越来越精细，劳动力市场必然发生类似的变化。也就是说，我们现在有三种类型的云：计算机云、物联网云和"人云"。

"人云"帮助我们把人类劳动分解成更小的、可交易的微小单元，达到了可以按需供给的程度。超级趋势专家估计，到2060年，美国将有一半以上的劳动力从事自由职业。这些产品、服务和数据的微小单元可能会受到点评、数字分析、实时报价和透明竞争的影响。这会增加竞争，因此，它既能在相当大的程度上巩固和加强市场经济，又能抑制通货膨胀。

> 我们正在走向产品、服务和数据的微小单元，它们以经常实时波动的价格提供"即服务"，并且经常受到点评、数字分析、实时报价和透明竞争的影响。

我们看到，伴随这些变化而来的还有工作与个人生活、休闲与工作时间之间界线的日益模糊。新冠病毒感染疫情加快了这个趋势，这种转变迫使众多组织相当激进地重新思考工作的地点和时间。不过这些趋势在此之前已经发生了。可以肯定地说，我们的工作方式永远不可能回到新冠病毒感染疫情之前的模样，原因很简单，过去几年的变化太多了，我们很难想象员工的期待和企业的文化回到老路的景象。

我们可能会看到不同程度的混合模式出现。2021 年的一项研究表明，83% 的员工期望混合式工作环境，既包括面对面的互动，又具有远程办公的灵活性。另一项研究表明，新冠病毒感染疫情结束后，20% 的员工希望恢复之前每个星期在办公室工作 5 天的工作方式，30% 的员工希望 5 天全部居家办公，剩下的 50% 介于两者之间。

总的来说，随着人们更多地走向云端和分散式微工作的日益普及，人们会越来越多地看到下面的情况：

- 没有固定的工作时间
- 没有固定职责，可以是员工，也可以是顾问或自由职业者
- 没有固定的工作场所
- 没有明确的假期
- 没有头衔
- 领取退休金的年龄不固定

一切都将变得更快、更具流动性、更灵活多变。

可以肯定的是，一切都可能变得更加不确定。不过，对很多人来说，"丢掉饭碗"的风险不复存在。因此，从这个意义上说，不确定性反而**降低**了。人们丢掉的不再是工作，充其量是一两个项目。

> 工作时间、工作职能、工作场所、假期、头衔和领取养老金的年龄都在变得越来越不固定。这个快速、流动、灵活的世界变得越来越模糊。

被翻转的人才漏斗

在被翻转的人才漏斗里，组织不再是工作和专业才能的唯一拥有

者。很多人成长在这样一个世界里：如果你具备某项工作能力、产品、服务，或者具备某种特别的才能，你几乎总是要向一个强大的"把关人"发送申请才能激活它们。你必须把自己的音乐小样送到唱片公司，把求职申请交给用人单位，向风险投资人做创业宣讲，或者把自己在报纸上发表的文章寄给编辑。等到做完这一切之后，你能做的只有耐心等待和默默祈祷。然后，在大多数情况下，你常常被拒绝。

当然，未来这样的情况和"把关人"仍然存在，但值得注意的是，这个过程正在翻转，或者已经完成了翻转。如今，记者越来越多地盯着那些影响力巨大的人，看他们在网上发布什么内容。因为这些内容本身可能非常有趣，而且这些大人物选择第一时间发布这些内容本身可能就是一则新闻。接下来，记者会对此发表报道，可能还会提出采访要求，比如马斯克的推文就是个很好的例子。

> 随着社交媒体的发展，人才漏斗常常发生翻转，越来越多的品牌所有者和雇主在互联网上搜索人才，而不是人才搜索品牌所有者和雇主。

用人单位正在越来越多地查看求职者在社交媒体上的活跃程度和受欢迎程度，常见的指标包括好友数量、粉丝数量、浏览量、参与度、点赞数和转发量等等。比如，如果一位软件开发人员在 Hacker News（新闻提交社区）或 Stack Overflow（一个程序设计问答网站）等平台上得到点赞或投票，那就说明他具备特殊的主动性或才华。

艺术领域传统的"把关人"也在网上寻找人才，而不是坐等小样自己送上门来。唱片公司 Twin Music 就是一个例子。它总是会对送小样的艺术家敞开大门，但它获取人才的主要方式是系统搜索网络，找到那些最受欢和被分享最多的独立音乐，然后主动接洽作者，为他们提供支持和帮助。

随着自由职业者数量的增多，他们创建了自己的在线档案，包括工作集。很多平台都支持用户评分，比如 1 到 5 星之类的评分。企业可以看到这些评分，并越来越主动地向自己看中的人才推销项目。这就完全翻转了用工合同的传统方式。只要迅速浏览一下 Upwork 和 Fiverr 之类的自由职业平台，你就可以看到很多热门分类，如数字营销、平面设计、写作/翻译服务和战略分析等等。

如今，人们在社交媒体上发布观点、才艺和小样远远走在了系统性搜索的前面，但是我们认为，这样的情况将会发生变化。实际上，我们认为，高度组织化的抓取、文本挖掘、机器学习和其他工具的使用将大幅增长，以发现潜在的人力资源。这种情况的一大优势在于，网络充当了一个庞大的实时测试平台：让市场说话，如果某人在网络上很受欢迎，那可能是有原因的。

只要想想其他道路常常遭遇怎样的挫败，我们就能发现这一认识的重要价值。年复一年，"把关人"总会招进一些不合格的员工、表演者或艺术家。也许更糟糕的是，可以获得巨大成功的人才有很多，"把关人"却与他们失之交臂了。这样的例子有很多，J.K. 罗琳和她的《哈利·波特》曾被十几家出版社拒绝，最后才被布鲁姆斯伯里出版社接受。斯蒂芬·金的第一本书被拒绝了 30 多次。即使是麦当娜和甲壳虫乐队，一开始也难以越过这个瓶颈，直到他们的作品发表之后，他们才开始被市场接受。

人才漏斗的翻转为人力和人才的买卖双方带来了巨大的便利，它对整个世界同样有利。在这样的市场作用下，人们的出身或人脉有多广变得没那么重要了。网络会把聚光灯直接照在你身上。

第 12 章
关于未来的 25 种关键趋势

我们描述的未来包括很多极具革命性的事物：量子计算机将以比如今最快的超级计算机快几百万倍的速度进行某些类型的计算；粮食生产的创新可能最终减少 90% 以上的农业用地；钍、氘和氚发电，每重量单位提供的能量将是煤炭的几百万倍；有预测，科学发现在未来 100 年内将增长 100 倍；3D 打印的人体器官；可以投射全息影像的智能手机。这些例子只是众多大胆预测的冰山一角。

下面是 25 种关键的发展趋势，它们直接指向我们面前模糊的未来。

1. **很多超级趋势刚刚真正起飞**。我们今天所知的一些超级趋势在过去几十年或更短的时间里才开始获得发展动能，直到最近才成为真正的全球现象。
2. **创新没有止境，因为它实质上是对已有事物的重新组合**。我们已经开发的事物越多，未来可能创造出的新事物就越多。
3. **人类的科学活动至少每 15 年翻一番，大约每 100 年增长 100 倍**。齐曼定律告诉我们，这一发展可以无限持续下去。

4. 前面谈到的创新的 5 个 C 是这一切的关键驱动力量：(1) 集约单元，(2) 合作网络，(3) 共通准则，(4) 变革诱因，(5) 竞争。

5. 超社会性最高的人往往会赢。总体而言，最擅长合作的人比最擅长竞争的人更成功：双赢胜过"你输我赢"。熟练掌控脉动超社会性的人是所有人里最成功的。

6. 指数级定律提供了可预测性。稳定的指数级定律可以帮助我们预测各种未来应用何时成为可能，何时具备商业上的可行性。

7. 人均实际收入每 10 年增长约 20%。它的稳定令人惊讶。经济衰退通常会导致急剧回暖，以赶上这条指数趋势线。

8. 人类会变得日益富足。大约每 20 年商品的平均时间价格就会降低一半，这意味着人类的超级富足。出于这个原因，与其占有更多的商品和资源来实现生产，不如致力于创新，因为创新能创造更多的财富。我们还知道，在食物和安全等基本需求得到满足后，人们通常会关注更高层次的需求，比如幸福和自我实现。

9. 精准经济意味着少花钱多办事。精准技术帮助我们用更少的物理足迹创造出前所未有的更高价值。

10. 在新的核心技术取得突破之后，随之而来的可能往往是应用。尽管市场对新核心技术的反应往往看上去令人失望，但是随着时间的推移，人们会逐渐为它找到恰当的、新的商业模式和用途，从而引发一连串新的、没有止境的商机和更新的技术。这意味着每当一项新的核心技术进入实际应用时，衍生的应用程序总是会出现在可能的相邻应用程序中。

11. 人工智能和量子计算机引领人类走向递归式超级智能。计算机正在越来越多的学科领域击败人脑，这种情况现在也发生在我们原本认为依靠直觉的领域。此外，量子计算机为某些计算领域带来了几百万甚至几十亿倍的提升。它们能够比人类更好地为其他计算机编程，还能以挑战人类能力的方式撰写论文和提出问题。智能会因此自发地创造更多的智能。

12. **会有越来越多的人变成"半人马"。**人类和机器之间相互协作、指导和监督的情况会变得越来越普遍。

13. **技术将成为人类生活方方面面不可或缺的一部分。**一切可被数字化的事物都已实现了数字化，或者终将走向数字化。人们生活其中的每个领域都在见证新型硬件和软件的不断涌现。不仅如此，随着一项又一项技术的指数级发展，在技术能力提高的同时，单位成本迅速下降。技术融合、网络效应、人工智能和递归智能相结合，加剧了这种情况。

14. **生物已经成为一个计算平台。**人类会越来越多地随意创造、摧毁、调整和改变生命。这带来的影响之一是一场新的工业革命的到来。在这场新革命里，细胞成了听话的机器人，人类将细胞重新编码，就像在工厂里生产自己想要的产品一样精确地制造我们需要的东西。人类可以由此获得很多产品，包括食品、药物和建筑材料等。

15. **人口结构的变化将是颠覆性的。**我们正在走进一个新时期，它拥有空前多样的劳动力和消费阶层。新一代倾向于更加自由地投票、更专注于个人理想的追求、更多地在社会和伦理事业中表明立场，同时更重视工作的灵活性和工作与生活之间的平衡。

16. **代际文化差异将会扩大。**新技术会带来新态度、生活方式和消费者偏好。由于每一代人对新技术的吸收程度不同，所以创新的加速必然会加大代际的差异。

17. **经济的繁荣会带来产品的多样化。**一旦在数量上达到市场饱和，创新的影响就会转向更多的选择，从而使产品多样化。

18. **随着从模拟向数字的转变，我们正在从批量交付式经济转向按需模式**。计算能力、人的零工服务和物联网数据这三重云只是这一大趋势的几个例子。同时发生的还有从供方推动模式向用户拉动模式的转变。总体而言，这会让人类社会的经济更高效，让我们的生活更便利。

19. **市场营销正在变得个人化和智能化**。先进算法的能力越来越强，可以帮助人们瞄准服务一人细分市场，在我们最需要的时间和地点提供个性化推荐——而且经常是在我们自己都没有意识到有需要的时候。

20. **市场变得实时可见**。我们正在走向产品、服务和数据的微小单元。它们是在全球平台上以"即服务"的形式被推送到我们面前的，它们的价格对所有人都是可见的，而且是实时波动的，而用户能够提供即时反馈和点评。

21. **产业将会转型**。各行各业都受到技术的影响。10年后，很多行业会变得面目全非。预计变化最大的行业有交通运输、医疗保健、教育、媒体、市政建设和房地产、能源、农业、金融、专业服务、零售和制造业等等。

22. **劳动力会不断地从工业经济向精准经济和体验经济转移**。机器、机器人和计算机越来越多地接管工业经济中的各项工作，人类劳动力因此越来越多地流向精准经济和体验经济。在这两种经济形式里，人类比机器更具竞争优势。

23. **工作和生活模式会变得更快、更具流动性、更灵活多变**。新冠病毒感染疫情加速了颗粒化和数字化，加剧了内外部零工劳动者的分散化。工作和个人生活正在越来越多地融为一体。越来越多的人没有固定的工作场所、工作时间、假期，甚至没有固定的退休时间。相反，人们更倾向于在工作、休闲和学习的流动组合中度过自己的成年岁月——但他们也许永远都不会退休。

24. 对自我实现的需求和够用主义越来越多地反映在人们的偏好上。这不仅会影响消费模式，还会影响人们的工作偏好。
25. 工作会更多地寻找人才，而不是人才寻找工作。这意味着有才华的人会在网上被发现，而不是寻求机会出售自身的劳动。

在这个过程中，人类会不断见证各种惊人事物的诞生。其中有些是我们能够准确预见的，有些是我们仅能猜测的，还有一些会像晴天霹雳一样出现。那么，每个人应该如何适应这些变化呢？

第二部分
适应未来的心智模式

本书充满了即将发生的、令人称奇的新事物。我们今天看到的它们，其实只是未来即将发生的众多发展中的一小部分。我们何其幸运！

不过，未来并不只有鲜花和灿烂的阳光。随着元宇宙等可能性的增加，时代对每个人的要求也在提高。在过去的几十年里，我们看到了压力、焦虑和其他心理健康问题、身体疾病和肥胖的程度越来越高，由社交媒体上的不断比较带来的自我意识和不安全感越来越强。此外，经济合作与发展组织的一项研究表明，在18~24岁的年轻人中，近一半的人认为他们的知识和技能在未来不会有需求，而且由于数字化，他们将很难找到一份全职工作。总之，很多人感到自己没有准备好应对即将到来的许多变化。

这样的压力意味着，作为一个个体，想要保持身体、精神、情感上的健康，你必须通过全新的方式管理和照顾自己。这就是本书第二部分的重点——如何成为更适应未来的个体。这包括你从内到外塑造周围世界的能力，你驾驭超级趋势的能力，你如何理解新信息，你如何学习，你如何应对日益互联和富裕的世界的影响，你如何创造自己的运气，你如何采取行动，以及你如何保持正确的方向。

我们不仅关注可能有用的行为和工具类型，还关注必需的心智模式。因为只有改变潜在的认识和心智模式，我们才能可持续地转变我们的学习、生活和领导方式，把它们变得更好。这一部分列出了8种心智模式，它们是加强未来适应能力的关键。其中某些心智模式你也许听说过，我们之所以把它们包括进来，是因为它们在当下非常重要，而且在将来会变得越发重要。其他一些心智模式可能是新的。它们每一种都有自己的价值，同时也是相互联系、相互加强的，所以要从总体上把握它们是如何相互补充的，这一点至关重要。

毫无疑问，未来令人激动不已，但未来的旅程也充满荆棘。要想实现你最期盼的未来，你必须不断发展自己和你的能力，以应对未来的种种变化。只要用正确的路线指导自己，未来的旅途就一定是令人兴奋的，回报将是值得的！

第13章
应对涂尔干

埃米尔·涂尔干（生于1858年）被人们奉为社会学的奠基人。他做过很多有趣的观察，其中一项被他称为"失范"，指的是社会规范的缺失。婴儿接触到的社会规范几乎为零，因此，那是人的一生中"失范"程度最高的时期。但是随着婴儿的成长，他们也在学习社会规范。比如，在一岁时，他们的饮食习惯可能很接近2 000年前的成年人。到10岁时，这种习惯可能非常接近1 000年前的普遍水平。到20岁时，他们基本上就掌握了现代的饮食礼仪（希望如此）。

也许有一种情况除外，那就是如果他们在上大学，或者处在类似的新环境中。这是因为，当刚刚成年的人离开家庭时，他们的餐桌礼仪和整理房间的习惯等常常会退回到较低的文明水平，比如中世纪的水平。因为他们脱离了父母之前的约束，所以在大学最初的几年里，有些人可能会重新体会到涂尔干所说的"失范"。

之所以提到这一点，是因为我们正在迈进本书第一部分提到的那个世界，许多超级趋势将不断颠覆我们舒适的小日子。这就意味着，就像刚刚离开父母的年轻人一样，我们久已习惯的社会规范也许会消失不见，这很可能造成一种失范状态。

18 种工作、6 种职业、15 处居所

工作、习惯、文化、技术和住所，它们一次又一次地从我们的生活中消失，又以新的面貌出现。比如，在一个组织里工作一生，用几十年时间从基层升迁到高层。这个概念可能变得越来越不常见。前文提到，有人预测，平均而论，Z 世代一生中可能经历 6 种职业，更换 18 种工作和 15 处居所。如果是这样，他们一定少不了和涂尔干（的"失范"）打交道。当然，这些变化中的大部分都是好的，甚至是非常好的。它们意味着机会！大把的良机！

但是，过多的选择可能会带来一些问题。你也许在优兔上看过这样一幕：一头狮子准备攻击数百头从它身边蜂拥而过的水牛中的一头。狮子到最后也没有发动攻击，因为牛群惊人的速度、高度的混乱和过多的选择。类似的情况也可能发生在你我身上。这个瞬息万变的世界充满了太多的可能性，我们中的一些人会不断地感到"失范"，他们会茫然失措，找不到抓手。如果狮子面前只有一头水牛，那么狮子的大餐是跑不掉的。同样的道理，如果你的一生注定要在父母的农场里劳作，和邻居的儿子或女儿结婚，事情就变得简单极了。你可能真的会这样做。但是，现代社会的选择太多，很多人迷了路。

让我们来看一些可以帮助我们把握自己人生的心智模式和行为。

从依赖到自立

1989 年，史蒂芬·柯维出版了全球畅销书《高效能人士的七个习惯》。这本书立足于柯维一生的心理学研究，他在书中描述了人生的 3 个可能的发展阶段：（1）依赖，（2）自立，（3）相互依靠。

婴儿和低龄儿童不仅要面对"失范"的挑战，而且离不开对他人

的**依赖**。他们要依赖抚养他们的人。

有些人从未走出这样的依赖——当他们离开家时，父母可能会经常到他们的住处，拿走要洗的衣服，如果不这样做，他们永远都不会洗衣服。或者，他们会立即依赖上一个福利国家，福利国家只是取代了父母的角色。他们也可能依靠一种自诩无所不知的思想体系，这种体系会在一切方面指挥依赖者：你必须做这个，必须做那个，就像这些人的父母之前做的那样。

值得庆幸的是，很多儿童在十几岁到 20 岁时，开始成为自己人生的主人。当然，也有人具备极佳的自主意识，会为自己的行为完全负责，但是仍然选择把自己的生活完全托付给一种外在的力量。

但是，自主意识终究会让人**自立**。自立可以包含很多方面。其中一个是独立思考的能力，包括身处逆境时独立思考的能力——高度自立的人往往会做自己认为正确的事，即使别人不认同。自立的另一个典型特征是，自立的人不会持续寻求他人对自己的认同，沦为他人看法的奴隶。即使没人鼓励，自立的人也会给自己加油鼓劲。真正高效的自立者还会积极主动地思考问题，并对自己的人生负起全部责任。他们会为自己的目标思考和筹划。在一个混乱的世界里，这一点是极其有用的——但在一个充满秩序的确定世界里它的作用反而没那么大。

然而，如果你的个人发展止步于此，你可能会成为一个目光短浅的人，只关心自己，对别人的一切不闻不问，每天只想着：我、我、我。柯维的高效能人士还有第三步：迈向**相互依靠**。这样一来，人们会非常擅长主动与别人开展双赢式交易。也就是说，懂得相互依靠的人已经熟练掌握了自主的阶段。在这个基础上，他们善于在团队内部开展合作，分享想法、关系、产品和服务等。他们是富有建设性的网络营造者，因此，他们也是人类超社会性的有效贡献者。

这一点非常重要，因为我们正在进入一个更复杂、更动态的世界，我们必须擅长与他人互动。在复杂系统里实现卓越的最清晰的路径往往都离不开超社会性。

> 在复杂的、快速演变的系统里，繁荣进步离不开超社会性。作为一个个体，如果具备极强的双赢思维，成为与他人相互依靠的人，你就可以脱颖而出。

快别演戏了

你是不是还活在"卡普曼戏剧三角"里？如果是，你也许还没有脱离最初的依赖阶段。"卡普曼戏剧三角"最早由斯蒂芬·卡普曼于1961年提出，它包括下面三个角色：

- **拯救者**四处寻找明显的受害者，以便扮演救世主的角色。这让他们自我感觉良好，觉得自己的人生很充实。在极端情况下，他们真正起到的作用是呼吁别人来救人，而自己只是在社交媒体上发帖，宣传自己作为拯救者的美德。比如，他们可能整天高喊"拯救世界！"，实际上，他们自己什么都不做。这种做法也被称为"释放美德信号"。
- **迫害者**会抓住别人不放，把一切过错都推到对方身上。他们整天叫嚷着"都是你的错！"。很多时候，这是因为迫害者缺乏足够的自尊心，他们需要别人为他们自己的生活毫无进步负责。还有一种情况是，为了让无聊的故事自圆其说，受害者和拯救者甚至会凭空捏造出一个迫害者来。
- **受害者**会寻求迫害，即使他们并没有真的受到迫害。他们通常的立场是"我真可怜！"。为了保持自己喜欢的角色，他们会在自己的生活里积极寻找可以扮演迫害者和拯救者的人。

世界上当然存在真正的受害者、拯救者和迫害者，但是卡普曼戏剧三角说的并不是他们。恰恰相反，它说的是那些在生活里**积极**寻求或扮演其中一个角色的人，因此他们也积极地导演这出戏，把别人拉进戏里。他们才是卡普曼所说的受害者、拯救者和迫害者，他们都是依赖他人的人。

这种行为的结果是，戏剧三角里的每个参与者都转移了自己对生活的责任。比如，拯救者会阻止受害者对自己的生活负责，从而将自己的拯救行为变成一种伪装，来掩盖自己对生活的不负责任。迫害者同样转移了自己对生活的责任。他们认为自己生活中一切不好的事物都是别人的错误造成的。也就是说，这三种角色都不会真正独立——他们的戏剧游戏让他们陷入依赖阶段。他们从未真正长大。

以上说的是可能阻止人们从依赖阶段走向自立阶段的情况，那么，什么情况可以表明人们未能从自立阶段迈入相互依靠阶段？一种可能的迹象是，你在社交媒体上发布的都是你自己的照片。另一种可能的迹象是你只关心自己眼前的欢愉，除此之外，你的生活中不存在其他目标或意义。"人生如戏，来杯金汤力。"享受人生当然是好事，但是，我们活着只是为了享受吗？值得庆幸的是，有很多实用的生活妙招可以帮助我们成为自立的人，或者（最好）成为与他人相互依靠的人，并成功地驾驭未来的复杂世界。

懂得自己，了解他人

首先要真正了解自己。如果还没有做到这一点，你可以先做些性格测试，这是一种很好的开始方式，例如"大五人格测试"、"霍根性格测试"、DISC 行为风格测试、巴雷特价值测评，还有优势识别器。

类似的测试有很多，仅举几个例子。接下来认真思考测试结果，它们可能说明：（1）你的行为方式；（2）什么基本信念促使你做出这些行为；（3）什么适合你，什么不适合你；（4）哪些情况让你感受到心流和有目标；（5）哪些情况让你感到空虚和无聊；（6）你为什么会像现在这样花费自己的时间。

在告诉别人你在做什么之前，你要养成一个习惯，让人们知道你**为什么从事这项工作**——告诉人们为什么你认为它有价值、有意义。如果你很了解自己，这应该是可以做到的。

还要思考哪种学习方式对你最有效——是阅读、写作、演讲、倾听还是动手去做？要让别人知道这一点，他们也许能更好地配合你，至少在工作环境中是这样，并问问**别人最高效的学习方式是什么**，这样可以形成高效的相互依靠，你可以更好地配合他人。

了解自己的道德准则，定义自己的价值观

这个复杂多变的世界充满了让人眼花缭乱的选择，所以人们更需要知道什么是正确的，并用这种深信不疑的正确观念指导自己。道德准则用来指导人们的自身行为。价值观源自道德准则，是帮助我们做出判断和优先考虑生活的原则和理想。如果未来的人真的要换 6 种职业、经历 18 种工作、搬 15 次家，他们的生活将会非常复杂，但是这些决策背后的指导原则也许是简单明晰的道德准则和价值观。

一个心理妙招是问问自己，你希望在别人身上看到哪些价值观。什么样的价值观能为你的生活带来真正的意义？对价值观的深度聚焦可以为我们的行为提供一个"脊梁"，这样一来，我们就不会根据一时的感觉行事，而是采取符合自身价值观的行为。对清晰价值观的深度聚焦还能帮助我们更容易地书写自己的命运，而不是活成别人的样子——甚至不成样子。

> 想在模糊不清的世界里找到方向，你需要一个坚强的支撑。要让坚定的道德准则和价值观成为你的脊梁。

内在控制点

还有一种行之有效的心理基础是从**外在控制点**向**内在控制点**转变。也就是说，我们的想法应该是"我在影响这个世界"，而不是"这个世界在影响我"。1954年，朱利安·罗特首先提出了这个概念。他的主要观点是，拥有较强内在控制点的人通常认为，生活中发生的大多数的事情是直接或间接地由他们自己的决定造成的。另一方面，**外在控制点**较强的人往往会把自己生活中出现的一切过错都归于外部环境，因此，他们通常活在卡普曼戏剧三角里。这种想法的一个自然而然的结果就是，你会把行为的重点放在自己能影响或控制的事情上。怨天怨地，指责别人，这样也许会让你感觉良好，但这一点儿用都没有——真正有用的是你自己的行动。

斯堪的纳维亚地区有一句（略显夸张的）谚语："天气不会错，是你自己穿错了衣服。"它很好地说明了这种心智模式。不过，总的来说，有了内在控制点，我们就能够塑造自我、选择自己的行为、改变自己的生活和周围的世界。你是自己命运的缔造者，而不是人生游戏中一枚任人摆布的棋子。但这并不意味着你能成为自己想要的任何样子，就像有些慷慨激昂的演讲者宣传的那样。你做不到，但如果有了内在控制点，你能做到的一定远远多于没有它的时候。

> 通过深思熟虑和有意识的行为塑造自己和周围的世界。

加强内在控制点的一种有效的方法是从外部自我观察，然后假设你要对你看到的人负责。这就像一个人照镜子检查自己的形象，时不时地给自己提些建议。这同样适用于我们对自身行为的判断——它们是否符合我们的道德准则和价值观。

> ### 心智模式1：主人翁心态
>
> **上述不同方法可以归纳为我们提出的主人翁心态。**它与我们对自己生活中发生的事情承担责任的程度紧密相关。它的反面是受害者心态。"受害者"习惯于等待别人告诉自己做什么，他们不相信自己有能力控制自身行为的结果，一旦遇到不如意的情况，他们总是会指责别人。
>
> 由于摆在我们面前的机会越来越多，所以主人翁心态变得越来越重要。随着生活中的社会结构和社会规范的瓦解（即涂尔干所说的"失范"），我们需要自己定义生活的目标，更重要的是，要对目标的实现负责。
>
> 主人翁心智模式的核心信念包括以下几点：
>
> - 无论身在何处，我都能影响周围发生的事情，改善我的处境；
> - 理想结果的获得主要取决于我的能力和努力；
> - 我要对自己的生活负责；
> - 我的指挥官是我自己，不是别人；
> - 我在自身价值观和优先级的指导下做出决策，塑造自己的生活。
>
> 如上所述，成为自己生活的主人，变得独立非常重要，但是这还不够。接下来还要相互依靠。我们会在下面几章展开论述这个概念和富足与双赢心智模式的重要意义。

正面的卡普曼戏剧三角

我们可以为卡普曼戏剧三角打造一个替代版本，让它发挥建设性作用，真正成为一条走出糟糕三角戏的出路，它就是我们常说的赋能互动机制（TED）。TED 是围绕有益目标和积极结果展开的。TED 中有一个社会三角，但它不是由依赖的人扮演的，而是充满建设性的相互依靠。这个概念是医生兼教练戴维·埃默拉尔德在 2005 年提出的，基于他在指导高效自我领导方面的丰富经验。在这里，三种角色都变了模样：

- 受害者变成了创造者
- 拯救者变成了辅导者
- 迫害者变成了挑战者

比如，你意识到自己总在扮演受害者，这是在浪费自己和别人的时间。按照埃默拉尔德的说法，有一个解决办法是尽可能做我们上面提到的很多事情，同时明确自己的价值观和长远目标。把自己的注意力集中在你能够控制的期望和结果上，而不是拘泥于问题本身。同时还要开启从依赖走向自立，并最终走向相互依靠的旅程。

或者说，你一直喜欢在生活中"拯救"那些本该学会如何对自己负责的人。换句话说，你是卡普曼戏剧三角里的"拯救者"。那么，从拯救者走向辅导者的转变可以从这里开始：辅导人们掌握足够的信息，并在这个基础上自行决策，帮助人们培养主观能动性。可以说，授人以鱼不如授人以渔。要帮助人们摆脱受害者的角色。

最后，有没有另一种可能，那就是你在生活中最喜欢的是扮演卡普曼戏剧三角里的迫害者角色？这可能是因为你天生自卑。根据埃默拉尔德的说法，想走出迫害者的角色，首先要让自己休息一下。培养对自己的同理心，开启个人成长之路。接下来，如果你希望成为别人的挑战者，一定要带着积极的学习意图。做一个对别人直言不讳的人没有关系，但是这样做不是为了满足自己的少数派情结，而是为了助推别人，帮助他们走向更美好的未来。或许这样解释更好理解，回想一下，你的老师、上司、祖父母或朋友们曾经怎样富有同理心地、有效地助推你朝着更好的方向或更高的目标前进。你现在就应该成为和他们一样的人，为别人提供同样的助推。

如何培养主人翁心智模式，帮助你从内到外塑造周围的世界？下面是几点技巧：

1. **了解自己**。花些时间更深入地了解自己，可以使用自我反思、与朋友家人讨论等方法，也可以给自己找个教练。
2. **明确自己的价值观或生活原则**。关于如何定义自身价值观，有无数的文章和著作可以参考。常被提到的做法包括列出一长串价值观清单，选出对自己最重要的几项，进行价值评测，在最得意（或者最失意）的时候多做反思，把握其中的共同点，并确定自己最敬佩的人的特征和价值观。刚开始写下自己的价值观时，你可能感觉自己"做得不够彻底"，要一直坚持下去，还要抱着开放的心态，定期做出调整。
3. **宣誓**。很多国家都会为即将上任的总统、政府官员和新公民举行"效忠宣誓"仪式。这种仪式象征着一个崭新阶段的开始，并概述了人们承诺要坚守的东西。我们同样可以对自己宣誓，承诺对自己的人生全权负责。在我们开始打造最理想未来的时候，它能成为一种强大的推动力。可以宣誓的内容很多，比如承诺始终努力成长，改善与他人的建设性互动方式以实现互惠互利。

4. **倾听自己内心的声音。**当你内心的声音限制或阻碍你前进时，注意它在说些什么。要把"我不行"或"事情永远是这样的"变成"我有能力改变自己的处境"。
5. **自省。**养成定期自省的习惯，反思自己生活中哪些地方做得很好，哪些地方有待提升，以及如何不断前进。要坚定自己对未来的信心，这有助于引导你找到方向，朝着目标前进。

第 14 章

为自己导航

我们每天都要做出很多决定,这些决定是在我们对未来的理解、期望和信念的指导下做出的。这包括我们每天怎样度过自己的时间,还包括我们选择什么样的工作、生活在哪个国家、把资金优先投到哪里。虽然作者并未把自己看成未来学家,实际上我们就是。做一名未来学家的要求可能非常高,因为这个世界的变化太快了,这主要是技术的指数级发展造成的。如今,搞清楚正在发生的一切都很难,更别提如何应对它们了。

那么,怎样保证自己不是在盲目乱撞?怎样加强自己提早抓住各种机会的能力?专业的未来学家、企业和其他面向未来的组织有些工具和方法可供使用。另外,还有一些工具和方法适合我们每个人,我们可以在一定程度上把它们应用到自己的生活中。实际上,这些工具不仅是适用的,而且在快速进入模糊未来时是必不可少的。先谈谈第一种工具。

打造你的互动信息网络

近年来,社交网络成了高效能人士改造世界的一种手段。这里介绍一种卓越的框架：个人知识管理（PKM）。它的提出者是加拿大管理咨询专家哈罗德·贾谢。PKM描述了寻找信息、思考信息以及分享信息之间的区别，并提出了相关的想法。

其中最吸引我们的是最后一项，如果你很擅长分享有趣的信息，你就会融入一个由对相同主题领域感兴趣的人组成的网络。他们会成为你的线上好友和关注者，还会分享与这个兴趣领域有关的其他信息，并可能经常向你发送带有相关提示和信息的私信。

换句话说，他们成了你的眼睛和耳朵，或者说，他们组成了你的"顾问委员会"。这相当于建立了你的个人网络效应：你的好友和关注者越多，加入你的网络就会变得越有吸引力。你会在超社会性方面脱颖而出。注意一点，要对你关注的信息来源和你选择倾听的声音严格把关。

> 你在社交媒体上的好友和关注者成了你的"顾问委员会"。

在社交媒体上分享信息也可能产生另一种强大的影响力：因为你的知名度提高了，可能有更多的人主动接近你，为你提供可用的想法和解决方案，也更有可能有人希望使用你的专业服务。这样一来，你就可以利用我们前面提到的翻转的人才漏斗。这可能会进一步提高你发现偶然机会的可能性。

> 如果能在社交媒体上建立一个围绕你的专业生态系统，你就可以获得更多的想法和见解，这个网络也会提高你发现偶然机会的可能性。

一旦通过社会媒体实现了超社会性（即使你私底下可能是个内向

的人），超社会性的元脑就会带给你力量。想想看，50%以上的领英用户拥有500个以上的联系人，普通用户拥有几千名联系人的情况比比皆是。这种情况在其他网络上也很常见，如脸书、推特、新浪微博、照片墙和TikTok等。确实，很多参与者主要是为了好玩儿，还有些人不大喜欢这一切，但是，在如今这个时代，超社会性可能带来至关重要的优势，所以，它可能是一种有用的工具。当然，如果社交媒体完全被用来收集点赞，它也可能成为一种有害的工具。只不过，那样的社交媒体实际上成了一种固定心智模式的手段，而不是成长心智模式。

心理振荡

大多数西方教育系统和商学院都把查找根本原因作为解决棘手问题的关键分析工具，即所谓的"聚合思维"。为了解决一个问题，你会从多个不同来源展开分析。在科学家检验各种假设时，这种方法是必不可少且极其有效的。

然而，未来既不是天生可知的，也不是事先界定的等着我们去解答的问题。它更像是一个庞大的、无边无际的、云雾缭绕的国度，想要在那里畅通无阻，每个人都需要一种最佳的导航方式。因此，我们需要一种补充方法：发散思维。发散思维意味着不断产生替代性反应、想法和情景。它包括出奇制胜的想法、出乎意料或完全异乎寻常的情景。超级高效的科学工作者经常使用这种方法，他们会把聚合思维和发散思维结合起来。

关键问题在于，在通往未来模糊的旅程中，我们必须在激光般精确的聚焦与雷达般全面的扫射之间来回振荡。我们同时需要聚合思维和发散思维。在日常生活中，在寻路未来的过程中，我们必须同时培养聚合思维和发散思维，以及解决问题的能力。如果你觉得这听起来很像前文谈到的创造力循环，那么你是对的。它确实是一个人完成的振荡过程，是一种关于生活的振荡过程。如果你很擅长网络社交和信息搜集，你也会把超社会性融入这个过程。发散思维往往是由他人激发而来的。就像人们没办法挠自己的痒痒一样，我们也很难吓自己一大跳，它们和发散思维的激发是一样的道理，都离不开他人的力量。

> 在观察和思考中，在激光与雷达之间振荡。

战略远见

我们已经看过了信息搜集和灵感激发的过程，接下来的几种心理技巧可以成为我们适应未来的有效工具。战略远见是一种广为人知的未来工具。它包括 6 个步骤：

- 框定范围：你感兴趣的重点领域和想要达成的目标是什么？
- 搜寻力量与趋势：寻找相关数据、微弱的信号和趋势时机。
- 预测情景：列出一个可能的未来的清单。
- 展望未来：对你来说，上述情景中的成功是什么样子的？
- 回测：从期待的未来成功倒推，你需要达到哪些里程碑？
- 实施：想要开启这个过程，你现在必须做些什么？

在形成个人远见的过程中，我们要在信息搜集的激光式聚焦和雷达式扫描之间来回振荡，要在聚合思维和发散思维之间摇摆。先围绕自己感兴趣的领域和成果进行聚合。然后，当你探索趋势并从各种来源出发做出观察时，你要进行发散。之后，在趋势分析中回归聚合，然后在思考各种潜在未来时再度发散。最后在形成决策、行动计划和下一步工作安排时再度聚合。

指数思维

　　这一切都会让你成长，但你可以通过指数思维变得更好。确实，生活中有些事物几乎不变，还有些事物只会线性发展，但是更多数事物的变化速度都在往指数级发展。指数趋势创造的未来发展是反直觉的。如果你在1798年告诉马尔萨斯，200年后，世界人口将是之前的7.5倍，而且人们会吃得更好，他可能完全不相信。他肯定会想："这怎么可能呢？"那时几乎不存在指数思维。

　　1903年观看莱特兄弟和他们那架脆弱不堪的飞行机器的人也不可能想到，100年后，随便哪一天，都会有超过100万人乘坐飞机旅行。

　　同样，如果有人在今天提出，到2100年，全球人口可能比现在少很多，人均实际GDP可能是现在的6~8倍，农业用地可能会减少90%，几乎所有的能源都来自核聚变和建筑集成太阳能电池板，人们向往已久的太空旅行会变成现实，甚至人类可能会移居火星，不具备指数思维的人一定会感到困惑。从更长的时间跨度来看，世界似乎经常发生急剧的、跳跃式的发展，但是，只要深入研究每一种发展，我们就会发现，它们通常不是瞬间变革的结果，而是指数变革的结果。这也是为什么未来学必须囊括指数发展研究。

心智模式2：指数思维

　　随着周围世界的变化，我们也要随之改变。我们知道，很多变化本质上是指数级的，并且通常是由数字化驱动的。因此，我们必须掌握指数思维。

　　这就要求我们利用事实和数据来了解数字化的力量以及未

来的趋势将如何发展。这要求我们能够想象一个还不存在的未来，包括想象许多不同的可能的未来。这还要求我们彻底改造自我和自己所在的组织，而不仅仅是改善它们。

指数思维的核心理念如下：

- 未来与现在必然不同，而且它不仅仅是渐进式的更好或更差。
- 一年后的变化速度将比现在快得多（对特定趋势、技术或情境而言）。
- 未来的变革是 10 倍速的，而不是 10%。
- 今天的很多问题要依靠未来的创新和方法来解决，虽然它们现在还没有得到充分的应用。

与指数思维相反的是线性思维。后者认为，一种数量的变化会导致另一种数量的相应变化——类似于今天的情况。

在打造理想未来的征途中，我们有 7 种克服线性思维的方法可供使用。

1. 钻研指数技术，洞悉复合的力量。问问自己，今天你能做到的一切，有哪些是不久之前你根本无法想象的，以及你如何把这些进步用在自己的生活里。
2. 绘制出决策中的重要线性趋势和指数趋势，以便更好地理解它们的可能走向。把这些趋势和三五年前具有类似发展轨迹的趋势进行比较。

3. 思考一下，哪些趋势和技术是现实的？它们的机会就蕴藏在触手可及的可能中（只要重新组合现有技术，你就能得到它们），如果新技术被开发出来，理论上什么是可能的（尚不明确的未来）。
4. 问问自己，想在未来10年里把现在的数字增加10倍或100倍，必须做到什么，评估这些假设是否具有可行性。
5. 审视正在融合的趋势，思考它们如何相互补充，创造出全新的事物。技术融合并非各个部分的简单加总，它可能产生无比强大的力量。
6. 关注有吸引力的结果，而不是基本指标——有时，我们可以设定一个大胆的愿景，然后通过倒推得出可能的实现方式。
7. 在自己的网络里开展创意和问题的众包，使用"寻找—感知—分享"循环。

在讨论富足心智模式和如何树立更远大梦想等章节时，我们会再次谈到指数问题。

在复杂性中找到方向

想要实现繁荣，除了现实地思考世界的发展方式，我们还必须了解自己。一个显而易见的出发点是，要对自己的真实身份有所认识。你的才能、道德本能、兴趣爱好、行为准则和价值观是什么？为了在这一点上达成共识，花点儿时间深入思考这些问题。

接下来深入思考，什么类型的教育、职业领域、具体工作、生活方式和居住地点会让你感到自己是成功的。比如，如果真的喜欢稳定的生活，你可能希望远离那些会被指数定律不断颠覆的职业或行业。或者，你可能希望钻研一些尚未真正面世的事物，想搞清楚它们会在什么时候变成现实。

在这样的演练中，我们通常建议你尽可能想得远一些，就像想象你 20 年后的理想生活一样，立足于眼前的可能，思考 20 年后的新可能。最好的做法是闭上双眼，想象 20 年后你理想中的某一天。你会和谁在一起？你会在哪里生活？你的工作是什么？人们认识的你是什么样的？

在尝试描绘那一天的模样时，尽可能为它加入声音、色彩和气味。然后想象未来理想生活中的另一天。反思一下，这些想象出来的图景为你带来了怎样的启发？现在的你应该走向何处？你的人生目标由此而来。

> 试着想象 20 年后你理想中的某一天，以及这一天之后的第二天、第三天的情景。然后问问自己，怎样把这一切变成现实？

下一步是确定会影响你所在领域的重要趋势。这些趋势一定要具备足够的变革速度。它们可能是社会趋势、政治趋势、经济趋势，或者是迄今为止最重要的技术趋势。当企业开展这种演练时，它们常常会制作"趋势卡"，把每一种重要趋势的信息写在上面。如果这些趋势包括指数级发展，比如本书第一部分讨论的内容，试着把指数发展进程绘制到一张表格里，然后标注出相关技术（或任何其他重要因素）会在 3 年后、10 年后、20 年后进展到哪里。你的梦想会与某些超级趋势融合吗？

还要思考一阶效应（直接影响）、二阶效应（间接影响）和三阶效应（更间接的影响）。举例来说，道路上更多的自动驾驶汽车会减少交通事故，这是它的一阶效应。然而，它的二阶效应是医院可获得的捐赠器官减少，因为它们最大的来源之一是交通事故。

现在，当你思考生活中的趋势时，你可以问问自己，如果这种趋势发展到某种程度，你的生活会发生什么，并写下你可能认为相关的4~8个启示。针对一些关键启示，再问自己一遍相同的问题。这个过程可以一直持续下去，但它通常会止于二阶效应或三阶效应。

在此基础上，继续描述一些替代性场景，包括可能的、与当前有关的和完全不同的。要确保你的比较方式是有意义的，想象它们的模样，就像在脑海里过电影一样。如果可能，尽量在想象中加入随之而来的具体事件。再次提醒，一定要保证你的想象是逼真的。要认真思考未来样貌的其他可能，因为在现实生活中，基线预测几乎总是错误的。

然后想想有没有什么因素或问题出现在你想要的几个场景中。比如，它们是否都提到了你必须身体健康、必须生活在某个地方，或者一定要擅长AI、烹饪、视觉设计或心理学？它们是不是在这里**融合**了？

这些能力或行为被称为"转型因素"。下一步，想象这些转型正在发生或已经发生，而且对你非常有利，所以你取得了惊人的成就。那么请问，取得这样的成就需要你做些什么？

现在，回到你的理想场景中，它们既包括你最初设想的场景，也包括加入趋势卡之后的场景。选出当下最理想的场景。思考一下，从现在算起，到这些场景成功地变成现实，你需要做些什么？你需要很快或立即开始做什么？

接下来要为这些行动要点设立里程碑。比如，在3年内获得学士学位，5年内搬到不列颠哥伦比亚省，4年内成为知名的高级定制博主，或者别的什么。

个人远见的建立过程可以帮助你在一个充满选择的混乱世界

里找到自己的方向。

打造早期预警信号

有的时候，我们也许会感到未来是可以预见的，就短期而言，它可能确实越来越容易预测了，因为我们的航班、火车和公共汽车的时间变得越来越精确，大选前的民意测试、赛事概率统计和早期天气预报同样如此。但是，很多人也会在这里出错。战略预测更多是建立自己的雷达，持续不断地观察和诠释你周围发生的一切，而不仅仅是确立精确的路线图。

改进雷达的一种方法是留意对你非常重要的趋势，探测它们发出的微弱信号（比如首先出现的变革迹象，它也许会在未来变得日益明显）。你可以为关键指标设置爆发点，也就是需要你以不同的方式行事的关键点，这样可以把关键指标在形式上固定下来。

下面的一些建议可以帮助你系统地展望未来，培养指数思维，这样你就可以一路领先于超级趋势。

1. **建立一个互动的信息网络**：评估现有的信息网络。它的规模是否恰当？你有没有错过人口统计数据或专业能力信息？除了征求意见，你有没有定期为这个网络提供意见？
2. **规划未来**：专门拿出2个小时完成个人生活的远见过程。回想前面讲过的6个步骤：框定、搜寻、预测、展望、回测和实施。运用发散思维和聚合思维，评估当前趋势和理想路径。建议定期重复这个过程，至少一个季度一次。
3. **指数思维**：全身心投入，真正理解身边的各种趋势，督促自己认真思考这些趋势可能在未来的1年、3年、5年和10年里发展成什么模样。

4. **创建早期预警信号**：在思考最理想未来的同时，选出几种足以影响你未来决策的关键趋势。确定你如何跟踪这些趋势，设置提醒，定期回顾这些趋势。
5. **采取行动**：未来不会原地不动，我们同样不该如此。我们经常发现，人们会更多地因行动太晚而后悔，而不是因尝试未果而后悔。如今，在做出彻底转向之前，我们几乎总有机会试水，所以，督促自己定期尝试一些新事物，即使它们一开始看上去很可怕。

第 15 章
清晰思考

很明显，由于事物变得日益不确定，决策只会变得越来越难，而不是越来越容易。即使有了明确牢靠的价值观、内部控制点和个人远见，在不确定的未来清晰思考、采取正确步骤也困难重重。尽管我们每天做出的决定数量惊人，但是几乎没人教过我们决策的科学和艺术。在未来，我们会遇到更多挑战自身信念的情况，要面对各种各样的新事实，面对从未见过的新情况。超社会性意味着令人眼花缭乱的意见和信息的多样性，而人工智能驱动的大规模定制化可以创造信息气泡，服务于我们当前的信念。

人总是容易产生多种不同的偏见，这些偏见都是"可映射"的，所以才有了《怪诞行为学》里说的"可预测的非理性"。糟糕的是，随着我们周围环境的变化，许多偏见正在变得更糟糕。邓宁-克鲁格效应就是这样一个例子，如图 15.1 所示，它是一种认知偏见，让人们在自己知之甚少的情况下表现出无知者无畏的过度自信。在遇到新情况和新挑战时，我们还没来得及获得元认知能力，搞清楚自己知道些什么、不知道些什么。这种偏见可能会让我们在职业选择、投资选择和社交媒体发帖等方面做出错误决策。

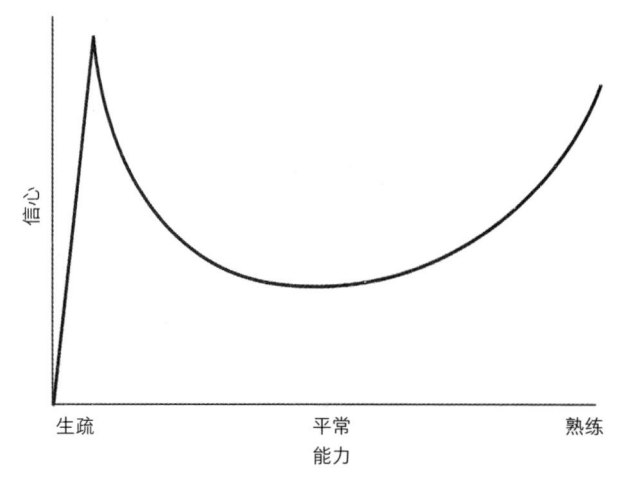

图 15.1 邓宁-克鲁格效应

因环境的不确定性而加剧的偏见还包括"证真偏差",它表现为一种倾向性,让我们更多地寻求与自己观点相一致的信息,而不是探究与之矛盾的客观证据。还有"群内偏差",即过多地依赖于同一社会群体内部成员的看法和观点;"可得性偏误",即我们把决策依据建立在最容易回忆起的信息上;"近期偏差",它依赖于我们所掌握的最新信息;还有"信心偏差",即我们对自己预测未来事件的能力过于自信。

虽然人们通常很喜欢学习,但我们并不擅长在面对新信息时改变自己的信念。信念更新是一个相对较新的研究领域,不过研究人员还是为我们带来了不少令人着迷的见解。他们对刚完成心脏手术的患者做过一项研究。这些患者都处于服用处方药物阶段,而且医生要求他们改变生活方式,包括多锻炼身体、健康饮食、不抽烟、少喝酒等等。研究人员还告诫这些患者,如果不改变生活习惯,他们将面临极高的死亡风险。这一切听上去是不是足够引起人们的警觉,激励他们更健康地生活？结果让研究人员惊诧不已，只有 1/7 的高危心脏病患者真的听进了医生的话，改变了自己的生活习惯。其他研究也发现，人类信念的更新是不对称的，如果新的信念有利于强化现有观点，我们就会对改变信念持开放态度，反之，我们就不会。

凡事不可能只有失望和不快的一面。有些诀窍可以帮助我们在迷雾中做出决定。但是它们可能需要我们违背直觉和对我们来说最自然的东西。在大多数时间里，它们会要求我们放慢速度，然后重新加快速度，在迷雾中疾驰。

检查你的数据

想要适应未来，我们必须定期更新自己的信念和世界观。这里的关键是分清你**知道**的和你**以为**的之间的不同。如今，我们可以轻而易举地检验几乎一切说法的正确性。"核能极其危险？"不对，统计数字告诉我们，实际情况并非如此。"在过去几十年里，全球不平等不断加剧？"不对，它实际上改善了很多。诸如此类的例子还有很多。无论对什么事情存有疑问，你都可以从可信渠道检验相关的数据。你可以假定，很多新闻来源在发布之前通常不会这样做。即使不能总是成为房间里最聪明的人，至少我们也可以成为信息最完备的人。

> 只要从可信的来源简单检验一下数据，就可以获得极大的竞争优势。大多数人，甚至主流媒体都很少这样做。

尤其在培养超社会性的时候，你要考虑培养超批判性。更多样化的观点通常能带来更明智的选择，但这仅限于观点有效的情况。在信息的去中介化和平民化愈演愈烈的今天，网站、博客和社交媒体等新媒体来源的中立性和专业性面临标准降低的风险。我们都知道，人工智能辅助的新闻筛选本身就充满了偏误。在我们找到出路，有效限制片面和错误信息在网上传播之前，这意味着我们必须格外努力地剔除完全错误的假新闻和假信息。

因此，要始终严格甚至苛刻地审视自己看到的数据，建立结构化决策流程，以应对我们自身的偏见。埃隆·马斯克的个人决策方式和科学工作者在提出想法、解决问题或决定创业时的工作方法非常相似：

1. 提出一个问题。
2. 尽可能多地搜集证据。
3. 立足证据，建立公理，并尝试为每个公理分配一个真值概率。
4. 基于说服性得出结论，以确定这些公理是否正确、是否具备相关性、是否一定能带来特定结论，以及以何种概率得出结论。
5. 尝试证伪这个结论。从他人身上寻求反证，进一步帮助自己推翻这一结论。
6. 如果没有人能否定你的结论，那么你可能是正确的，但你不一定是正确的。

换一种视角看世界

忘记和重新学习的能力是未来最重要的技能之一，也被称为意义重建。它要求我们理解自身信念的起源，并对它们的改变持开放态度。要做到这一点，首先要承认我们的世界观和我们为各种超级趋势赋予的意义在很大程度上都受到父母、环境、生活经验和个人认同感的影响，所以，随着我们周围环境的变化，这些世界观和意义不一定永远正确，也不一定总是对我们有帮助。由于内心深处的动机，而不是对改变持开放态度，我们可能会固守自己的立场，甚至不理智地捍卫这些立场。回想上文提到的那个例子：6/7 的心脏手术患者不肯对自己的生活方式做出必要的改变，即使他们的生命正在遭受威胁。

很大一部分未来适应能力都与迭代循环有关。比如，创造力循环帮助我们完善概念和创新。脉动式超社会性可以确保新创意之间不断竞争，保证最后只有最优秀的、最恰当的创意才能存活下来。聚合思维和发散思维之间的振荡提高了我们的决策质量。同样，定期挑战和改变自身的信念和价值观也可以提高我们适应未来的能力。

一种办法是迫使自己提出更多的问题，更多地把对话视为一次发现过程，而不是非要说服对方接受你的观点。告诉自己，你**总是**能够学到新的知识。活到老，学到老，这也是成长心智模式的一部分。与此同时，要训练自己多倾听多观察。

> 把对话视为一次发现过程，而不是非要说服对方接受你的观点。

我们发现一种特别有用的做法，那就是"无评断认知"。有人会习惯性地给自己看到的一切贴标签，妄下断语，我们要避免这样的做法。"无评断认知"可以加强我们的能力，帮助我们在信息完备的前提下做出明智和清醒的选择。这种意识就像肌肉，我们用得越多，它们就变得越强壮。

无评断认知还是对抗偏见的一种有效方法。我们可能无法根除自身的所有偏见（我们仍然会做出草率的判断），这是已经被证明的。那么，次优选择就是在这些判断发生时注意到它们，选择更恰当的行动。需要明确的是，无论面对什么事，如果永远不形成明确的意见，我们就不可能在生活中找到方向。如果每件事都要考虑，我们就会失去理智。但是，当遇到**新的**信息时，我们应该一开始就给自己留出一些好奇和虚心探索的时间。随着周围世界的不断变化，这一点正在变得越来越重要。在信息时代，无知是一种选择。

> 在信息时代，无知是一种选择。

心智模式 3：初学者心态

观察婴儿第一次接触新事物时的反应是一件很有趣的事，因为他们对每一刻都充满敬畏和开放。事物应该是什么样子的？或者应当如何应对挑战？婴儿没有先入为主的观念。与初学者心态对立的是专家心态，后者认为自己见识过一切，觉得自己没什么需要学习的。虽然这种心态在应对熟悉情况时也许有帮助，但是，在面对新的挑战或想法时，它会妨碍我们学习。

在加速冲进模糊未来的同时，初学者心智模式的养成将是一笔巨大的财富。它会帮助我们提高学习水平，把挑战视为乐在其中的学习机会，帮助我们发现更多充满创造力的解决方案。

初学者心态的核心理念如下：

- 我可以从任何一种情况中学到一些东西。
- 每个人都有偏见，包括我。
- 可能的答案有很多。
- 虽然我的想法很棒，但是也许存在更好的方法。

先慢下来，才能变得更快

在面对新的困境或新情况时，我们经常会退守已有观念，而不是用开放的态度接受不同的观念和尝试新的方法。这种情况可能会在信息过载时变得尤为普遍，我们都知道，这可能是超社会性令人不安的结果之一。

这个问题的对策也许有违直觉，那就是慢下来，发挥所有感官的力量。深呼吸可以帮助身体平静下来，有助于头脑保持清醒。在使用头脑的同时，你还可以利用感官和肠道来改善决策。我们的肠道拥有约 5 亿个神经元，所以它也被称为"第二大脑"。我们的心脏也有约 4 万个神经元。这些器官与大脑相连，能够双向发送和接收信号。虽然这些信号并不是逻辑思维，但是它们会影响我们的心理状态。因此，在面对超级趋势或者思考未来时，尤其是在你的情绪被触发时，你需要同时发挥认知逻辑和直觉的作用。乔布斯因善于运用直觉做出重大决定而闻名。爱因斯坦同样借助直觉来推动自己的理论。他说过："有时我能感到自己是对的。不是知道，是感觉到。"

情境意识的升级

当我们努力应对指数级技术和日益融合的技术、文化变革、新的市场动态、未来的工作等等时，扩大决策工具可能对我们有帮助。在这方面，复杂科学带来了一些实用的方法。例如，戴维·斯诺登和玛丽·布恩建立的一个名叫"Cynefin 框架"的概念性决策辅助工具。我们可以在这个框架中看到你将面临的不同情况以及如何思考你的反应：

1. **简单情况**。因果关系清楚。我们知道自己知道什么，可以根据过往的模式很好地预测将来会发生什么。

2. **繁复情况**。我们知道自己不知道什么。因果关系并非一眼可见，但可以被发现。
3. 在有些情况下，我们不知道自己不知道什么。它们被称为**复杂情况**。它们不存在稳定的行为模式。在这种情况下，未来相当不可预测。
4. **混乱情况**。它们的特征是高度动荡和紧张，开展行动的时间压力极大。

简单情况的最佳路径是感知挑战，按照过去的经验对其进行分类，然后做出反应。在这种情况下，最佳实践和标准流程是有用的。**繁复情况**可以通过分析和专业洞察来解决。要广泛搜集意见，包括相互矛盾的建议，这样有助于你做出最佳决策。

不过，我们正在越来越多地遭遇**复杂情况**，甚至是**混乱情况**。风险在于，我们试图简单地分析摆脱困境的方法，或者单纯地依赖最佳实践，从定义上不难看出，最佳实践一定是过去的做法。与这些做法相反的是，在复杂情况里，开展"失效自趋安全"的实验同样重要。它通过规模较小的实验从多个角度处理问题，但它不会过度执着于一种思路或假设。有些实验会失败，但不会造成灾难性后果；另一些实验会带来一些希望的曙光，随着过程的展开，研究人员逐渐开始掌握一个问题的多种潜在解决方案。你可以和很多不同的人讨论各种可能性，直到发现有效的手段。这种方法也许是最简单版本的"失效自趋安全"，它和"闪电约会"有些类似。在这里，超社会性也很有用。最后是混乱情况，它往往需要我们立即采取行动，情况一旦可控，我们就能做到立即感知和反应。

在快速冲入模糊未来的同时，我们必须做出大量的决定。而且它们中有很多是崭新的，并不存在明确的标准答案。这时，我们要严格区别什么是我们知道的，什么是我们认为的，对改变你的信念持开放态度，放慢速度以兼顾逻辑和直觉，并采用正确的决策方法。下面的一些建议有助于培养初学者心态，提高你的认知水平和决策质量：

1. **自我强化**。通过性格测试了解自己，了解你通常是如何理解这个世界的（例如，注重细节还是注重大局），迫使自己多使用你最不喜欢的方法。
2. **挑战自己的假设**。你的观点是你知道的还是你以为的？推动自己做出判断。
3. **确保信息完备**。挑战你的数据来源，你尤其需要推敲专家的意见。别人分享的信息是否有可信的、可验证的出处？
4. **拓宽你的曝光范围**。寻求不同的观点和信息来源。然而，要注意不要仅仅为了信息而继续寻求信息（信息偏误和分析瘫痪）。
5. **多做实验**。做决策时多戴上几顶"思考帽"（即爱德华·德博诺提出的六顶思考帽：创造力、过程、审慎、乐观、感受和事实）。
6. **自我重启**。问问自己："如果可以从头再来，我还会这样做吗？"
7. **先慢下来**。在情绪被触发时，要避免当场做出决定或做出反应。如果时间允许，找个安静的地方，透彻地思考相关事实，并在做出最终决定之前调整你的直觉和内心。

第 16 章
学会学习

在一切事物走向数字化、全球化和联网化的同时，知识（以数据为代表来衡量）的增长速度同样达到了指数级。在 1900 年，按照当时所有类型知识的增长速度估算，全球知识增长一倍需要 100 年的时间。然而，一个之前的预测表明，这个时间到 1945 年时缩短到 25 年，1982 年为 12~13 个月，到 2020 年只需要 1 天。虽然齐曼定律告诉我们，人类的科学活动每 15 年翻一番，但是各种数据的数量却以无限快的速度增长。也就是说，信息和数据日益增多，其中也包括质量堪忧的数据和错误信息，我们要么对它们视而不见，要么学会如何处理。此外，还有一个重要的事实是，2020 年加入劳动力大军的人可能会活到 100 岁。他们可能到 70 多岁，甚至 80 多岁才退休（或者半退休）。而且，平均而言，他们可能每 3 年左右就会换一次工作。所以……面对这些情况，你准备怎样安排自己的教育？

走在学习曲线的前面

知识的内部存在曲线，我们从这一观察说起。知识获取的速度与完成任务的能力通常以相近的方式发展，这可以用 Sigmoid 曲线来近似表示，它通常也被称为 S 形曲线，如图 16.1 所示。它是一个数学概念，用来表示收益最初递减，随后缓慢增长，再呈指数级增长，然后增长放缓、趋于平稳并再次下降的过程。它也被用在生活中的很多比喻里，比如走在曲线前面或者克服学习曲线等。

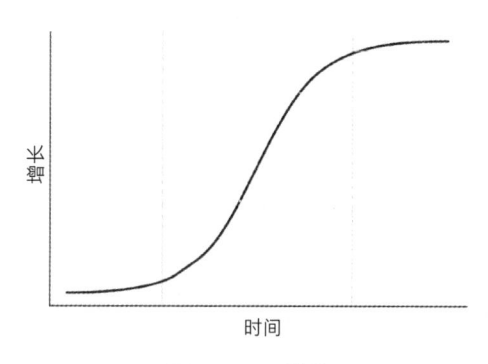

图 16.1　S 形曲线

过往的文明都有这样的曲线，例如古罗马文明等。政治党派有 S 形曲线，企业也不例外。数字营销广告逃不脱这种曲线，人的技能同样如此。不过，随着加速进入未来，我们看到这些曲线正在普遍缩短，这意味着更频繁的再创造势在必行。

在新技术市场里，最初的增长在很大程度上是由最核心的科学创新驱动的。然而，随着市场的腾飞，日常微调的作用开始显现，并通过不计其数的微小修改来提升效率。以 F1 赛车的停站为例，网上有一段特别棒的视频，它对比了 1950 年和 2013 年的 F1 停站情况。前者用了 67 秒钟，后者只用了 3 秒钟。在数字市场里，这种渐进但无情的进步可能会被不断增长的收益放大，它指的是单位销售利润会随着市场的发展在一段时间内急剧上升。市场最终会趋于饱和或者被完全不同的其他解决方案取代，然后，微调效应趋于平稳，随后相关的科学发现过程也趋于平稳。至于那些完全不同的解决方案，贝尔关于计算机诞生和死亡的定律给出了这个行业的一个例子。贝尔定律指出："大约每 10 年就会出现新一代、价格较低的计算机，它们配备了全新的程序平台、网络和接口，从而带来新的应用，打造出新的行业。"

确实如此，我们就是这样从大型机转向用户端服务器、个人计算机、基于浏览器、基于云端、手持设备和无处不在的物联网的。

这里的难点在于，在前一条曲线还在上升、尚未抵达峰顶时，我们就必须启动下一条曲线。核聚变指数发展的历史很好地说明了这一点。图 16.2 概括了这一技术从 20 世纪 50 年代以来的总体发展，说明了它如何沿着指数级轨道走向临界三重积。我们还可以从图中看出，这样的进步是由多重技术路径组合达到的。在这个过程中，有些路径逐渐被淘汰、被其他路径取代，这样的情况一直在重复发生。

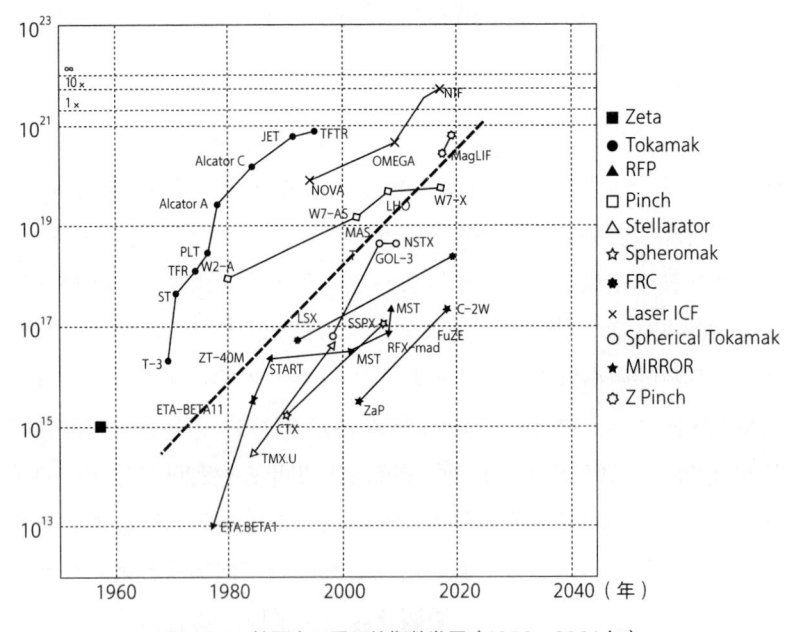

图 16.2　核聚变三重积的指数发展（1950—2021 年）

图中纵轴为指数级，表示三重积

要知道前一条曲线何时达到顶峰并不容易。人们总是喜欢用过去的趋势来预测未来事物的发展轨迹，这意味着在这种情况下，我们可能过于乐观了。从心理学角度来说，当眼前的一切进展顺利时，人们总是很难开启下一阶段的再创造。不过，作为个人，我们必须敏于察觉自己的技能什么时候是有益的，什么时候出现了过时的风险。

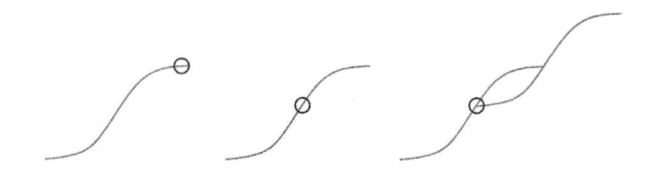

图 16.3　典型的转变点、理想的转变点及其含义

变革的速度越来越快，这意味着技能过时的速度远远快于过去。比如，一项研究指出，专业技能的半衰期为 5 年，这意味着在你大学毕业那一天，你在大学一年级学到的知识只剩下一半左右是有用的。当然，很多技术的衰变期更短，与此同时，其他一些技能，如基础数学等，几乎不受时间的影响。但是，沟通、管理和解决问题等更宽泛的能力，正在细微之处发生很多重大变化。这也适用于在数字时代领导团队、同更年轻或更年长的人共事、跨文化交流等，以及进入数字领先世界意味着什么。同时，还有一种风险正在增加，那就是你可能很快就得从事一些自己完全没有相关知识和技能的工作。如果发生这种情况，在面对变化无常的工作挑战时，我们学会的一些永久性的知识也会变得毫无用处。还有一些知识和认识明显对我们有用，即使它们无法直接与我们的实际工作任务联系在一起，但是，用来学习这些特定技能的时间常常是不值得的，它们可以在别的地方派上更大的用场。

第 16 章　学会学习

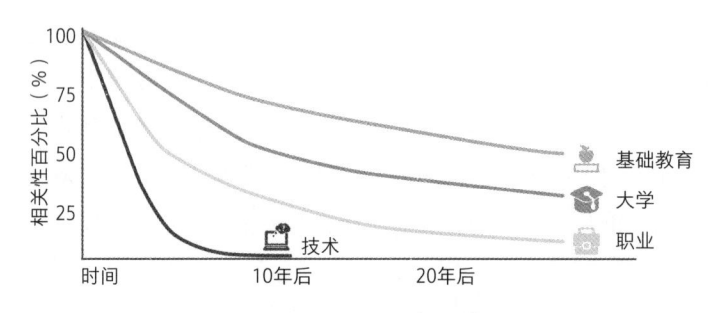

图16.4 专业技能是如何逐渐失去价值的

> 一项研究指出，专业技能的半衰期为5年。这意味着在你大学毕业的那一天，你在大学一年级学到的知识只剩下一半左右是有用的。此外，你最终从事全新知识领域工作的概率也在不断增加。

由于这些知识浪潮的存在，我们必须终身学习。这就像吃饭，我们不可能在25岁之前吃完一辈子的饭，这根本说不通，我们必须每天吃一些。活到老，吃到老。既然如此，我们应该在25岁前学完一生的知识吗？

有趣的是，众所周知，我们的学习方式不仅塑造了自身的知识，还在某种意义上塑造了我们自己，让我们成为现在的模样。这主要来自神经可塑性，它是我们大脑不断改变自己的一种方式，即使我们的年龄越来越大，这种可塑性也会存在。它并不像科学家过去认为的那样，仅在童年阶段发挥作用。令人遗憾的是，全球太多的教育系统早已落伍，在过去的几百年里，它们几乎没发生太大的改变。比如，人们仍然专注于3年或4年制的大学学位，也许还有接下来的1年或2年的硕士学位，把它们视为终身职业的基础。实际上，我们需要在一生中不断学习。更可取的做法是先接受较短时间的正规教育，然后终身进行深入的微学习。

这意味着未来的学习会变得更实时，必须是自我指导的，而不是由教育机构或用人单位来指导的集中、大量的传授。

> 最好的方式是先接受较短时间的正规教育，然后终身进行深入的微学习。

从 T 型学习到 M 型学习

在我们从宏观层面思考自己的职业时，一种很有用的办法是通过字母的比喻展开思考，尤其是字母 T 和字母 M。我们可能越来越少地依赖所谓 T 型学习，在这种学习方式里，你可以在大学期间或实习期间（如市场营销、财务或运营等）发展深厚的专业技能，然后，在你的职业生涯中通过适度的在职学习和发展以及零星的正式培训课程来补充它。如今，这种学习方式正在越来越多地被 M 型知识结构取代，即每隔几年，人们就会开发出新的技术和能力。这有时会要求我们彻底改变自身的技能组合和职业路线。请记住，很多人可能每 3 年左右就会换一次工作，每 10 年就会彻底改变一次职业道路。因此，请告别漫长的学校教育，欢迎来到终身学习的新时代。

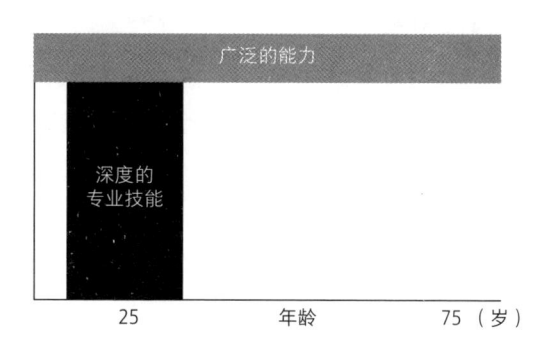

图16.5 传统知识工作者的 T 型特征

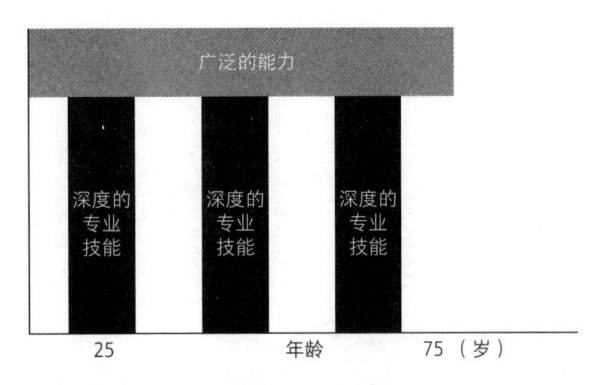

图16.6　现代知识工作者的 M 型特征

4 种技能的价值与日俱增

谈到能力问题，广泛地说，对重复性简单任务相关技能的需求将会减少，因为很多这样的工作可能会部分或全部实现自动化。而对以下 4 个领域技能的需求会增加：

- 解决问题和创意（因为我们如今面对的问题正在变得越来越新，越来越抽象）
- 自我管理（因为我们需要以更大的灵活性和自由度来管理一个更灵活的工作世界）
- 与他人合作（因为复杂问题必须从多个角度和侧面来解决）
- 技术的应用与开发（我们需要了解技术原理是如何工作的，以便将其应用于日常工作）

世界经济论坛通过一份名为《未来的工作》的报告详细阐释了这些技能。它应该成为每个人的必读材料。从另一个角度来看，与精准经济有关的工作岗位会变多，方兴未艾的全球体验经济也会带来越来越多的工作岗位。

未来 3 年，很多工作会发生值得注意的变化；未来 5 年，很多工作会发生非常明显的变化；未来 10 年，很多工作会完全变样。对很多领域和产品来说，学习必须从批量讲授转向"即服务"，从聚合转向数量众多的"微小单元"，换言之，变成小剂量的、有针对性的学习。

> 很多工作会在未来 3 年发生值得注意的变化，未来 5 年发生明显变化，未来 10 年会完全变样。

黑客帝国式的敏捷学习

在电影《黑客帝国》里，主人公尼奥可以通过连接计算机的方式为自己的大脑上传新技能。只要在躺椅上闭眼小憩，他就能学会柔术、中国功夫和很多别的技能。电影中有这样一幕，尼奥的伙伴崔妮蒂只用了几秒钟就学会了驾驶直升机，带着尼奥逃出了坏人的魔爪。

最令人激动的是，为了当前学习的需要，这种趋势已经发生了。具体的学习需求——通常是微学习需求——正在得到实时的、立即的满足。举个例子，如果你想学习如何编辑谷歌文档或者使用视频剪辑程序，你可以立刻在网上找到解决办法。同样的道理，烹饪新菜、报税都可以这样做，你也可以随时通过个人网络或者"寻找—感知—分享"循环来学习。

坏消息是，对大多数人来说，没人教过我们怎样高效学习。很多时候，我们会把自己尝试学习的努力搞得一团糟。好消息是，我们现在对如何高效学习有了更多了解。其中一个秘诀相当明显：如果需要立即应用，我们的学习动力最高。如果真的需要立即使用，我们更有可能牢牢记住它们。因此，即使走上了工作岗位，我们也要时刻学习、不断学习。我们可以称其为"即时学习"。

人类也许还无法像《黑客帝国》那样，直接把信息和技能上传到大脑里（至少现在还做不到），但是我们已经非常接近了。

学习是一种心智模式

这个世界不停地变化，而且常常被激烈的超级趋势主导。在这样的环境里，你要考虑的一种最有用的心理差别是，你的心智模式是僵固式的还是成长式的？在详细展开之前，让我们先来思考一下众所周知的硅谷心智模式。如果要为我们面对的加速变革找一个最具标志性的地区，地球上恐怕没有哪里比硅谷更适合。它是全球很多最成功企业的诞生地，我们也许会因此猜想，硅谷的主流态度一定是赞美成功者、厌弃失败者，这样的基本态度会在那里不断地演变进化。

实际情况完全不同，硅谷的主流心态是愿意承担犯错的风险，而且乐于承认犯错。在硅谷，人们反而对那些没有失败过的人充满疑虑，因为这说明他们从未足够努力地尝试过，所以他们的学习还很不够。在硅谷，人们也会怀疑那些从不承认自己失败的人，因为他们未来可能不会足够努力地去尝试。如今，这样的心态早已走出硅谷，传播到了全世界，这真是一件令人欣喜的事。

僵固式思维模式和成长式思维模式是斯坦福大学心理学教授卡罗尔·德韦克在《看见成长的自己》（2013年）中提出的。这个理论刚一问世就成了经典。德韦克立足于自己的大量研究，认为一开始最聪明的人到最后不一定是最聪明的，而思维模式上的巨大差别可以解释这一现象。

她提出，没那么成功的人通常抱着一种**僵固式思维模式**。也就是说，这些人认为自己的性格、能力和其他特质不可能有太大改变。因此，他们会不断地努力证明自己是最优秀和完美无缺的。另一方面，他们不会努力改善自己的处境，不仅因为他们认为自己做不到，而且因为努力学习新知识会让他们在一段时间里显得很笨。

这些人可能还会认为，一个人的成功必然以牺牲他人为代价——就好像社会财富是既定的，而不考虑激励结构，这是一个零和博弈，有一人胜必有一人败，一切都是既定的。

每个人应该都认识一些明显具有僵固式思维模式的人，他们最典型的特征之一是乐见他人的失败——如果失败的是成功人士或有权势的人，他们可能会加倍欣喜，因为这会让他们自我感觉更好。

德韦克写道，成功人士往往具有**成长式思维模式**。他们相信自己能极大地改变自己，相信自己可以从困难中茁壮成长，即使这意味着偶尔的失败，意味着有时显得很傻。实际上，对这些人来说，偶尔的失败意味着有益的经验。他们会从中学习，让自己下次做得更好。

拥有成长式思维模式的人不愿意看到别人失败，同时，他们会从别人的成功中获得启发，并努力学习别人的成功经验。这两种心态之间的差别非常关键，就像德韦克指出的："拥有僵固式思维模式的人主要关注别人怎么看我，拥有成长式思维模式的人关注改善和提高。"拥有僵固式思维模式的人寻求立竿见影的结果，而拥有成长式思维模式的人看重进步——长期的进步。对僵固式思维模式者来说，付出巨大的努力是件令人尴尬的事，因为这会让人觉得你不够聪明、不够有才华。相比之下，拥有成长式思维模式的人认为，努力是令人敬佩的，因为它会**把你变成**聪明的、才华横溢的人。

> 僵固式思维模式让你关注的是别人怎么看你；而成长式思维模式让你关注的是改善和提高。

变革的喜悦

德韦克给我们上了重要的一课：在评价自己和别人时，我们不应该过多地关注当前的位置，而应该更多地关注自己走向何处。换句话说，我们应当重视的是自己如何改变，不应该仅仅在胜利和实现目标中看到成功，还应该在学习和进步中找到成功。在日常生活中，我们应该慎重地赞美同事（或孩子），不要无条件地、没完没了地夸奖他们，因为这可能会激发他们的僵固式思维模式。相反，在对方表现优异、确实应该受到表扬的时候，我们还应该指出，为了改善和提高，接下来他们还可以做些什么。

说到真正具备成长式思维模式的成功人士，篮球偶像迈克尔·乔丹堪称绝佳的例子。他有一段很有名的话："在我的职业生涯中，我投失过 9 000 多次，输掉了近 300 场比赛。我有 26 次没能投进制胜球。我这辈子一次又一次地失败。"是的，乔丹也会失败，但他总是在成长，因为他的成功远远多于失败。这就是成长式思维模式！

与静态社会相比，如今这个不断加速变化的时代当然会让僵固式思维模式成为更大的弱点。在未来的动态环境中，最行之有效的思维模式是愿意承担频繁失败的风险，并在事情不顺利时及时调整方向。也就是说，我们要像拥有硅谷心态的年轻成长型初创公司那样管理自己的工作和生活。

培养成长式思维模式的一种方式是有意识地把每一天当成余生的第一天来看待："假如我是局外人，我今天会不会做出这样的选择？"如果答案是否定的，那就需要思考下一步的行动安排。在下象棋时，我们需要快速调动车马炮，但是它们在开局时都被小兵小卒挡在身后。你的生活是什么样子的？你能不能消除类似的障碍，提高自己的敏捷性？在一个动态的社会里，我们必须具备灵活行动的能力。

> 成长式思维模式意味着不断挑战自我，把失败当成征途的一部分，还要把它当成有益的学习过程。成长式思维模式还意味着

将他人的成功视为激励,而不是挑衅。

心智模式 4:成长心态

拥有成长式思维模式的人相信,要付出努力、长期练习自身的技能,这会带来非常不同的结果。相比之下,不具备这种心智模式的人认为,才能智力以及由此而来的职业技能和/或事业都是先天注定的、不可改变的。

因此,缺乏成长式思维模式会限制人们的信念,而拥有这种思维模式能带来一种"我能做到"的态度,为人们带来力量。随着我们面临越来越多的挑战和前所未见的情况,这一点在未来只会变得更加重要。

成长式思维模式的核心理念如下:

- 挑战就是学习的良机。
- 我珍视别人对我的表现的反馈意见,即使反馈是负面的。
- 每个人对某项技能的擅长都是长期练习的结果,无论他们天生的能力如何。
- 承认自己的错误非常重要,只有这样,你才有可能从中吸取教训。
- 犯错并不代表你能力不够,它说明你正在学习。

成长路径的升级

学习是什么?我们中有很多人还在固守陈旧的概念,把它等同于上课、背书和考试。这可能造成一种"及格/不及格"式的学习观,在现实生活中,进步是灵活多样的。当你完成任何具有挑战性的任务时，你可以也应该全天学习。此外，有时你会在最意想不到的情况下学习，比如观看一部完全不在你兴趣范围内的视频，纯粹是为了获得灵感，以新的方式拓展你的大脑。

下面的几项实用技巧可以帮助你培养成长式思维模式，跟上模糊未来的发展速度：

1. **为自己建立课程表**。为了把最理想的未来变成现实，你需要具备哪些技能？根据这些技能为自己建立一份课程表。它包括广泛的能力，例如阅读世界经济论坛关于就业前景的最新报告，也包括你需要深入专业知识的领域。要为课程表中的每项技能界定具体的成功标准。

2. **要具体明确**。拆解这些技能，建立你自己的学习进度安排，重点是"边干边学"。专门拿出时间来认真学习/练习。

3. **乐趣很重要**。借助多种资源的力量（例如在线课程、专家讲解视频、播客和专门课程等），然后逐渐收窄，专注于最有用、最吸引你的部分。

4. **利用你的关系网络**。给自己找一位导师，或者在自己的关系网络里找一位当前领域的专家。

5. **走出舒适区**。一旦到达峰顶（你的S形曲线开始走平），要想方设法拓展自己的知识。这是保持发展的唯一途径。

6. **寻求反馈**。学习是在迭代循环中完成的，你需要持续不断地调整。定期从各个不同来源获得反馈意见，每个星期花点儿时间反思一下自己取得的进步。

第 17 章

更大的抱负

假如建设迪拜的领导者没那么长远的目光,这座城市充其量只能成为全球最高效的渔村。当然,我们是在开玩笑,事实上,尽管迪拜是一座资源丰富的城市,但是它崛起为全球知名城市并非必然。该地区相似的城市不在少数,如阿布扎比、麦纳麦、科威特城和多哈等,它们拥有相似或更多的自然资源,但是它们都无法在同样的水平上复制迪拜的发展和创新。

迪拜领导人的思考走在了超级趋势的前面,他们树立的愿景超越了当前的技术和范式,而不是在现有基础上做出渐进的改良。比如,迪拜机场的发展始终走在需求的前面,机场只是迪拜宏伟愿景的一部分,这座城市一直致力于发展非石油产业,如贸易、旅游、零售和其他一般性商业活动等。2020 年,石油产业仅占迪拜 GDP 的 1%。在过去,这个数字曾经超过 50%。迪拜还建造了未来博物馆,在那里"你不是为了吸收历史,而是助力未来的呈现"。这确实是个大胆的想法。

这向我们提出了一个问题:在规划理想未来的过程中,你可能会面对一种令人遗憾的现实情况,你很可能错过目标或者把目标定得过低。我们的大脑不习惯指数思维，而重要趋势的演进恰恰是指数级的。

从10%到10倍速

我们之前谈到指数思维的重要意义，这里对这个话题做出进一步阐释。几十年来的认知心理学研究表明，人类的思维偏爱简单的线性关系，并与非线性思维做斗争。因此，对指数发展的思考会更加困难：即使非常明确地意识到过去的指数变革，我们也很难想象它在未来的继续发展。

线性偏见是人类诸多偏见中的一种，它让我们认为，某一数量的变化会引起另一数量的相应变化。当这些数量中的一项是时间时，我们相信过去的趋势会在未来以同样的速度继续发展。好吧，也许我们知道技术是在不断进步的，所以我们会认为趋势会在未来稍稍变快，但是仅限于5~10年变快10%~20%，这可能差出十万八千里。指数级变革可能意味着10倍速到100倍速的增长，甚至更多。当这一切发生时，它们常常会产生完全不同的结果。比如，虫子体内的一束神经细胞能让它蠕动，并对周围的环境做出反应。但是人类大脑中的神经细胞要多得多，它们带来的结果不仅仅是把人变成一只动作更快的虫子。虽然更好的电池性能在一段时间内仅仅意味着手机可以工作更长时间，但是它终将为我们带来电池驱动的、效率更高的汽车，后者是一件全新的、完全不同的事物。

> 线性逻辑认为，事物会变得更好或更差。而指数逻辑认为，事物终将变成另一番模样。

我们考虑一下指数思维。想象这样一个世界：你可以在1秒内下载几乎一切事物（比如，长达 3.5 个小时的高清电影《爱尔兰人》）。或者，基因测序的成本低到近乎免费，成为智能手表或医疗保健订阅服务的赠品。想象一下能源 100% 自给自足的家：家里所有的电器，包括手机、智能手表、音箱和电视机等都可以无线充电。想象这样的电动汽车：它可以在驶过路面磁场时为自己充电。这些进步很可能在未来 10 年实现商用，因为它们已经在理论上或实验环境里通过了测试。它们会带来怎样的机会，你想象得出吗？

这里的重点在于，线性逻辑只会重塑过去，再加上些许的改进。而指数思维会重新定义未来。每当埃隆·马斯克式的创业者进入一个行业时，他们不会用已有的视角审视种种可能性。马斯克并不是汽车、太空旅行或基础设施工程方面的技术专家，但是他的企业恰恰在这些领域开辟了新天地。实际上是极富开创性的新天地。他总是推动自己的同事通过创新的方式完成工作，这些方式往往离不开指数思维。

> 线性逻辑只会重塑过去，再加上些许的改进。而指数思维会重新定义未来。

合乎理性的论证和分析帮助我们分解万事万物，理解这个世界的运行原理。这非常重要，也十分必要。但是，仅靠理性并不足以创造不同的、更好的、令人着迷的新事物。因此，我们需要一种专注于创造更多可能性的心智模式，一种大胆的、进取的、充满好奇的心智模式。它会提出这样的问题："我们如何能做到？""假如……会怎样？""我们为什么不能？"也可以说，我们需要的是一种成长式思维模式。

逆向思考

下面介绍一个有用的秘诀：让你的想象力恣意驰骋，畅想未来的模样，然后从梦想中的未来倒推，确定自己首先必须做什么才能实现它。和这个过程相反的过程是：立足于当下的可能性，通过渐进式创新向前推进。

> 养成一个好习惯，想象一些非常不同和更好的事物，然后倒推出可能实现它们的方法。

对专家或你熟悉的领域来说，合理程度的复归感是必不可少的，它让你挑战自己的既有信念和范式。要做到这一点，一种实现方式是，从根本上拓宽你与各类信息、经历和寻找运气的人的接触面。注意聆听你内心的声音，从"我已经知道了"转变为"我想了解更多"。

在顺向思考时，你可能会陷入僵固式思维模式。而逆向思考从你对未来的狂想出发，会促进成长式思维模式。我们所说的"富足心态"也是如此。如果你点燃了一桶油，它会消失不见。但是如果你订阅了一套软件，什么都不会消失。同样的软件可以一次又一次地被售出。这就是世界会产生越来越多财富的原因之一，经济学家朱利安·西蒙称其为"富足"。

很多生产流程的成本趋于零，同样，在发达国家里，饮用水几乎是免费的，如今，数据存储正在迅速接近同样的情况。很明显，取舍和选择依然存在，但是，未来会为每个人带来更多的机会。想要驾驭这样的可能性，我们就必须脱离"匮乏心态"，转向富足心态和无限的可能性。

> 富足心态是寻求"鱼与熊掌"式的解决方案,而不是"鱼或熊掌"。

在日常生活中,只要投入恰当的时间来反思和想象,你就能发现,各种不同的抱负可以融合为一个内在的整体。当你拥有创造力时,你会认为权衡取舍并非必要,通常是可以规避的。比如,我们如今可以把越来越多耗时费力的工作任务外包出去。在发达国家里,有些员工甚至会通过众包网站偷偷地把自己的一部分工作外包给开价较低的人来做,以便更好地利用自己的时间。

心智模式5:富足心态

拥有富足心态的人认为,每个人都有足够的资源,并能获得成功。这样的看法完全正确,就像我们在第一部分论证的那样。技术的进步和创新正在加速度发展,总的来说,未来将比过去富裕、和平、美好得多。

富足心态让我们的思考变得更自由、更宽广、更大胆。我们不会被耗尽资源的恐惧束缚,我们的心智向新的可能性敞开大门。拥有富足心态的人也会保持乐观、开放和乐于信任他人的心态,积极寻求双赢的关系和交易。从本质上来说,这与柯维提出的相互依靠阶段非常相似,还能产生超社会性。

富足心态的核心信念如下:

- 我相信,有足够的成功和认可。
- 我相信,最好的还在后面。
- 我乐于向他人分享自己的资源和知识。
- 我相信,与他人一起才能取得最好的结果。

- 我相信，从长期来看，如果不是每个参与者都能受益，事情就算不上真正的成功。

相比之下，拥有匮乏心态的人总是认为，资源和成功是有限的，因此，一个人的成功必然意味着另一个人的失败。这样的心态通常会阻碍他们最大限度地利用好眼前的机会。

创造力公式

充满创造力的组织和个人同时具备最好的结构性。他们把天马行空的想法与智能化的约束结合起来，既能集中自己的思考，又能将自己的抱负扎根于现实的土壤。他们通过多次尝试做到正确，敦促自己和团队在短时间内提出并评估几十种，甚至几百种创意。

> 创造力 = 天马行空的想法 + 智能化的约束

想要复制这个过程，我们不需要成为天才，只需要了解指数技术，对可能性和好奇心抱有成长心态和富足心态，接下来还要提出很多看似行得通的方法。我们可以通过这样的方法想到新的可能性。这种方法不仅可以用于商业创意，也可以更广泛地用于我们的生活（例如家庭、健康、财富和幸福感）。比如，你有没有为自己最理想的未来绘制过不同的路线图？迫使自己放开手脚选择一种完全不合常理的方案。然后想出三种同样疯狂的想法。

在审视不断涌现的路径和未来时，你会逐渐看到一个战略范围和一系列完全不同的未来，其中一些更适合你。这就是你要从发散思维走向聚合思维的所在。要把分析和判断结合起来，把注意力集中在自己最期待的选择上。下面介绍几种诀窍，它们有助于我们在构建最理想的未来时让自己的思想变得更高、更远、更丰富：

1. **更远大的抱负**。挑战自己，逼迫自己畅想出一种完全不同的未来。为了有趣，可以把自己现在的抱负乘以 10，然后分析一下，怎样才能把这样的未来变成现实？
2. **不可理喻地狂想**。你的长远愿景是什么（比如你的 20 年长期目标）？想想怎样可以在 5 年内实现它。
3. **跳出框架想问题**。在你的生活里，哪些事情看似是取舍，实际上是束缚？集思广益地找到新思路，把它们集中在一起。
4. **启发自己**。你最敬仰的企业领袖是谁？比如乔布斯、玛丽·博拉或马云等，问问自己，他（她）们会怎么做？
5. **玩数字游戏**。在面对具体问题或困难时，写下你希望发生的事情，以及是否存在任何约束（例如财务、时间限制或其他实际情况）。接下来拿出 15 分钟，提出尽可能多的想法。15 分钟一到，强迫自己提出双倍的想法。

第 18 章
把前面的点串起来

在一个加速变革的世界里,信息不断膨胀,很多人都有一种不愉快的失控感。世界仿佛是由乱作一团的、互不相连的点组成的,既无法预知,也无法掌控。

这是一种很自然的感觉,有证据表明,失控感会增加抑郁、压力、倦怠和整体健康问题的发生率。尽管如此,一些行之有效的技巧不仅可以帮助我们认识和理解身边风起云涌的情况,而且能切实有效地帮助我们利用它们为自己造福。

我只是运气好一点儿,伙计

亚历克斯·弗格森爵士被普遍认为是有史以来最杰出的足球主教练。在近 40 年的执教生涯中,他一共赢得了 49 座奖杯,在同行中遥遥领先。在曼联执教的 26 年间,弗格森赢得了 38 座奖杯,在他手下效力的球员超过了 200 名。他在曼联带领球队进过 166 颗绝杀球,这让一些人觉得他运气很好。弗格森是怎么回复的?他说自己的球队越努力,他就会变得越幸运。

我们正在快马加鞭地驶入飞速变化的未来,绝对不能把事情交给命运，然后祈祷好运气，这样的做法正在变得越来越危险。动荡固然会创造大量的、接踵而至的机会，但它同样会产生出人意料的死胡同和过时的技能。

杰出的足球运动员的一大特征是，他们都非常善于预判球路。优秀的投资人也能在金融领域做到同样准确的预判。还有优秀的家长，他们能在最后关头阻止孩子犯下灾难性的错误。对外人来说，卓越的足球运动员或投资人可能只是看上去比较幸运。事实上，具备指数技能的人似乎都很幸运，因为幸运是他们对待生活的方式的必然结果。

这里要谈到有关幸运的学问。理查德·怀斯曼也许是世界上最杰出的幸运问题研究专家。他的一个实验可以帮助我们理解为什么有的人比别人更幸运。他首先通过广告招募了一些认为自己特别幸运或特别倒霉的人。然后为这两群人每人发了一份报纸，请他们通读这份报纸，找出里面一共有多少张图片。这次实验的结果非常有趣：平均而言，倒霉的人用了大约2分钟，而幸运的人只用了几秒钟。为什么后者这么快？因为他们在报纸第二版看到了一行大字："别数了，这份报纸一共有43张图片。"

这个实验和其他很多实验告诉我们，总体而言，幸运的人会注意到更多东西，这超出了人们明确要求他们探究的范围。可以这样说，幸运的人也许具备激光般精准的专注力，不过他们也为自己配备了雷达般广泛的注意力。相比之下，倒霉的人可能只有激光却没有雷达。

在一个由加速变化主导的世界里，我们要频繁地接受失败，快速地调整方向，所以我们对幸运的需要变得更高了，它也因此更值得我们投入时间去追求。这要求我们具备敏锐的观察力。

> 幸运的人也许具备激光般精准的专注力，不过他们也为自己配备了雷达般广泛的注意力。也就是说，他们的观察和思考既是

聚合的，又是发散的。

打造更好的雷达

如何打造更好的雷达，增加自己的好运气？对刚刚入门的人来说，生活越不循规蹈矩，可能遇到的好运或厄运就越多。最重要的是，只要稍加练习，我们往往就能发挥好运气的作用，并把坏运气的危害降到最低。认清自己的目标，描绘出它的清晰图景，这样一来，在好运降临时，我们更有可能趁势而为。我们的头脑会自动搜寻通向目标的道路。很多实验表明，如果要求参与者在所处环境中专注于某个特定要素，比如红色的物体，他们能相当准确地说出这些物体的样子，同时会极少注意到环境中的其他物体，比如蓝色物体。在聚焦于红色物体时，我们的大脑会自动忽略非红色物体。同样的道理，一旦确定自己的大脑应该搜寻什么，我们的"雷达"就会变得更加活跃。也就是说，只要提高自己的整体专注力，我们就可以训练自己的大脑。怀斯曼还告诉我们，除了对好运的一般追求，幸运的人还会建立能够自我实现的预言，比如积极预期、追随直觉做出幸运的决定、培养把坏运气转变成好运气的坚忍态度等。在我们看来，后者简直就是成长式思维模式的又一个例子。

拥抱不期而遇的经历

另一位研究运气的科学家是纽约大学的克里斯蒂安·布什教授。他在2020年出版的著作《好运气制造手册》中指出，在所有的科学突破中，约一半可以归结为运气。他再次谈到了好运气的重要意义。布什认为，只要建立"好运制造机"，我们就会把散乱的点连接起来，追求"睿智的、积极的好运气"，就会从总体上期待意料之外的事情，这样一来，我们就会期望从始料未及的事情中获益，而不是把它们看成令人紧张焦虑的意外。

即使再努力、再专注，在这个被超级指数趋势包裹的复杂世界里，事情也不可能完全按照我们预料的样子发生——就像战争和足球比赛一样。正因如此，我们应该始终留意并期待自己可能会从始料未及的事情中获益。毕竟，人们总是把"危机孕育机遇"挂在嘴边并非巧合。

培养自己的心智模式，帮助自己认识到，意料之外的事情总是不可避免的，而且它们是潜在好运和良机的重要来源。

> 总的来说，要把始料未及的事情看作是不可避免的，把它们视为好机会的重要来源。

养成能增加好运的习惯

有些具体习惯同样有助于激发好运。比如，你可以尝试认识很多人，在社交网络上建立一个庞大的网络，走访很多地方，大量地阅读，尝试多种不同的事物。除此之外，如果能建立起双赢心态，习惯地帮助他人，他们很可能反过来会帮助你。

> 你可以尝试认识很多人，在社交网络上建立一个庞大的网络，走访很多地方，大量地阅读，尝试多种不同的事物，乐于助人，以此追求好运。

在一个复杂的世界里，想在散乱的点之间找到方向，还有一种方法是专门拿出时间来反思，把此时此刻的认知统合起来。这样能帮助我们把无意识的变成有意识的，发现身边的新机会。在具体实践中，我们可以通过稍微放慢脚步来做到这一点。停止自动驾驶模式，把自己的双手放在方向盘上。

> **心智模式 6：好运气心态**
>
> 　　拥有好运制造机的人相信，好运和其他技能没什么两样，是可以学习和利用的。这些人懂得，他们并不是简单地"比较幸运"，相反，想要成功，一个人必须在自己的生活中培养恰当的条件，帮助那些令人愉悦的巧合出现，并加以有效利用。相比之下，抱着倒霉心态（甚至是诅咒心态）的人认为，他们的生活是走背运的，生活中的事情都是随机发生的。
>
> 　　培养好运把看似迥然不同的技术、人和事件联系起来，这种能力将变得越来越重要，因为我们前进的道路正在变得越来越不线性，反而更像聚合与发散之间连续不断的循环。好运制造机有助于促进和利用技术的融合，驱动创新，为超社会性打开通道。
>
> 　　好运制造机的核心理念如下：
>
> - 我喜欢问"为什么"，喜欢探索新的做事方式。
> - 结识新朋友并向他们学习，这让我受益匪浅。
> - 我会专门拿出时间来反思自己的经历和对话。
> - 意料之外的失误或偏差蕴藏着机会。
> - 对我来说，与三教九流的人分享自己的想法十分有益。
> - 意料之外的事情一定会发生，因此，我会持续不断地调整自己的方法。

把前面的点串起来

幸运常常意味着通过新的方式把事物连接起来。如果一个人接触更多样化的信息、经验和人，那么当两件看上去毫无关联的事情同时发生时，他用看似幸运的方式把它们连接起来的可能性就会高很多。人们通常把达·芬奇和他的代表作品联系在一起，例如《蒙娜丽莎》和《最后的晚餐》。可能人们较少谈及的是，达·芬奇还是一位指数思维思想家。他总是在寻求"鱼与熊掌兼得"，他经常想象一些看似不可能的事情。他提出的原始设计有很多，包括直升机、降落伞、深水潜水服、装甲车、机器人、机枪、太阳能和计算器等等。假如我们想为"适应未来"寻找一位真正的代言人，达·芬奇先生一定是不二人选。

这里的重点在于，这些想法并不是达·芬奇凭空提出的，他的奇思妙想都有现实基础。他博闻强识，精通多个领域，这让他看到了前人无法看到的联系和机会。因此，他经常能把某些领域的模式认知拿过来，应用于其他领域。

具备这一能力的人可谓凤毛麟角，但我们仍然可以借鉴他的方法。大家都知道乔布斯说过一句名言，你只能向后连接点，而不能向前连接。但是有些未来的点是我们能够想到的，我们可以探索它们未来如何以全新的方式组合在一起。我们可以增加这样的点，这是我们能够把控的。如果有人说我们无法把未来的点连接起来，他说的当然不对。我们已经看到，很多方法都可以帮助我们预测它们，并且能相当确定地把它们连接起来——比如通过外推指数趋势和寻找协同演进模式。如果熟练掌握了其中的基本原理，你就会发现自己的运气比大多数人更好，更善于利用超级趋势。

事前检查法

有一种演练方法叫"事前检查",它要求我们想象自己没能实现未来重要目标的情景。是的,我们知道,这一点儿都不好玩。不过还是请拿出时间来思考自己未来半年或一年的重要里程碑。想象一下你没能完成这些目标的情景,列出所有可能造成这一结果的原因。敦促自己列出一个长长的清单。如果已经想出 10 个原因,你就逼迫自己再想 5 个。你会看到一些重要的问题浮出水面,接下来,为每个重要问题想出降低风险的办法。也就是说,我们要想象未来的失败,然后想办法避免这些失败。

在这个日益动荡的世界里,把一切交给命运是一种过于冒险的策略。即使真的没能实现自己的目标,你也有可能最大化成功的可能性。只是将一切交给命运会让你失去能动性和自主性,让你变得疲于应对和漠不关心。听天由命的做法容易让你的未来充满悔恨,因为你可能因此浪费了自己最宝贵的资产:时间。

下面几个诀窍可以帮助我们更懂得好运气,更好地在生命中不计其数的点之间自由穿行,并把它们连接起来:

1. **既要有雷达,也要有激光**。同时掌握聚合思维和发散思维,对自身所在的环境勤加扫视,寻找可能带给你下一步行动线索的信号。
2. **拥抱意料之外的事件**。把这些事件视为潜在好运和良机的重要来源。
3. **追逐好运气**。良好的习惯可以提高我们发现好运气的可能性,例如认识很多来自不同背景的人,建立一个庞大的在线社交网络并和其中的人互动,走访很多不同的地方,大量地阅读,尝试新鲜事物,乐于接受新事物,等等。

4. **向达·芬奇学习**。在一个情境中找到可用于其他情境的模式。这可以很简单，只要定期拿出 15 分钟反思自己在一个特定环境中学到的经验和教训，思考它们如何能在其他环境中让你受益。
5. **把前面的点串起来**。从指数趋势外推，预测未来的点，尽力把这些点连接起来。
6. **事前检查**。想象未来的失败，准备好应对方案。强迫自己详细列出可能的失败和障碍——甚至包括"黑天鹅"事件，这些事件极不可能发生，但是会产生巨大的负面影响。

第 19 章
一年 37 倍速

我们在前几章阐述了各种价值观、习惯和心智模式,它们都能帮助我们驾驭复杂性,让自己更好地适应未来。我们讨论了主人翁心态、指数思维、初学者心态、成长心态、富足心态和好运气心态,它们都可以帮助我们理解周围的环境,构建我们最理想的未来。接下来我们讨论行动问题。我们可以训练自己的身体,让自己可以跑一场马拉松比赛或者参加其他运动,同样的道理,我们也可以训练自己的头脑,让它更好地支持我们的日常旅程。我们可以极为安全有效地激发自己的精神,让自己更好地为未来做好准备、加速进步。但要切记一点,我们不能为了提高身体机能的表现而服用类固醇,因为这是极其危险的。

先有梦想,再付诸行动

描绘理想的未来,接下来就要付诸行动,并始终保持前进的动能。你必须迈过那道门槛,真刀真枪地行动起来。要向前推进。塑造你的未来,而不是让未来塑造你。

> 阻碍人们实现理想未来的往往是缺乏自律。

当然，如果有人问起，很多人一定会说自己已经在行动了。实际上，很多人往往卡在梦想阶段，进退维谷。一个陷阱可能是，虽然阅读关于未来的文章、学习新事物和设定愿景既重要又令人激动，但它们也可能成为我们拖延的一种形式：我们会不断梦想、思考和计划，但是没有行动。

如果一项任务很复杂、模糊，或者看上去难以完成或很可怕，人们尤其容易拖延。问题在于，我们正在走进变动不居的未来，就像本书第一部分描述的那样。四大类未来场景会越来越多地涌现到我们面前。实际上，在未来，每年都会有更多你第一次经历的新事物。可能会有更多的事物打乱你的计划。未来会有更多的经历让我们禁不住问自己："这是真的吗？"在这种不断变化的混沌里，我们需要养成一种快速、一致和反思行动的倾向。下面是几种有用的工具和窍门。

复合心智模式

想象一下，一年内你在某个领域的表现以 37 倍速提升，那会是怎样一番景象？这就是持之以恒的行动和复合的力量。每天提升 1%，坚持 365 天，加起来就是 3 778%，比 37 倍还多。同样，如果你每天拿出 30 分钟沉浸在一件事情里，日复一日地加深自己的知识，一年后，你会突然发现自己掌握了很多（回想一下 S 形学习曲线）。同样，假设你每天写 200 字（大概一页纸的 2/3），一年下来，你可以写成一本书。

之所以提到这一点，是因为我们在很多指数趋势中看到，当事物复合在一起时，随着时间的推移，积水成渊的效果确实会产生。只要建立起复合心态，同样的事情就会发生在你的个人行动中。

在这个不停变动的世界里,我们取得的成就更多是由自己的意志力决定的。如果你已经具备了成长式思维模式,不断地训练自己,你就会像锻炼肌肉一样训练自己的勇气和意志力。我们的性格就是这样通过心智模式养成的。

> 复合心态就是以短期内的一致性保持长期的成功。

心智模式7:复合心态

复合心智模式指的是,为了在未来收获极高的成果,必须持续不断地做出很多较小的投入(例如时间、金钱和精力等)。我们经常听到创业者说:"十年创业无人问,一夜成名天下知。"它说的正是这个道理。

努力工作和自律的重要性似乎是显而易见的,但是同过去相比,现在和未来有三点不同。第一点,卓越的标杆始终在升高,这几乎表现在各行各业里。造成这一情况的原因有很多,包括信息的快速流动、竞争和更加精确的信息(以及由此而来的技能的提升)等。第二点,如今的人们更容易分心,所以需要额外的努力才能保持自律和专注。即时满足唾手可得,你所需的只是一部智能手机加上几个应用程序。第三点,人们的寿命越来越长,这意味着以长远眼光看待人生变得更加重要。

复合心智模式的核心理念如下:

- 要想在任何领域做到卓越,自律都是必需的。
- 今天做什么(或者不做什么)会影响我们明天成为什么样的人。

- 长期的微小投入会累积叠加，形成重要的结果（滚雪球效应）。
- 行动通常不会产生立竿见影的结果，这需要时间（这和 S 形曲线何其相似）。
- 一夜成名的事是不存在的。

复合心智模式的反面是一种认为即时满足或短期满足好于延迟满足的心态。

普鲁士捷径

你有没有在电影里看过 19 世纪战争场面的重现？双方士兵在战场上列成整齐的队列，在嘹亮的军乐声中彼此冲杀。战斗打响后，厮杀、吼叫和混乱充斥着整个战场。

这很可能是 1800 年前后欧洲战争的场面。当时最著名的军事将领是拿破仑。他的成功不仅得益于庞大的军事力量，还因为他对这些军队采取了极其**敏捷**的指挥方式。以 1806 年的耶拿战役为例，面对两倍于自己的普鲁士军队，拿破仑借助更高的战术灵活性干净利落地取得了胜利。

在此之后，普鲁士军队逐渐发展出了"任务式指挥"的概念，直接翻译为任务型战术。依照这种指挥形式，高级指挥官向下一级指挥官下达指令：

- 明确的战术目标（目标）
- 清晰的目的（为什么必须完成上述战术目标）
- 明确规定完成任务的时间

尽管这三项指标是明确规定的，但是下一级指挥官拥有很大的自由度，可以决定实现这些目标的具体方式。他们可以做到灵活敏捷。

历史已经证明，这种方式有巨大的效率优势——前提是投入其中的士兵训练有素。在第二次世界大战期间，在这种方法的支持下，德国军队在战斗中表现出极高的效率（希特勒越级指挥的情况除外，这为德军带来的是灾难性的后果）。值得庆幸的是，盟军也用了类似的任务式指挥方法。近年来，很多国家采用的交战规则都会首先描述环境和条件的大概情况，据此决定投入不同程度的兵力。这些规则还会设定边界，把不可接受的行动排除在外。

这些领导方式告诉我们，必须全面关注你的目标任务、整体战略和指导框架，才能最终实现目标。必须明确地认清目标，并用这个大方向指导你的日常行动。迪拜不断地扩大自己的机场，始终走在需求的前面，这一切并非巧合。亚马逊的杰夫·贝佐斯同样说过，他思考的是未来8个季度的情况。当前季度的成功是两年前奠定的。亚马逊的未来愿景和指导原则非常明确，它的日常行动和决策都是在这些愿景和原则的指导下做出的。任务控制型领导方式并不详细筹划接下来会发生什么，但它为下一级人员规定了强有力的边界，让他们有足够的信心在前进的道路上做出正确的选择。它既包括了该做什么，也包括了不该做什么，二者同等重要。

在规划最理想的未来时，你不妨把自己最渴望的目标写下来。也许你希望投身体验经济，或者在视觉艺术领域大显身手。接下来你可以灵活地选择从事哪种视觉艺术，比如做个布景师、工业设计师和艺术品经销商等。具体到参与规则，可以就一些重要问题做出决定，例如，你希望：（1）在事业、个人发展和个人福祉之间找到平衡；（2）每星期至少锻炼4次；（3）不求苟安，愿意在可控范围内冒些风险；（4）在人际关系中做到付出与索取一样多；（5）始终保证自己的批评具有建设性，诸如此类（这些只是两位作者凑巧都很喜欢的例子）。

接下来，写下这些目标背后的根本目的。例如，**为什么你希望从事视觉艺术？**或者你**为什么想要孩子**，或者**为什么不想要孩子？为什么希望从政？**把你的行动同这些强有力的目的结合起来，这样能帮助你披荆斩棘，一路走过困难和挫折，完成那些你并不一定真正喜欢的工作任务。毕竟，你可能需要实时拓展自己，需要投入精力实现你的目标，尤其是在开始的时候。还记得 S 形曲线吗？

这样的方法并不能帮助我们事先做好所有的决策，但是我们会知道在未来遇到这些问题时应该如何决策。在面对不确定性时，这一点会极大地改善我们的决策，并确保这些决策与我们的价值观和总体目标保持一致。

> 事先明确目标和参与规则，这样可以在动荡的未来让自己的征程变得更平稳。

一再设定不合理的截止日期

对于较短期的计划，应当设定里程碑和完成时间。我们已经看到，亚马逊为自己设定的战术计划时间范围为 8 个季度。现代软件开发人员经常使用一种名叫"scrum 冲刺"的方法。1986 年，野中郁次郎和竹内弘高在《哈佛商业评论》上首次提出这个说法，它最初源于橄榄球运动，是运动员组成的一种队形。在这项运动中，运动员需要打出快速精准的团队配合，这个名词因此得到使用。在现代管理中，scrum 冲刺方法包括一系列的时间限制，它们明确限定产品开发过程中每个里程碑的完成时间，这些时间限制通常为一个月或更短的时间。

一旦开始绩效冲刺，你就要确定另外一点，为了把精力聚焦在新任务上，你可能需要放弃什么（这对抱负极高和日程极满的人尤为重要）。接下来，在自己的日程表里安排好实现这个目标的行动时间。通常来说，较短的、按日的或定期的行动好于间或的、整块的行动安排。此外，还要发挥深度思考对日常行动的补充作用（比如，可以为某个特定目标专门拿出一整天或一个星期的时间），这样可以极大地提高前进的速度。

由于世界正在加速变化，我们需要以星期而不是以月为单位挑战自己的里程碑设定。只有这样，我们才能更好地适应环境。想想看："为了指导下一个决策点，我至少需要做到什么？"

如果希望走得足够远，请记住一点：为自己设定不合理的截止日期。比如，你可以只给自己两个星期而不是两个月来上线一个新网站。或者让自己用一个星期而不是一个月决定是否进军加密货币领域。把周期较长的项目分解为一系列 scrum 冲刺，比如可以把半年的项目分解为 6~12 次听上去不合理的冲刺。用这些截止日期来确定你的工作方式和希望实现的最终产品的质量。不要忘了，在如今这个云端人力和技术大行其道的时代，任何事都可以得到辅助和支持。因此，如果你调动外部生态系统的力量，很多看似庞大无比的任务完全可以在几个星期内被完成。如果希望你的指挥过程可视化，你可以把目标、理想、价值观和重要里程碑写在一块白板上，让自己每天都能看见它们——如果你真的如此雄心万丈。

这种高级别的任务命令式执行过程会为我们的行动带来明确的方向，同时，它还会给予我们足够的灵活度，以适应不断变化的环境。它能把方向性和紧迫性融为一体，帮助我们在应对每一次冲刺时充满创造力。

> 在具体操作层面，一边为实现目标而努力，一边把眼前的任务分解为一系列的小冲刺，并为这些冲刺设定极富挑战的截止日期，同时定期进行深度反思。

快错快学快走

你也许听过这个说法："完美是优秀的敌人。"这句话很有道理，因为对完美的渴望往往成为人们采取行动的最大障碍之一，尤其是在这个日益混乱的世界里。人人都渴望完美的时机、完美的环境，或者最终开始工作的动力。这没问题。

问题在于，这样的做法必定会让你不断地感到，事情**不够**完美，你**没有**得到激励，而且你前进的脚步怎么**都**不合适。

要么完美，要么什么都不要。这往往是僵固式思维模式的表现，你觉得你在任何事情上的表现都是对本人的一种反映，而不是对你的理想目标的反映。与此相反，在成长式思维模式下，你会认为所有最初结果都很平常的短冲刺只是走向完美目标的一小步。只要坚定地走下去，这个目标终将实现。在前进的道路上，我们当然会遇到艰难险阻，并且需要不断地调整方向。这就是"快错快学快走"的全部要义。我们都知道，世界变个不停，我们要随之而变。

> 问问自己："为了更接近目标，在接下来的一个小时里，我能做的最重要的事情是什么？"

出来透透气

正如我们提到过的，面向极富动态的未来，高效的任务执行在很大程度上意味着通过一系列的短冲刺快速前进，并且根据环境的变化不断调整方向。其中很多短期行动的截止日期是不合理的，它们是在极其严明的纪律和不懈的专注下做到的。不过，它们不只是"热情高涨"的行动那么简单。冲刺速度越快，我们就越要注意持续不断地调整和适应。应该时不时出来透口气，调整一下前进的方向，并把这种做法变成惯例。

比如，你可以每天、每星期或每个月拿出一些时间，专门用来思考下面的问题：

- 我是否以合适的速度实现了正确的目标？
- 哪些事情进展比较顺利？
- 哪些工作需要换种方法？
- 接下来做什么？

同样的道理，我们有时还应该暂时放下理想抱负，出去散散步，拿出一个晚上或几天的时间，给自己一个或长或短的假期，彻底忘掉自己的远大追求，做一个完全不同的自己。

下面10条建议可以帮助你行动起来，走向最理想的未来，并培养一种复合的生活方式。

1. **扔掉借口**。列一张清单，列出哪些原因可能让你迟迟无法行动，然后逐一解决。天气太冷了，没办法跑步？购买冬季跑步装备。我太忙了，没时间做副业？把通勤时间用起来，或者星期日晚上把下个星期的饭提前准备好。你不知道该如何开始？找3个在本领域经验丰富的人聊聊，听听他们的建议。
2. **让自己的大脑做好准备**。为手头上的具体任务专门开辟一个工作区域。比如，固定在一张专门的桌子上从事副业，专门建一个小型家庭健身房，固定在公共图书馆撰写自己的下一部小说。你还可以每天为此设定专门的时间，比如，每天早上8点到9点专门处理与项目有关的工作。这种看得见的、时间固定的一致性会告诉我们的大脑，现在是做这些工作的时候了。

3. **为每项任务专设截止日期**。在下一段工作时间里，只做一项工作，暂时屏蔽其他任务，锻炼我们的超级专注力。

4. **追求质量，而不是数量**。并不是所有行动都同样重要。刻意留心自己的行动。深度专注地工作30分钟，效果可能远远强过三心二意地工作几个小时。把手机开静音，退出浏览器。向工作任务发起全力冲锋。

5. **重新定义挑战**。困难和挑战是好事。每个人都会有困难时期，会遇到进退维谷的情况，所以要做好心理准备。要从中开辟自己的道路，把困难当作值得拥抱的积极因素。切记，成长式思维模式是建立在困难重重的挑战之上的。比如，科学工作者很熟悉一种名叫"毒物兴奋效应"的重要现象，一丁点儿有害物质反而能让我们变得更强。很多时候，微不足道的一点儿毒药，例如杀虫剂，反而比完全无毒更有利于健康。一丁点儿细菌感染就能激活免疫系统。日常锻炼会造成肌肉纤维的轻微撕裂，这反而让我们的肌肉变得更强壮。

6. **沉浸其中**。偶尔做一次深潜，把自己工作任务的焦点推向极致。预留一些专门的时间，调整好合适的情绪状态，努力让自己进入心理学家米哈里·契克森米哈赖所说的"心流"状态。它指的是一种完全沉浸在一种充满活力的专注感之中的精神状态，处在心流之中的人会感到自己充满力量、全身心投入，并且从中获得了极大的满足，它会让人忘记时间的存在。

7. **建立一支团队**。为自己找一位导师或提供指导的人，请他指出你的盲点，推动你走出舒适区。至少可以为自己找一位负责的同伴。甚至可以找一位在线同伴，约定监督彼此目标的完成情况。

8. **公开目标**。把自己的目标告诉朋友和家人，或者把它们公之于众。
9. **报名参加比赛或其他活动**。有些活动要求我们展示自己的工作进度，最好能参加这样的活动，比如比赛、演讲或创业宣讲会等。
10. **衡量进步，而不是衡量结果**。在成长阶段的早期，我们可能会对自己的工作成果感到失望。这时，最好不要拿自己和别人比较，而是和1个月、6个月或1年前的自己比较。

第 20 章

要橡胶球，不要玻璃球

有一段憨豆先生的幽默视频，他去商店购买装饰物，准备装点自己的圣诞树。他走进一家店铺，拿起了两个闪闪发光的圆形装饰物，一个是玻璃做的，另一个是橡胶做的。为了确定哪个是自己想要的，他决定把两个球都在地上弹一弹，检查一下它们的质量。结果可想而知，橡胶球弹回他的手里，玻璃球碎了一地。憨豆先生对测试结果非常满意，欢喜地拿着橡胶球扬长而去。那么，我们怎样才能学会像橡胶球那样弹回手里，而不是像玻璃球那样禁不起压力而粉碎呢？

就承诺、信息、日常决策和生活速度而言，我们大多数人今天的事情都比父母一代多得多。我们正在越来越快地走向居家办公和无固定地点的办公方式，原本可以帮助我们区别不同类型活动的界限正在变得模糊。我们很多人每天的工作时间变长了，同时还参加了许多工作以外的活动。

这意味着我们在很大程度上减少了此前每天的短暂性头脑放空时间。哪怕只有 30 秒的空闲时间无事可做，我们也会抓紧时间看一眼手机。很多研究表明，人们如今的压力水平远远高于 20 年前，这是因为，"有太多事要做了，你懂的"。没错，我们懂，而且我们很多人更容易受到电子邮件或社交媒体通知的干扰。有人说，元宇宙只会让这个问题变得更严重，这并不是无端臆测。我们会发现自己在元宇宙中投入了太多时间——也许是过多的时间，从而损害了其他事情。

生活在这个时代，我们必须学会无情地区分轻重缓急，学会用新的方式照顾自己。人不可能无休止地加快自己的奔跑速度，要学会接受这一点。极简主义近年来的流行并不是巧合。即便是最极端的极简主义，人们也很少会放弃自己的绝大部分财产。但更重要的是，作为一种普遍的哲学和生活方式，你可以放下很多，回归到真正重要的事情上。这包括我们要什么和不要什么，选择怎样花钱，愿意在智能手机和其他设备上花费多少时间和精力（数字极简主义）。

生活在一个全年无休的世界里并不代表每个人都要不眠不休。很多人觉得自己不得不这样做，只有这样才能跟上朋友、工作、社交媒体、每天的新闻等的节奏。然而，一项又一项的研究表明，这样的行为改变了我们的大脑结构，我们开始渴望每天的新通知和它带来的小小的兴奋感。而适应未来既要求我们融入这一体系去熟悉和塑造它，又要求我们定期走出来调节我们的健康。只有确立一个强有力的内在核心，我们才能在未来维持恰当的成就水平、个人发展和健康福祉。

> 适应未来既要求我们融入这一体系去熟悉和塑造它，又要求我们定期走出来调节我们的健康。

关心我们能控制的事

麦肯锡前高级专家凯万·奇恩在他的著作《水为何物？》（*What Is Water?*）中探讨了这个问题。奇恩在书中解释说，在快速变革的未来，繁荣之道在于把精力集中在自己真正能控制的事物上。这无疑是合理的，因为无论在什么时候，都会有数百万的事情超出我们的控制范围，但也有那么几件事是我们能控制的。既然如此，为什么不更多地关注后者？下面的 7 个要点看起来很简单，但它们的有用性可能会让你大吃一惊，它们可以产生巨大的影响。

1. 专注于发挥你的优势，做一些能让你在大部分时间变得精力充沛的事情。比如，通过外包的办法，你可以请别人来做你不擅长的事，和别人结成合作伙伴也是个好办法。
2. 减少生活中不必要的消极情绪，多多储备正向经验和积极情绪，帮助自己走过艰难险阻。
3. 每天表达感激之情，进一步提升积极情绪。想想你生活中任何一件做得好的事，要常怀感恩之心。
4. 用建设性的方式回应他人。我们无法控制人们当前的说法和做法，但是我们一定可以选择自己的应对方式。如果我们的回应是恰当的，那么随着时间的推移，人们很可能报之以同样恰当的反应。人们在社交媒体上的互动就是个很好的例子。对自己无法认同的人，我们表达的意见是建设性的还是破坏性的？你选择做一位辅导者，还是成为卡普曼戏剧三角中的迫害者？
5. 凡事多看积极的一面，从日常生活中获得意义。举例来说，如果你是一名泥水匠，请问你是在砌砖、建造学校，还是在帮助改善社会教育？从哪个角度看待问题，完全取决于你自己。
6. 承认自己的成绩，而不是把目标定得过高。要为自己的微小成功喝彩，即使它来自日复一日的平常工作。这样可以培养更大的动力。这也意味着，我们为之欢欣鼓舞的是我们的进步，而不仅仅是更高目标的实现。

7. 如果你认为自己值得表扬，又恰好没人表扬你，那么，就像旁观者一样表扬自己吧——用理所应当的表扬来奖励自己。

"健全的精神寓于健康的身体"

古罗马人说得好，"有健康的身体才有健全的思想"。这句话直到现在依然适用。照顾好自己并不是一件"锦上添花的事"，它是一件至关重要的事，因为它能让我们始终保持最佳表现，能帮助我们从挫折中迅速恢复过来。人体的各个部分与精神紧密相连，它们会直接相互影响。我们付出的努力越多，就越需要时不时地拿出一段时间来自我恢复。这就像体育运动一样，过度的训练不仅无法让身体变得更强健，反而会累垮它。

当然，大家都知道，良好的平衡离不开一些基本条件，比如适度的睡眠、体育锻炼和营养带来的强健体魄。它们又是互为补充的——更好的饮食和睡眠让人更有动力从事体育锻炼，锻炼和良好的睡眠有助于规律饮食，锻炼和良好的饮食让我们睡得更好。

大脑也是如此。如今，作为一门学问的冥想和沉静终于达到了数千年前古老传统要求我们达到的水平——它让我们变得更平静、更快乐、更有同情心、更少压力和负担。长期从事艰苦工作的人，务必为自己安排休息（恢复）的时间，找到一种适合自己的做法，把自己同自己的思想联系起来——无论是通过冥想、运动、瑜伽还是每天的散步。每天只要10分钟，就可以产生神奇的效果。研究表明，只要短短8个星期，这样的做法就能明显增加大脑灰质的体积。这就像为大脑练出了更大的二头肌。

在未来，随着我们朝着需要创造性思维和判断的更高认知任务的迈进，在注意力不集中、思维集中期和精神恢复期之间的循环只会变得更加重要。这些类型的工作需要思维清晰、发散性思维和对新想法的开放心态,当你全速前进时,做到这一切就更难了。我们非常善于让自己忙碌和分心,但高质量的思考往往可以开启全新的做事方式——记住,未来是指数级的,而不是渐进的。从这个意义上说,职场人士必须让自己更多像艺术家,更少像机器。要为自己留出一些专门的时间,让自己除了思考什么都做不了,这会带来神奇的效果。比如,你可以只带纸笔去咖啡馆,把手机留在家里。这一切能帮助你更好地思考,找到人生的方向,从逆境中恢复过来,就像憨豆先生的那个橡胶球一样。

别把自己太当回事

未来会带来很多让人意想不到的事,既包括宏观层面的,如新冠病毒感染疫情和其他影响全球的大事件,也包括微观层面的日常生活。当你置身于一个高度互联的世界时,你会发现更多意见相左的人,甚至是批评者。"快错快学快走"的重要意义告诉我们,错失目标是不可避免的。如何看待挫折可以成就你的成功,也可以把它毁掉。僵固式思维模式认为负面事件是永久的、个人的、无处不在的。如果丢了工作,你可能认为你永远都找不到新的工作,认为你丢了工作是因为你不够称职,这意味着你在生活的各个方面都是失败者。这样的心态会导致抑郁和无助感。

与此相反,更健康、更适宜的成长式思维模式会认为这类事是短期的、与情境有关的、需要具体问题具体分析的。有了这种心态,你会把失业视为一种由特定环境造成的临时挫折,不能代表你的总体生活。有了这样的心态,你还可以减少挫败感,更快地从中恢复过来。虽然你无法控制自己身上发生的一切,但是你可以控制自己对情况的看法和反应。与其把未来看成混凝土,不如把它看成一块黏土。与其把自己看作固定不变的结构,不如把自己看作一种能够随着环境改变的液体。对未来的成功而言，最重要的往往不是实际发生了什么，而是我们怎样看待和如何应对这种情况。

> 与其把未来看成混凝土，不如把它看成一块黏土。

另一个可以帮助我们从挫败中迅速恢复的技巧是创造自我联系的空间，说出自己的感受。思考和感受是两种不同的活动，我们有时很难说清自己的感受，因为我们想不出合适的词语来表达它。反过来同样成立，现在我们可以理解，那些引发强烈情感的故事为什么如此有力。当你深感苦恼时，哪怕只是把负面情绪说出来，也可以帮助你克服它们。向别人倾诉你的遭遇，敞开怀抱接受他人的关心，这样可以带来更多的帮助。你的感受并不能代表你，把你的应对与你的感受分离开来，这样有助于战胜挑战。如果你的感受过于糟糕和强烈，尽量不要依照它行事，而是依照你的价值观行事。

远观，远远观

未来会带来上述所有变革和不确定性，随之而来的还有数不清的选择。年轻人也许不会为自己选定具体的职业方向，来框定自己的后半生——恰恰相反，他们每隔10年左右（甚至每隔几年）就会重新定位自己，他们永远都在学习新事物，他们会在穿行元宇宙或其他地方时不断地解决存在主义问题。

基本需求一旦得到满足，我们就会追求更高层次需求的满足，例如树立和实现自己的目标。诸如温饱和住所等基本需求都是有形的，比较容易理解。相比之下，更高级的需求因人而异，需要每个人自己来定义。当你踏上征程时，这一点比较容易搞混。我们发现许多的人为了追求灵活性、自由和生活意义而辞掉朝九晚五的工作，但这并不意味着转变会一帆风顺。从一种平衡（例如稳定的工作）到另一种平衡（例如持续不断的零工工作）的转变势必带来一段时期的不确定性，甚至可能让你怀疑是不是应该原路返回，去过一种没那么有意义但是更稳定的生活。

对策是建立新的视角，不断实现意义的创造和再创造。有的时候，尤其是在面对不大喜欢做的事情时，你会缺少内在动力，这个时候，个人目标可以帮助你保持正确的方向。明确的个人目标将帮助你度过挫折和茫然无助的时期。纯粹数字化的元宇宙很酷，但是它对你的生活有意义吗？它会让你更有成就感吗？或者它是不是个让人分心的东西？你会怎样有意识地使用它？这同样适用于有形的事物、你的事业和许许多多其他的事物。我们为什么想要它？或者我们为什么不想要它？

想要拉近观察对象，建立自己的看法，最好的办法就是从远处看世界。一幅名叫《暗淡蓝点》的照片曾经深深启发了著名天文学家卡尔·萨根。这张照片是由旅行者1号探测器从距离地球60亿公里的远处拍摄的。从这个创纪录的超远距离来看，照片上的地球不过是一个像素，悬浮在浩瀚无垠的太空里。

将我们的星球视为一个微小的斑点，真的能让我们正确看待自己的生命。我们非常重视的事——比如一份体面的工作或令人艳羡的居所等——突然间变得没那么重要了。我们意识到，自己不过是这个微小星球微不足道的一小部分，如朝露般寄身于此。实现与我们自身价值观不一致的社会期望，简直就是愚不可及。类似这样的远观能帮助我们在面对不确定性时做出决策，并战胜挫折。你会发现，事情往往没有你最初想象的那样糟糕。

有人说，天文学是一门让人懂得谦卑的学问，有利于培养人

> 的品格。从极远处观看，我们的地球渺小得像一粒尘埃。这幅图像更好地证明了人类自大的愚蠢。
>
> ——卡尔·萨根

这些方法对我们所说的"韧性心智模式"有益。它们可以帮助我们更好地应对不确定性和复杂性。如果事情模糊不清或变化多端，你可能会想："哦，没什么，这就是世界的本来面目。我要做的就是适应它。"接下来，在面对困境和矛盾时，你会评估自己的价值观和理想，判断哪些应对是对自己最有利的。

心智模式 8：韧性心态

这里的韧性指的是一种多层次的性格结构。临床心理学和发展心理学都会用到它。当面对压力、创伤、逆境或威胁时，如果人们能轻松地恢复到正常行事的状态，我们就说他们是有韧性的。韧性可以包括一个人超越自身基本能力的倾向性，也可以包括他（她）在面对压力挑战时对更强有力的解决方法的培养。

正如我们看到的那样，未来不仅会带来更多的机会，而且会更快地带来刁钻的挑战。韧性良好的人会照顾好自己的身体，通过强大的社群建立情感、支持，直面艰难险阻，而且他们不会夸大困难情况，把事情变得更糟糕。这一切都以个人目标或方向为指引，并且得到了良好习惯的支持。

从心智模式的角度来说，下列信念有助于培养韧性：

- 人生不如意之事十之八九。
- 没有什么会永垂不朽。

- 发生什么不重要,重要的是怎样应对。
- 我有能力选择如何理解并走出困境。
- 我应该专注于自己能够控制的事,而不是纠结于自己无力控制的事。

韧性心智模式的反面是脆弱心智模式,这种心态会让人困守自己的失败,夸大负面情况,这样的人更容易偏离正轨。

不做孤勇者

在过去,人们身边的稳定社群会发挥类似缓冲器的作用,足以减缓人们遭遇的各种冲击。工业革命以前的人共有三类主要社群——直系家属、大家庭和当地社区。大多数人在家庭农场务农或在当地社区的企业工作。在经济需求、住房需求、教育、医疗保健、情感和社会支持,以及基于传统的一般人生指导方面,这些社区构成了人们生活的重要支柱。

几代人之后,对大多数人来说,这一切都发生了翻天覆地的变化。人们选择早早地离家远行,很晚结婚,定义自己的价值观念,而不是遵循既定的传统,为了生活和工作四海为家,依靠公共或私营服务机构解决诸如医疗、理财、安全和教育之类的需求。这本身就对每个人提出了新的要求,我们必须变得比以往更强大,更懂得照顾自己。

它意味着在面对颠覆性变革时,帮助你度过艰难时期的支持变少了。这些艰难的转变随时可能发生,比如失去工作、离婚、情绪危机、失去亲友或患病之类的事情,甚至可能包括一些看上去非常积极的事情,比如换工作或移居新的国家等,这些都可能让人感到不安。当经历这些情况时,一个人可能会因为感受到不确定性和威胁而触发应激反应，曾经的创伤可能会卷土重来。事实上，随着新一代人的成长、频繁地更换岗位和工作，与前几代人相比，他们的婚姻以离婚告终的比例更高，传统将继续受到侵蚀。这意味着我们必须在混乱中千方百计地保持积极有用的支持结构。我们要找到属于自己的群体，由它来照顾自己。我们也会在群体成员需要时提供支持。

尽管无法控制生活中压力重重的事情，但是我们可以建立一个内在力量的核心，并选择如何应对压力。要把自己对理想未来的追求视为一次探险，从容地面对艰难困苦。偶尔的失败在所难免，有很多方法可以帮助我们复原，帮助我们在每一次失败后变得更强大。

> 要把自己对理想未来的追求视为一次探险，从容面对艰难困苦。

下面 6 个建议可以帮助我们增强韧性，帮助我们从困难和挑战中恢复过来。

1. **拥抱随时在线的生活**。技术允许我们在不同社群之间保持流动的边界，社会期望每个人随时处于在线状态。与其逆潮流而动，不如顺势而为，让自己处于有利地位。比如，如果你发现自己经常工作到很晚，或者周末还在处理电子邮件，那么你可以在工作日拿出些时间来处理家务或者满足个人爱好，这样可以达到一定程度的平衡。只要我们能把分内工作做好，什么时间做（和在哪里做）已经变得没那么重要了。
2. **（全力）专注于自己能够把控的事情**。这包括做你擅长的事，关注积极情绪，注意自己对他人的回应方式，重视自己如何从各种情况中获得意义，以及如何发现和赞美自己的成功。

3. **关爱自身健康**。要保持健康的身体、精神、情绪和心灵，如今做到这一点远比以往任何时候都更重要。找到自己真正享受的事，定期和朋友们来往。
4. **学会关心自己**。专门拿出时间来关爱自己，如果正在经历困难时期，多和别人聊聊，或者为自己找一位导师，每天对别人表达感激之情。实践证明，这些做法有助于增强心理健康，为我们增添活力，让我们对未来持乐观态度。
5. **像水一样灵活**。很多时候，挫败感和不幸福的最大原因是我们的期望没有得到满足。如果能更轻松地看待期望，在没有达到目标时我们就不会偏离正轨。这并不是说我们应该降低自己的期望值，而是说我们要做好准备，在必要时随着情况的变化做出调整和适应。
6. **拥抱人性的共同点**。超社会性是创新的关键促进因素，关于这一点我们已经谈了很多。毫无疑问，超社会性也是增强群体能力，帮助我们在未来辨清方向、应对困难的一种关键途径。因此，我们要花时间与各行各业的朋友建立深厚而有意义的联系，加强家庭纽带关系。即使一开始并不容易，也要坚持做到这一点。从外太空遥看地球，这样的图景告诉我们，人类实际上只是一个物种。我们经常把自己和别人看得太重要，我们总是因为一些琐事和无足轻重的差异而制造分离和冲突。生命短暂，但也很丰富，不值得做无谓的争斗。

第三部分
组织适应未来的 10 种转变

在人类历史的大部分时间里，组织的形式都是比较简单的，而且基本上没什么变化，加上外部环境稳定（也就是说，不存在超级趋势），所以人群和组织可以通过最简单的规则来管理，例如对长者的尊重、对父系或母系家长的顺从，或者对国王、王后或军事首领的服从等等（无论长者实际上是不是最合适的决策者），后来还出现了推举产生的首领。部落或组织也许并不确定去哪里寻找食物，它们可能还要面对被其他部落攻击的危险。但是，在技术快速创新的路上，在滔滔流动的实时通信中，在围绕人类的基本权利和环境保护等主题的更高水平的意识中，这样的风险是不存在的。

不过，就像地球打破了多伊奇描述的宇宙的单一法则那样，同样的情况也发生在组织中。如今，小型实体——甚至是个人——并没有被大型组织主宰，反而在自己所在的行业和社会中发挥了相当重要的作用。组织必须不断地变化和适应，更快地适应未来并保持这种状态。它们要培养较小的、敏捷的组成单元，而不是成为整体迟缓的集合体。

回望历史，我们可以清晰地看到一个组织从简单向更大更复杂和更广泛的进步过程。新技术创造了对新组织形式的需求。每一种新的组织形式都带来了新的创新和更高效的组织原则。即使如此，在周边环境再次发生转变时，每种组织类型也会达到自身的极限。

本书第三部分深入研究的问题是，新近和预期技术变革将如何影响我们对组织的思考。比如，这包括产品、服务和数据的微小单元，它们将以"即服务"的形式出现，它们的价格往往由点评、数字分析、实时定价和公开透明的竞争决定，因此会实时波动。消费者可以随时随地获得他们需要的一切。几乎没有哪个行业能在必然的转型面前置身事外。

机器、计算机和机器人会不断地接管重复性的、低认知的工作，因此，劳动人口会不断地从产业经济向精准经济和体验经济迁移。在技术和不断变化的生活方式选择的推动下，人类劳动者还会转向一种灵活任意的模式，没有固定的工作时间，不需要在员工、顾问和自由职业者之间做出非此即彼的抉择，不存在固定的工作场所，没有明确规定的假期，没有头衔，也不存在固定的退休年龄。

从超级趋势出发，一直倒推，我们得出了10种至关重要的转变，它们都是组织航行在模糊未来时必须考虑的关键问题。虽然组织将继续存在，但是它们成功所需的几乎所有因素都将发生变化。

第 21 章

为什么要完成 10 种转变？

长期以来，人类与工作有关的主要组织方式和总体社会结构都在不断变化。图 21.1 告诉我们，随着相关超级趋势复杂程度、速度和规模的增长，组织走过了一条怎样的演进之路。我们可以从图中看到，组织的变化速度呈指数级增长，和很多超级趋势一样，如今的组织正处于一个转折点。

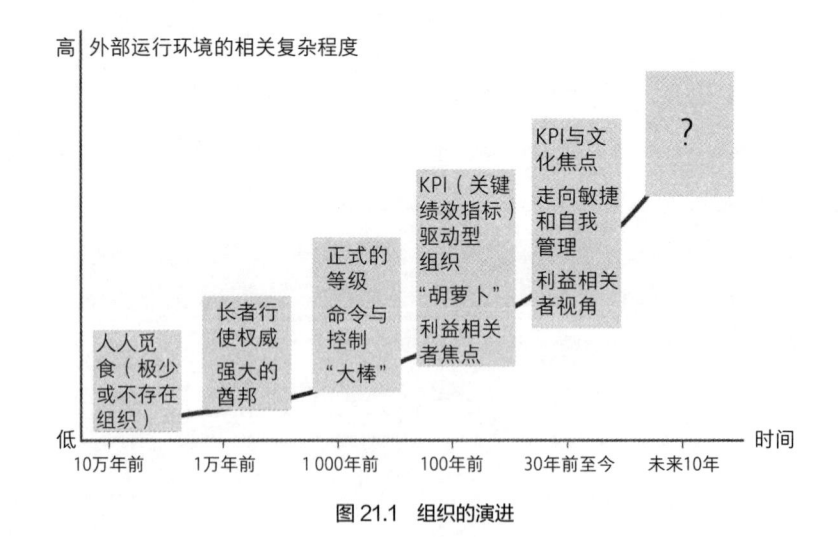

图 21.1 组织的演进

这里的关键信息是，运行环境及其要求的每一次变化（它们大多由新技术引发）都会孕育出新的组织创新、实践和心智模式。与此同时，未能适应的组织往往沦为其他组织的铺路石。

在先前有效的组织形式基础上产生了新的组织形式，这就好像我们在陈旧的操作平台上不断为系统增添新的功能一样。挑战在于，如今的很多组织仍旧停留（或者部分建立）在落伍的运行方式上。这些组织形式已经不适用于如今日趋复杂的运行环境。在当前剧烈震荡的、剧烈的超级趋势下，变革的步伐也在不断加快。无论对一台内燃机做出多少优化，我们都不可能把它变成锂离子电池。我们有时需要的是范式的转变。

面向未来的组织

因此，我们已经看到很多新型组织的不断涌现。组织结构（或者如果你是个愤世嫉俗的人，你会说"时髦的流行说法"）有很多，例如"进化型组织""敏捷型组织""下一代组织""合弄制组织""以市场为导向的生态体系""基于团队的组织""网络化的组织""指数型组织""后现代组织""无敌企业""双重组织""螺旋形组织""开放式组织""人道主义组织""锐意发展型组织"。这些视角都包含极有价值的思想，只不过有些模式被标榜为适合未来的"最正确"的模式，完全没有考虑具体问题的具体情况。我们走了一条不同的路，也就是背靠未来、背靠大趋势的方法，专注于组织必须考虑的各种转变。当然，每个组织都必须对这种方法做出调整，并在每次转变中做出深思熟虑的决定（也就是说，要妥当地考虑转变的程度和速度）。单一的"属于未来的组织"是不存在的，多种类型的组织应该也必将百花齐放。不过话说回来，我们会清晰地看到，有些方向值得我们认真考虑。

有了第一部分的基础，我们可以从这样一个问题谈起："未来10

年的组织格局会是什么样的？"接下来，我们会从这个问题倒推，找出它为现有组织带来的启示。我们会力求全面，不仅谈到工作趋势的未来，还会谈到各种超级趋势，涵盖了从宏观经济到政治、人口、社会、文化、技术和消费者等多个方面。我们发现，谈到未来的组织，这才是最完整的描述方式。

有了从未来出发的视角，我们主要关注的是不受时间影响的组织问题，例如：

- 我们为何存在？
- 我们的战略是什么？
- 我们的产品、服务和市场营销应当如何发展？
- 我们应该如何建构组织并利用合作伙伴关系？
- 我们应当怎样开展工作、做出决策？
- 我们要如何发挥技术的作用？
- 如何成为颠覆者，而不是被颠覆者？
- 如何保证足够快速地学习？
- 怎样吸引、利用和留住最优秀的人才？
- 怎样打造独特而健康的文化？

这一思考的结果是，我们得到了有关未来10年组织变革的预测（见表21.1）。它们正在发生，不过正处在加速发展的转折点上。

表21.1　未来10年的十大组织变革

	从……		到……
1	一般目标宣言和空泛的CSR（企业社会责任）活动	→	在重要话题上的真实目标和积极行动，让员工和消费者同样收获意义

续表

	从……		到……
2	多年的战略规划，配备严格的、由 KPI 驱动的实施方法	→	确定方向，而不是目的地。在价值观的指导下，在安全范围内开展大胆的行动，实施自发的权宜战略
3	产品/服务的批量开发与销售，过程中用户反馈十分有限	→	无绑定的、个性化的、按需取用的产品/服务，发挥网络和用户点评的作用
4	固化的科层制组织结构，条块分割严重，适应速度迟缓	→	流动的、按需的组织架构，发挥云端人才的作用，按照"流动工作"模式配备人才
5	顺序的、碎片化的工作流程，通常需要多级管理者审批	→	跨职能的赋能团队，通过快速的迭代循环开展工作
6	传统技术流程和心智模式，将 IT 视为支撑功能	→	技术优先的路径，技术嵌入组织的方方面面
7	创新同日常业务活动分离，仅限于有限的企业行动方案	→	创新成为一种组织能力，通过广泛的途径持续不断地重塑组织
8	"有备无患"式学习，通常是自上而下的，主要是正式的培训课程	→	实时学习，通过人工智能、微型学习模块和同伴学习融入整个工作流程
9	人才管理的重点是指导员工完成特定职责和发展计划	→	人才赋能平台，支持员工管理自己的职业生涯和发展
10	主要关注业绩，其次关注员工的体验和成就感	→	通过以人为本的文化帮助员工在完成最佳业绩的同时实现个人福祉，注重"业绩+员工"

总体而言，演进较充分的组织，以及在上表各个维度中比较偏向右侧的组织都业绩较佳，可持续能力也较强。不过，这并不意味着组织必须在每个维度上都力争走向右侧。重点是理解自己当前的立足点，对哪些因素必须改进做出审慎的思考，安排好顺序，这样才能实

现组织目标。尽管具体情境有所不同,但是这10种转变适用于所有行业和各种规模的企业。无论你在组织中的具体职责和影响力如何,在规划和开展自己的工作时,理解这些转变都大有裨益。

我们会在后面的章节逐一论述每一种转变的核心原则,包括对主旨的阐释、优秀的实际运用、在背后驱动这些转变的超级趋势,以及如何在实际工作中开启转变。在思考优先次序时,切记一点,组织决胜未来离不开大胆的行动,需要专注于创造新事物,而不是修补旧事物。这可能要求我们在未来的三五年内(可能还包括此后的三五年)完成巨大的转型。同之前相比,这些转型的速度和变革的深度要高出很多倍。这也可能意味着,我们的征程本身就是一种持续不断的转变,而不是线性的、有限的、带有明确起止日期的变革管理项目。

> 在组织变革的管理中,专注于创造新事物,而不是修补旧事物。

第 22 章
明确价值立场

2020年欧洲足球锦标赛恰逢欧洲足球协会联盟（简称欧足联）成立60周年庆典，这是有史以来第一次该机构中有11个成员国联合举办庆祝活动，结果遇到了不小的麻烦。长期以来，为了成为一个"在政治上和宗教上中立的组织"，欧足联的领导机构一直禁止发布包含政治信息的广告，这种做法看上去完全合理。

出于这个原因，他们在比赛期间否决了慕尼黑市政当局的一个方案：在德国对阵匈牙利的比赛中，用彩虹灯照亮安联球场。慕尼黑市希望通过这个做法向匈牙利的LGBTQ+（性少数者）群体表达支持。

欧足联的否决方案不仅招来了很多人的强烈反对，还遭到了欧足联赞助商的一致抵制，很多赞助商立即发声，表达了对LGBTQ+群体的支持。喜力啤酒在推特上贴出了彩虹图片，还配上一句话，"干杯，所有的朋友！"；丹麦外卖订购网站Just Eat制作了一个彩虹企业标识；大众汽车推出了彩虹迷你汽车，上面写着"#WeDriveDiversity"（"#我们推动多样性"）的标语；很多首席执行官呼吁支持"多样性和宽容"；TikTok不仅为此掀起了一场名为"#LoveisLove"（"#爱我所爱"）的全新活动，而且直接联系了欧足联，鼓励该机构一同支持 LGBTQ+ 群体。很多球迷、其他足球俱乐部和国家足球组织等纷纷效仿。

欧足联极力淡化这一事件，并表示他们并不是禁止使用彩虹标志，而是要叫停安联球场的做法，因为它有政治含义。

反对欧足联在 LGBTQ+ 广告宣传中的立场并不容易，但是这些组织仍然确信这是对的，而且大多数消费者会支持其行动。

不过其中的困境是非常明显的。即使是出于善意，组织也越来越难以隐藏在中立性和非政治信息面纱的后面，尤其是在涉及一些关乎基本人权和普遍价值的问题时。

能说明这一点的其他事件数不胜数。多年来，西蒙与舒斯特出版公司始终秉持"言论自由"的出版理念，致力于为有争议的作家出版作品。然而，近年来，这家出版公司取消了不少已经提上日程的图书的出版。这是因为，在出版社看来，相关作者采取了较为有害的政治立场，这些作者包括美国参议员乔希·霍利。不过这件事的有趣之处在于，有些遭到取消的图书最后是由独立出版社天马出版的，而帮助天马完成发行工作的恰恰是西蒙与舒斯特出版公司。

星巴克的采购和供应链管理始终倡导公平道德的原则。冰激凌企业 Ben and Jerry's 通过不断游说完善投票权和民主。便利店和药店连锁企业 CVS 极力抵制烟草产品及其相关销售。保健品企业 Clif Bar 长期支持助学贷款改革。最近，多家组织强制规定员工接种新冠疫苗，因为这是抗击疫情、确保大众福利的最安全的方式。这些组织包括谷歌、德勤、福特、花旗集团、高盛、网飞、微软、推特、达美航空、脸书和麦当劳等等。组织目标和在大事上的立场不再是"如果"或"为什么"的问题，而是越来越多地变成了"什么"和"如何"的问题。

服务理想

任何组织都可以选择像欧足联（它似乎有充足的理由尽力远离政治，虽然这一观点极富争议）一样的做法，但是对企业和组织来说，采取立场需要面对来自社会的压力。事实上，强有力的组织目标和深思熟虑的企业社会责任计划一直被广泛视为企业的必需品。随着人们对可持续发展、当地社区发展、企业道德和员工福祉等问题的认识和意识的不断增强，消费者和员工开始用自己的钱包和时间投票，一旦认为某些组织以牺牲环境、社会或员工利益为代价，他们就会对其避而远之。

很多组织的官方政策不仅保持中立，而且要求自己的员工做到这一点（甚至要求员工在个人生活中做到这一点），但由于员工的不满和消费者群体的强烈反对，组织发现很难坚持这一立场。

员工和消费者选择的是意义

不可持续的商业行为会对员工和环境产生不利影响。可以预见的是，这些行为会在未来不断减少。同样可以预见的是，组织会积极制定行动主义战略，定期在关键问题上表明立场。这样也许会导致员工和消费者之间出现一定程度的两极分化，所以需要妥善处理，不过，越来越多的组织会明确阵线，越来越重视自己是否站在历史的正确一边，即使随之而来的是短暂的艰难抉择。不过，我们可能**不会**看到社会企业取代传统企业的突然激增，也不会看到对资本主义的巨大偏离，毕竟它是大多数主要经济体的核心基础。

组织立场在实际工作中的样貌

我们看到，在组织如何思考自己的目标、员工培养意义，以及组织本身的深层次问题等方面，出现了一些至关重要的转变。这些组织首先要问自己："我们为何存在？""我们提供了怎样的具体的解决方案？""为谁提出的解决方案？""如何通过公正的、可持续的方式做到这一点？"一般来说，"拯救世界"式的目标似乎没什么用，它和卡普曼戏剧三角里的"拯救者"没什么两样，只会被当成一句空泛的、聒噪的营销口号。有些目标宣言太过宽泛，任何一个人，甚至人们的宠物狗，都可以说自己拥有这样的目标，然而它们同样没什么意义。

取而代之的是与组织的具体使命和愿景相关的宣言。如今的员工越来越期待文化和价值观包含尊重、多样性、团队合作、公平和个人发展之类的要素。文化调查和实时员工情感工具的普遍流行，说明了组织确实不能忽视这一点。以乐高为例，作为全球最大的玩具企业之一，乐高为自己设定的使命和目标宣言是：激励和发展未来的建设者。它的价值观在于想象力、乐趣、创造力、关爱、学习和玩耍。这家公司还会定期测评员工的敬业度。乐高从不制造坦克等军事模型，这是它的一项长期政策。它还在可能的范围内尽量不做玩具枪。乐高明确地知道自己应当怎样积极地影响世界，包括与此一致的愿景、价值观和公开承诺等。

> 想要做到货真价实、有意义和振奋人心，企业的价值观宣言必须和产品和/或员工、供应商以及类似人群的日常工作息息相关。

企业社会责任活动也正在从边缘、附加式的活动转变为融入企业运营的核心内容。领导者不再等到危机发生后才被动应对，而是先发制人地选择了如何以更可持续的方式运营。有些组织甚至把这些活动深度嵌入其核心价值主张，例如巴塔哥尼亚公司，这是一家名副其实的共益企业（一家在目标与利润之间取得平衡的企业）。

> 如果一家企业的价值观是在应对丑闻或媒体的"狂轰滥炸"时为人所知的，它就会显得不够真实。更好的办法是积极主动地树立价值观。

并非所有组织都希望这样做，它们也不必如此。星巴克也许永远不会注册成为共益企业，但是它仍然采取了引人注目、受欢迎的措施逐步兼顾自身和社会利益。这家企业更新了自己的供应链和采购流程，确保咖啡豆种植者和其他供应商的劳动得到公平的回报。最关键的是确保品牌、价值观和行动之间的一致性。如果这些因素不够一致，组织也许会被斥为"洗绿"（即传达对环保政策的虚假或误导性印象）、"洗粉"（即试图从对 LGBTQ+ 群体权利的支持中获益），或者类似形式的伪善。

领先企业正在越来越多地把一些利他主义或关心社会的目标融入其工作的核心，越来越多地与员工对话，用开放的态度虚心倾听和学习。有的时候，这样做并不容易，但是关键在于参与其中，而不是置身事外。成功的企业把员工视为完整的个体，知道员工不仅为了钱而工作，他们还渴望各类社会关系、意义，希望对世界有所影响。

这一点可以扩展到组织如何看待员工的公民参与。它们不会禁止员工在关键问题上选定立场，如今的企业应当促进对话、制定指导方针，以平衡个人选择与尊重、容忍和关爱价值观。

哪些超级趋势在驱动这些转变？

总体而论，人类的进化是（并将一直是）单一向度的，它一直朝着更加宽容、开放、平等和合作的方向发展。虽然我们还有漫长的路要走，但是我们看到的是日益减少的战争、种族主义和贫困，以及人们日益改善的健康水平和教育状况。尽管存在一些波折，偶尔还会出现顽固的专制主义，但是趋势是明朗的。从长远来看，我们会发现，要求这些普遍价值的人只会越来越多。随着时间的推移，人类作为同一个物种的意识在逐渐增强，我们会更多地关心彼此，人类社会会日益接近大同。

随着基本需求得到满足，我们会沿着马斯洛的金字塔拾级而上，越来越多地追求更高层次的个人需求，比如自我实现、积极地影响世界等等。越来越多的人不再需要为自己和身边人的衣食、住房和安全担忧，因此，人们将更多的时间投入对自己更重要的事业。人口的发展趋势加速了这一情况，事实证明，年轻人更关心组织的目标和价值观，并在自己认为重要的问题上站定立场。

比如，一项麦肯锡的调查发现，近 75% 的员工认为，目标应该比利润更重要。利润当然是一家企业持续经营的必要前提（利润越高，发展壮大的机会就越大），但它很难对员工产生激励作用——他们需要更多东西来全身心投入工作，并对组织保持忠诚。一项 2021 年的调查发现，员工与组织的使命或目标之间的联系度提高 10%，就会使员工的流动率降低 8.1%，使盈利能力提高 4.4%。就业市场越流动易变，员工越有能力选择与自己的价值观和业务经验相一致的雇主。

这一点同样可以延伸到投资领域。目前，投向 ESG 基金（旨在促进环保、社会和治理因素的基金）的资金正在飞速增长。2020 年，ESG 基金从投资者那里获得了 511 亿美元的净新增资金，是上年同期的两倍多。

不仅如此，信息和值得关注的事件正在通过脸书、推特、照片墙、TikTok、优兔等社交媒体站点更加迅速地在线传播。假如你的行为未能反映你公开宣称的价值观和目标，人们很快就能发现。另一种推动趋势是公开的透明度。总体而言，组织正在越来越多地披露自身的实践和成果——既包括为了建立信任的公开披露，也包括为了加强成员投入度的内部披露。同时，我们生活在一个点评经济时代，糟糕的行为会带来糟糕的点评，这样的点评可能会摧毁企业。最后，我们看到，面向消费者的产品和服务日益多元化，并且成为现今经济的一大特征。随着选择的增加，消费者用钱包投票以及更有意识地选择在哪里花钱的能力都得到了增强。

> 明确的价值观不仅关乎建立信任，还关乎参与度。

身体力行地实现目标和价值观

很多组织仍然把企业社会责任行动方案视为边缘活动，而不是核心业务。此外，根据员工的说法，如今只有 60% 的组织有目标宣言，只有 40% 的组织的目标宣言具备真正的影响力。

所以，重点是把它提上领导者的议事日程。组织里真正需要最高管理层亲自牵头的工作少之又少，但是组织目标是其中之一。这项工作既包括确立组织的目标，也包括确定这一目标的实现方式。制定或优化有意义的目标和价值观往往需要很多个月，它需要从多个层面吸取利益相关者的意见，通常需要进行多轮细化。在这一过程中，培养与员工的对话也很重要。要让员工知道，这件事正在发生，并在此过程中征求他们的意见。

通常来说，组织赖以立足的价值观是普遍价值观的混合体，如关爱和持续学习，以及与该组织的特有目标和战略密切相关的价值观，如乐高的创造力与娱乐价值。因此，至关重要的是，理想与价值观必须与组织文化的核心融为一体，融入关键的人才流程（例如聘任、反馈和升职等），融入决策的关键步骤，例如供应商的选择、用户群体的识别、营销的发布和团队的管理。组织应该定期培训、发展和衡量价值观，如果出现失效的情况，必须立即采取行动。最后要强调的是，领导者的模范带头作用至关重要。

与此同时，组织应该制定内部政策和原则，指导自己采取什么样的立场，指导员工如何参与重要问题。对很多更愿意保持中立和被动立场的组织来说，顺利完成这一转变可能很棘手，不过，重要的是找到适当的平衡点。组织的运行是长期的、不断演变进化的，要为此整合真实的目标，走向更加积极的行动主义。很少有组织从一开始就能做对，所以必须全程不断地学习，并且学会适应这样的学习。

表22.1可以帮助你评估你当前的出发点，找到你在这个领域最重要的优先事项。

表22.1 评估你的优先事项

从……		到……
空泛的或无目标的宣言	→	根植于企业本身的真正目标
企业社会责任活动与核心业务相去甚远	→	以可持续的方式为用户解决有意义的问题，以此开展业务
在重要问题上保持中立或立场消极	→	在重要的问题上表明立场
不鼓励员工参与公民活动	→	鼓励与员工就价值观和当前任务进行公开对话
专注于为员工提供稳定性和薪酬	→	拥抱马斯洛需求理论的各个层面，在日常工作中培养意义
组织价值观不存在、观念过时或与组织身份及组织目标无关	→	建立有意义的组织价值观，深度嵌入组织文化和日常决策

第 23 章
设定方向，而不是确定终点

长久以来，战略始终是最受重视的学科之一，也是比较神秘莫测的学科之一。战略制定通常专属于组织的最高层，它主要是依据数据和规划工具做出的，这些数据和工具是大部分普通员工完全接触不到的。战略制定过程的典型成果是一个稳健的、基于场景的、分析合理的未来计划，通常是 3 年到 5 年后的。这反过来又会影响年度预算的制定和每个季度的工作落实。它会全年无休地紧密监控任何偏离情况，并且在运营环境发生变化时通过严密的流程更改预算。如今的情况依然如此。

对战略思维的影响怎样强调都不为过。就像电视剧《广告狂人》中的角色改变了营销一样，战略作为一门适当的学科的出现改变了组织对当前和未来预期工作的理解方式。的确如此，战略规划的框架和工具是 21 世纪商业世界最重要的智力贡献之一。它们仍在持续为组织带来宝贵的价值，而且组织每个月都在改善和提高这些工具。最先进的系统现在正在利用大数据分析和人工智能。

然而，世界在不断变化，组织必须随之改变。战略规划非常有用……至少在环境遭到彻底颠覆之前是如此。问题在于，组织遭到颠覆的情况日益频繁。很多组织的应对之道是加倍努力地规划，用越来越精细的规划工具对抗外部环境日益复杂的情况，甚至更加强调预测和控制未来。

然而，赢得未来越来越需要一种截然不同的方法。如今，想要干净利落地规划出一条成功之路太难了，甚至是不可能的，因为市场需求和外部环境的变化太频繁了。战略规划仍是不可或缺的，但它必须平等地将数据、工具和分析与指数思维、大胆的行动、灵活的预算和目标设定结合起来，与更加以人为本的、去中心化的流程结合起来。

> 加速的技术变革推动战略规划朝着指数思维、大胆的行动、灵活的预算和目标设定以及去中心化的流程发展。

大胆而灵活

2021年，通用汽车宣布，将在2035年之前完全退出非电动汽车市场，目标是"零事故、零排放、零拥堵"的全电动化未来。这个大胆的宣言非同小可，这是因为，尽管这家公司在100多年里有许多行业创新，但是在最近的几十年里，它早已在发展速度、竞争力和技术等方面落后于竞争对手。当宣言发表时，这家公司的产品线上只有一款电动汽车，而且电动汽车仅占通用汽车全球销售收入的4%左右。我们说，通用的志向可谓极其远大。

然而，奇妙之处在于，通用汽车指出，全电动未来只是一个目标，不是承诺。公司会做好准备，根据未来的监管政策和需求调整方向。这很耐人寻味，通用汽车北美区总裁史蒂夫·卡莱尔指出："无论在哪里，只要参与竞争，我们就要取胜。采用怎样的推进系统并不重要。与此同时，我们也为转向纯电做准备，因为这是不可避免的。"同样，主管生产的执行副总裁杰拉尔德·约翰逊也曾表示：

"我们为自己预留了一定的灵活度，根据市场需求做出调整。我们对最终目标满怀信心，唯一不确定的是，在达到这个目标之前，这一切将如何演变发展。"

这正是未来战略设定的关键区别之一，也就是"设定方向而不是确定终点"。战略规划对提供明确性，保持员工、用户和股票市场的信心至关重要，尽管如此，在设定方向、提供明确性的同时，也要不断地做出调整，因为这个世界越来越变动不居、难以预料。比如，通用汽车在2021年无法确信氢燃料电池能否满足一部分的清洁出行需求。

通用汽车首席执行官玛丽·博拉说过："我在这个职位上的感悟是，每当我们树立一个远大的目标时，大家很快就会形成明确的共识，然后团结起来为实现目标全力奋斗，那种干劲儿令人欣喜。"振奋人心的目标还有一种额外的益处，由于它既有益于企业，又有利于可持续发展，所以能提高员工的价值定位。因此，它在通用汽车公司得到了日益广泛的采用。

不过，振奋人心的方向必须和行动结合起来。麦肯锡的一项研究表明，就价值而言，**在哪里创造远比如何创造重要得多**。因此，组织必须采取大胆的行动，进入新的产业领域，才能处于领先地位，才能在追求这些长远布局的同时实现敏捷性。比如，有些企业遵循积极的资源配置战略，在过去10年里把60%以上的资本开支转入各类业务，这些企业创造的价值比资本转换较慢的企业高出50%。不仅如此，超过行业中位数的资本开支还与未来的成功息息相关。仍以通用汽车为例，2021年，这家公司在电动汽车方面的投入超过了汽油车和柴油车的投入，这是通用汽车历史上的第一次。这家公司宣布，将在2020年至2025年间，在电动汽车和自动驾驶汽车产品开发上投入350亿美元。

这种做法与很多组织实施的线性预算和渐进目标相去甚远，因为这些组织实施的是对资本有耐心的方式，是在匮乏心智模式下展开的。与此相反，能够帮助组织取得领先地位的是立足于指数思维的大胆和变革性的行动。

> 把明确的目标当作终点，只会剥夺组织保持敏捷和灵活的能力。通常来说，更好的做法是保持方向的明确性。

把规划流程从批量转向流动

从批量到流动的转变是我们在第一部分讨论过的超级趋势之一，它发生在很多行业里。企业的规划和预算流程同样渴望这样的转变。它们往往表现为线性流程，动辄需要几个月的时间。它们必须被改造成持续的规划方式，并且配备更具流动性的预算。值得庆幸的是，各类最新技术可以支持财务和业务数据的实时查看，支持企业在战术层面和更宽泛的企业层面更频繁地做出战略决策。领先的企业不会等到季度或年度审查后才做出决策，并对预算和优先工作做出调整。

这不仅对高层管理者很重要，对各级员工也非常重要。最大的风险出现在战略开始拥有自主生命时，出现在"严格按照预算办事"成为最重要的工作目标，而不是随机应变地学习和适应时。美国富国银行付出了惨痛的代价才认识到这一点，当时个别销售人员迫于新战略带来的极端的指标压力，开始伪造销售账户，而不是向上级管理者汇报自己在实际工作中遇到的困难。与其坚持己见，不如采用初创企业"快错快学快走"的心智模式，频繁地调整方向，营造一种鼓励而不是惩罚公开讨论和反馈的文化。另一种看待这个问题的方式是创新的5个C——通过允许战略的内容和实现方式在一定程度上出现，组织能够驾驭更多的创造力和能力。

> 在产品和服务方面，存在一种从批量交付向"即服务"交付转变的超级趋势，这种随需求而改变的方法对企业的规划流程很有用。

需要注意的是，这种更持续和紧迫的战略并不意味着我们不再需要一个统领一切的目标或指标。它意味着我们要持续不断地做出战略选择，并充分认识到我们最终追求的战略也许与最初认为可能正确的战略完全不同。出于同样的原因，在召开董事会会议时，在最理想的情况下，不需要向董事会广泛通报情况，因为高层管理者始终处于信息循环中。

战略制定过程还有一种转变和新的最佳实践，那就是发现人的因素，积极寻求消除那些已显示可能发生的偏见。我们都见过滑稽的曲棍球棍预测图，这些预测未能实现，但是每年都会被修改成上扬的曲线，因为"这次不一样"，图 23.1 是一家企业的真实预测，作者隐去了它的名字。

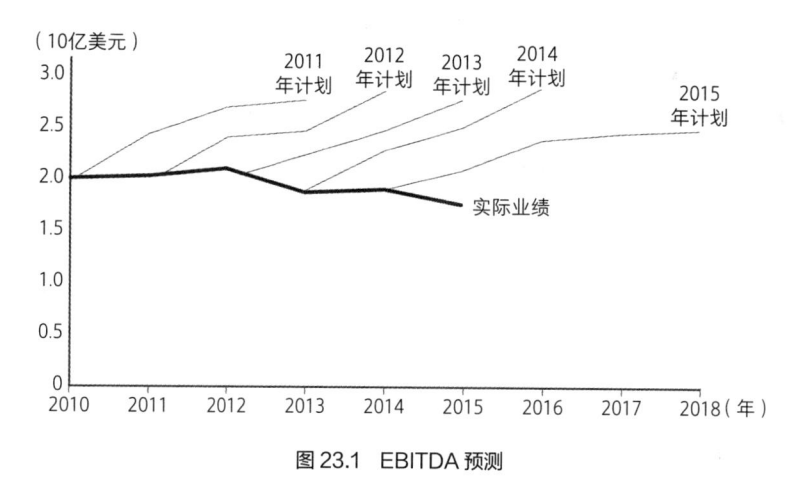

图 23.1　EBITDA 预测

（可能透露企业真实身份的信息已隐去）

真正的麻烦在于，人们仍在做着这样的预测，不断地把它们修改成上扬的曲线。行为心理学家在我们身上发现了很多种认知偏差。在预测未来时，这些偏差会让我们过度依赖新数据，并且对自己的预测过于自信，就算数据证明了相反的一面我们也不肯承认。即使趋势是非线性的，这些偏差仍然可能让我们停留在线性思维中，让我们在思考更大胆的、"前所未有"的选择时采取规避风险的整体态度。

最后一点，战略执行正在从对月度或季度 KPI 的短期关注走向更加全面、透明和流动的新方式，例如 OKR（"目标与关键成果法"）等。二者之间最关键的不同在于，KPI 通常关注的是极为具体的目标的达成，而 OKR 把企业的长远目标与活动及成果的关键衡量结合起来，这将有助于组织完成其首要任务。KPI 仍然是 OKR 的重要输入，但是在许多情况下，把 KPI 作为执行和绩效审查的唯一关注点，可能会导致决策过于短视和僵化。

为什么时机是个棘手的问题

三种类型的云，即计算机云、物联云和云端人力资源（"人云"），共同形成了一股重要的驱动力量，极大地降低了初创企业和成熟企业进入新市场的门槛。因此，我们看到，创造性破坏的周期正在缩短，大型企业突然丧失大块市场份额的速度正在加快，反之亦然，小型企业可以在短短几年里成长为不容小觑的竞争对手。不仅如此，全新行业出现和确立地位的速度也变得越来越快。

另一种发挥作用的超级趋势是技术融合，它让我们对技术合并和走向主流的方式及时间的预测变得极其困难。

即使我们时常掌握各种趋势的发展方向，事情发生的时机也往往让我们感到惊讶。比如 Palm Pilot（一款个人数字助理设备）于 1996 年上市，有望重塑个人生产效率和日程规划市场。它是面向消费者市场的、最早的、真正的智能设备之一，是我们今天熟知的智能手机的前身。然而，它的创意在技术能力、基础设施和社会认知度等方面过于领先那个时代，所以，经过多次产品革新和发布，它最终在 2010 年退出了历史舞台。

同样的道理也适用于很多其他产品，如电动汽车和自动驾驶汽车、互联网电话以及全自动化的、由机器主导的客服电话等服务。这些例子包括无数前期的失败尝试，直到有人提出恰当的产品/营销组合，找到适宜的时机。即使知道方向在哪里，我们通常也不知道关键的转折点和突破发生的确切时间。这不仅增强了确定方向的重要性，而且在实现未来目标的时间和方式上保持了灵活性。

大胆的领导不可或缺

同真正的理想和明确的组织立场一样，制定战略和定义战略发展过程一定离不开高级管理团队的深度参与。必须由首席执行官或一位高管身体力行地追求组织渴望实现的目标，并做好冲锋在前的准备。要做到这一点，首先要理解发生在邻近可能和模糊未来中的超级趋势。首席执行官和企业领导者应当培养指数心智模式和富足心态，专注于新事物的创造，而不是修复旧事物。

想要始终保持竞争力，必须持续不断地提升业绩，实现诸如毛利率之类的 KPI 的最优化。但是，要想在未来成为赢家，仅凭这些是不够的。在最糟糕的情况下，不接受身边正在发生的事物的组织就像 20 世纪初生产四轮马车的那些公司，它们错失了向生产汽车转型的良机。它们自得其乐地沉醉在马车的生产中，然而其他公司正在发明一种全新的交通工具，并在约 10 年的时间里彻底改变了市场。以美国为例，1914 年，美国有 4 600 多家马车生产企业，到了 1925 年，只剩下 150 家左右。

另外，组织领导者还必须理解其中的必要性，从今天开始，做好充分的准备领导自己的组织走过重要的转型期和后面持续不断的征途。他们需要为未来 5 年设定一个方向。5 年后的组织会变得全然不同，这种变化可能会变得让人想都不敢想。但是在很多领域，未能做出大胆行动的组织往往很快就会陷入落后境地。

接下来的分析工作变成了正确识别企业需要选定的方向以及采取的恰当行动，就像通用汽车关于电动汽车的雄心壮志一样。要足够广泛地考虑实现愿望的可能行动，包括资本的再配置、大规模并购、针对邻接业务的资本开支，甚至是开辟全新的业务领域。

与此同时，组织必须改造战略的制定流程，使之更具连续性，更多地得到数据的支持和人工智能的推动。为了实现这个循环，组织还必须从根本上改变设定目标和衡量进步的方式。总而言之，最重要的是采取大胆的行动，同时放弃亦步亦趋的路线图，敢于持续不断地学习、改变和适应。在所有这些变革中，为员工提供连续的明确性绝对是最重要的，这样他们就可以在向新的工作方向和方式转变的同时，继续按照优先级完成工作。

> 虽然很难预测未来会发生什么，但是大胆的行动是必要的。

表 23.1 可以帮助你评估你当前的出发点，以及你在这一领域最重要的优先事项。

表 23.1 评估你的优先事项

从……		到……
通过详细的 3~5 年计划确定目的地。通常是渐进式的	→	根据超级趋势确定大胆的方向

续表

从……		到……
耐心的资本路径。过往的配置方式通常会对预算产生极大的影响	→	急切的资本配置，在必要时大胆进军新领域
制定年度战略规划和预算。预算一旦被制定，变化就是有限的	→	通过连续的、动态的过程完成战略规划，配备实时仪表板，根据具体情境的变化频繁调整
战略成为一个纯粹的分析过程，不考虑人的偏差、动机和目的	→	战略被视为一种兼具分析性和人性的过程，并配备了相关保障措施
在 KPI 的驱动下实施，专注于实现年度目标和季度目标	→	战略成为执行的安全护栏，有创新和变革空间
长期规划、短期决策	→	短期规划、长期决策

第 24 章

为一人市场提供按需体验

  工业经济的特征是集中化、标准化和通过大规模生产实现规模经济效益。产品和服务是批量开发和销售的，供应商掌控着极大一部分权力。同今天相比，那时的产品选择极为有限，市场营销主要以大众市场的方式进行，比如在电视或广告牌上。如今的很多行业仍然或多或少地具备这一模式的特征，（程度不同地）包括图书出版、教育、建筑、银行、消费品和零售等。

  但是我们已经看到，人类正在走进精准经济和体验经济时代，信息技术帮助我们更精细地把市场划分开来，并借助更强大的智能满足更高水平的复杂需求。适应未来的组织会完全改变产品和服务的开发与销售方式。大家都很熟悉的声田就是个绝佳的例子，这家音乐流媒体巨头拥有数亿用户，包括近 2 亿的付费订阅用户。它的服务覆盖了超过 7 000 万首歌曲，而且全部按照音乐家、专辑和类型搜索建立了索引。用户还可以创建自己的播放列表，相互分享。声田是我们在很多行业中看到的众多趋势的典型代表。

用户第一

得益于技术对用户偏好日益精细的洞察，用户的基本需求大多已经得到满足，这意味着能够满足较高层次用户需求的门槛正在不断提高。我们需要一种完全不同的方法来理解用户，纳入各种新工具，例如角色定义、用户旅程图、同理心地图、创意激发、快速原型和持续不断的用户测试等等。这种设计思维方法是以人为中心的，而不是专注于解决问题的根本原因，这与很多组织解决挑战的本能方式恰好相反。

比如，声田基于全球 2 亿多活跃用户的活动，每天记录超过 1 000 亿个数据点。它还提供了定性的见解，包括派出用户研究人员走遍全球，到用户家里完成深度访谈。声田在此基础上建立了详细的用户角色（如图 24.1 所示），以激发讨论、改进产品。它通过这样的方式了解用户群体，将他们的名字和身份融入日常讨论。无论是在哪些不同的领域（包括品牌、产品、内容和市场营销等）做出决策，声田都可以保证把用户放在最核心的位置上。

图 24.1　5 种声田用户角色：尼克、奥利维亚、谢利、特拉维斯和卡梅伦

聚焦高层次需求与体验

在绘制同理心地图、识别用户需求时，声田并没有仅仅局限于他们的核心需求。它不仅仅提供歌曲，还在恰当的时候为恰当的人提供恰当的音乐，以此创造"增强时刻"。播放列表和推荐可以根据当前的活动（例如健身）、情绪或氛围（例如放松、专注等）、一天中的哪

个时刻、一周中的哪一天等进行个性化设置。比如，声田可以在星期天的早上为你播放柔和的爵士乐播放列表，乐声在你享用早餐、阅读新闻时缓缓流淌——多么惬意！

> 随着住房、食物和安全等基本需求的满足，人们可以越来越多地专注于新产品和新服务的消费，这会进一步提高生活质量。

智能个性化的采用

物联网、大数据、人工智能和 3D 打印等技术的迅速发展意味着我们可以创造更精准的产品和服务。随着经济越来越多地转向线上，这种做法的边际成本正在急剧下降，带来了极低成本的大规模定制。实现这一目标的关键方法包括：把服务和产品分割成微小单元、提供产品多样性、锁定一人细分市场，以及允许用户对他们的体验进行点评。

把服务和产品分割为微小单元。在过去，如果想拥有自己的音乐，你只能购买一张专辑或 LP（密纹唱片），其中可能包含 15 首歌。很多时候，你想听的只是其中的一两首歌，但是你必须为此买下整张唱片。后来出现了 iTunes（苹果数字媒体播放应用程序），人们可以在那里购买单曲。这样一来，产品就被分解开了。我们也可以在声田上做到这一点，但是不需要用购买的方式。

在此基础上，你现在甚至可以分解每一位音乐家的作品，加入你自己的内容，或者加入 AI 的内容。比如，你可以在一首歌曲里加入康茄鼓，或者去掉小号的声音。一款名为 Algoriddim Pro DJ 的程序就是个好例子，你可以用它的"神经混音功能"做到这一点。比如去掉《七国联军》（"Seven Nation Army"）中的低音线，加入《我们将震撼你》（"We Will Rock You"）中的鼓点，再把你自己的清唱加到最上面一层。

说到这里，我们应该提到埃文斯定律："复杂的和/或单一结构技术的不灵活性、不兼容性和刚性可以通过技术结构（和流程）的模块化来简化。"这条定律是以鲍勃·埃文斯的名字命名的。20世纪60年代，埃文斯说服了IBM（国际商业机器公司）时任董事长小沃森放弃了不兼容系统的大杂烩，走向了基于兼容单元的模块化方法。

在这个时代之前，IBM和其他大型计算机厂商全部生产专有系统，每种系统各有一套独一无二的操作系统、处理器、外设和应用软件。在购买一台新的IBM计算机之后，用户必须重新编写之前的所有代码。埃文斯成功地说服了首席执行官沃森，让他相信计算机产品线的设计应该共享很多相同的指令和接口。

提供产品多样性。我们已经看到，得益于技术能力的提高和丰富性的增加，产品和服务的多样性得到了极大的发展。想想微型啤酒厂的出现，设计师定制杜松子酒的发展，还有100美元智能手机的流行。声田也一样，除了包含广告的免费账户，它还为音乐作品提供高级账户和HiFi级账户，并承诺为这些账户提供无损音质的音乐。

锁定一人细分市场。除了产品的优化和多样性的扩大，很多组织还会拓展进入定制领域，为个人用户提供个性化的产品或服务。比如，我们已经见证了定制时装、定制珠宝首饰、定制皮肤护理、定制鞋垫、定制医疗植入物、定制维生素和补充剂以及定制食品。赛百味很早就尝试让用户定制三明治，不过新近出现的种种选择远远不止这些。比如3D打印食品，它会照顾到每个人的膳食需求、食物过敏情况、口味偏好和体重控制目标等。

声田的"个人专属"体验是个性化推荐和见解的一站式商店。每位用户都会收到完全根据他们音乐偏好设计的每日和每周定制列表，比如"每周发现"（Discover Weekly）、"新歌雷达"（Release Radar）

和"今日好歌"（Daily Mixes）等，还有其他播放列表，比如"你的时光胶囊"（Your Time Capsule）和"重温夏日"（Summer Rewind）等。声田还有一些趣味十足的功能，例如"你的音乐星座命盘"（Your Audio Birth Chart），在这个星盘上，太阳星座是你过去半年听过最多的音乐家，上升星座是你最近发现的音乐家，月亮星座是你在展现情绪化时可以聆听的音乐家。在"你的梦想晚宴"（Your Dream Dinner Party）中，你可以挑选3位你喜爱的音乐家，用你喜欢的歌曲和最新的发现来制作一个定制的、歌曲经常更新的声田Mix。另外还有"音乐对对碰"（Your Artist Pairs），它会把你最近听过的不同流派的音乐家匹配起来。你可以深入挖掘这些个性化发现，更多地了解自己在音乐方面的喜好，比如，你在不同时间段喜欢什么类型的音乐，你最喜爱的音乐流派和播客主题，以及你的欣赏偏好随着时间的推移而发生的变化。

每到年底，声田用户都会收到一份名为"Wrapped"的个性化年报，其中列出了用户最喜爱的音乐家、歌曲、流派和其他方面的音乐聆听体验。播放列表、"个人专属"和"Wrapped"当然可以被分享到社交媒体上，这增加了用户之间的互动，并成为一种免费的市场营销形式。

支持用户点评。想要打造个性化体验，一定少不了用户相关数据的搜集。一种方法是支持用户"点赞"/"不喜欢"，或者为各种要素打分。声田用户可以点击红心按钮，表示自己喜欢某一首歌曲，还可以关注音乐家，为歌曲评分，并创建自定义播放列表，软件会据此通知和调整推荐曲目。

在声田或照片墙之类的应用中，用户可以为图片或视频点赞。这是产品自带的一个核心功能，其他产品和服务可能需要增加一个步骤，比如弹出窗口或者只有一个问题的小调查等。比较大胆的企业会更进一步，主动邀请用户在公开平台上发表点评意见，例如让用户在谷歌地图、亚马逊上，或者直接在它们的官网上通过 Trustpilot 等内置插件完成点评。说它们大胆，是因为这样的做法等于让公司对意见和点评敞开大门，无论它们是好是坏。但是，我们都知道，世界正在走向点评经济时代，无论企业是否喜欢，用户总有办法评价它们，既然如此，企业为什么不选择走在潮流的前面呢？

随时供应

消费者都喜欢简单方便，没有什么比随用随取、按实际使用量付费更简单方便的了。这就是我们即将进入的世界。

从供方推动到用户拉动机制。很多年前，实体产业就率先从批量生产走出来，如今，这股潮流已经从生产扩展到了产品本身的组成。比如，定制化快时尚既实现了产品的个性化，也做到了按需生产。同样的情况可能发生在食品、医药、教育和许多其他行业。仍以声田为例，每位用户都会一直收到系统推送的播放列表，同时，列表包含的具体内容是由用户的行为触发的。用户坐在驾驶座上，成为产品的组成部分。

从拥有到即服务模式。声田用户不需要购买音乐，只要订阅声田的服务，就可以按照自己的需要享用无穷无尽的音乐和个性化的播放列表。我们在软件和数字产品以外也看到类似的趋势，也就是"万物即服务"（XaaS）的趋势。这对组织的结构有着深远的影响。我们会在后面的章节更详细地谈到这一点。

重视每一位用户。随时可用的解决方案以极为直观的用户界面和用户体验为基础。用户界面（UI）和用户体验（UX）系统融合了设计、技术、数据科学和心理学。这与产品无关，而是根据用户的行为、态度和情绪来设计与用户的互动。声田在这方面投入了大量资源，就算再小的细节也不放过：按钮的形状和大小，鼠标悬停在按钮上的时候会发生什么，独特的台式机、平板电脑、智能手机和汽车界面，等等。声田还推出一项语音助理功能，用户可以直接要求它播放某首歌曲或某个播放列表，这完全跳过了传统的用户界面。

在解决方案的供应中融入人工智能。创建普通播放列表和个性化列表的算法是由人工智能生成的。也就是说，就算声田的全体员工休假一个月，用户也能享用到个性化的播放列表，不断地收到新的推荐曲目。有了声田的语音功能，用户如今可以直接要求它播放一首自己喜欢的歌曲，算法会根据用户的使用记录、个人资料，甚至是一天中的具体时段或一星期里的具体一天来编制播放列表。想象一下，未来的声田可能非常了解你，它会在你开口要求之前为你播放音乐——它知道该在什么时候为你播放什么音乐。

超社会性的商业模式

在一个日益数字化和互联的世界里，规模至关重要。它不仅提供了规模经济以及从线性增长到指数级增长的能力，更重要的是，它还带来了更多的消费者数据，为定制、产品改善和提升价值提供进一步支持。考虑以下四种转变：

平台经济。平台是"一种商业模式，它通过促进两个或更多相互依赖的群体（通常是消费者和生产者）之间的交流来创造价值"。声田属于开放式平台，包含无数唱片公司和音乐家创作的歌曲。即使是苹果的 iPhone/iOS 平台这样相对封闭的生态系统，也允许开放标准存在，并支持第三方成员做出贡献。

规模足够庞大的平台可能非常有价值，但是，数字经济常常伴随着赢家通吃的结果，所以并不是每个人都能创造引领市场的平台。也就是说，你可以加入一些现有平台，也可以考虑推出自己的平台。从小规模做起，在一个确定的小众市场里发展，逐步发展壮大，允许用户点评你的产品和服务，利用这些数据持续不断地优化供应和价格。

去中介化。数字经济意味着直接经济，产品越来越不受物理距离的限制，特别是在日益强大和精准的 3D 打印机出现后，这种情形变得更加明显。很多服务完全或部分转到了线上——包括银行、医疗保健、教育、酒店、娱乐、市场营销、产品设计和开发，以及更广泛的专业服务。这些服务中的很大一部分，如在线旅行预订，甚至可以由算法来完成。

这意味着去中介化（或者中间人与把关者的消失）会长久存在，而且肯定会扩大。事实上，平台本身就是一种中介形式，即使已经入驻了某个平台，你也应该寻求与消费者保持直接联系，获取消费者数据，从而优化你的产品在平台上的营销和销售方式。很多平台都不是排他的，也就是说，你可以同时出现在多个平台上，并维系好你直接面向消费者的销售渠道。

唱片公司在声田上仍然存在，但是它们与最终用户之间已经不存在任何直接关系。人们想要的是产品，而不是厂牌。不仅如此，声田还开始制作自己的原创内容，其他平台也在这样做，包括优兔、亚马逊、网飞、腾讯、爱奇艺、优酷和视频网站 Hulu 等等。

创建社群。超社会性离不开用户社群做出的推动和培育。社群不仅可以创造直接的消费者渠道，而且能够明显提升消费者的体验，提高消费者忠诚度，并通过口碑营销激发增长。声田鼓励用户关注其他用户的播放列表并互相分享。它还上线了"混合"功能，结合不同用户的偏好，通过人工智能创建播放列表，帮助用户通过个性化的方式分享和发现新的音乐。它当然不会羞于鼓励这种社交活动，通过一个简单的应用程序内的指南，声田会提示用户创建"混合"，邀请好友加入，并在不同的社交媒体渠道上分享"混合"结果。

声田甚至有一项功能，允许用户在同一时间欣赏同一首歌或同一档播客节目，无论他们身处地球的哪个角落。同样，"迪士尼+"和网飞也推出了"观影派对"功能，支持类似的同步观看。想想看，如果在元宇宙里把这项功能同虚拟现实可穿戴设备和体感追踪设备结合起来，你就可以和来自世界各地的人通宵举办虚拟舞会了。

网络效应。声田的用户越多，服务就越好。首先，用户的基数越大，平台的实力就会越强。这能帮助声田谈下越来越多的音乐版权。其次，用户越多，用来创建播放列表的人工智能的表现就会越好，因为它的推荐依据是与你偏好相同的人都在听什么。最后，随着越来越多的用户拥有同样的播放列表，分享列表的能力对每个用户来说都变得更加有趣。那么要如何创造网络效应？

网络效应

就像财务审计和法务审核早已成为惯例一样，为什么不考虑开展网络效应审计，对现有网络进行相当详细的审查，以确定如何为企业创造新的网络效应？下面是10种具体的实施方法。

- 早期注册权益——为早期采用者提供权益，例如免费试用和折扣。
- 鼓励双边招募——向网络一方的所有参与者付费，奖励他们从网络另一方招募新人的行为。例如，肯尼亚的移动支付系统M-PESA会奖励付款者招募收款者的行为。
- 免费/付费——一方免费，另一方收费。比如，在商业网络中向卖家收费，对买家免费。
- 利基方法——选择一个极小的细分市场先做好，然后进行推广。比如，脸书最初仅对哈佛大学的学生开放。
- 驮背运载——在一个已经拥有足够用户的网络中推出自己的网络，以前者的即服务面貌出现。比如，贝宝之所以一举成功，是因为它是在易贝内部发布的。
- 合伙人期权——允许一部分人从企业的未来上行潜力中获利，以此吸引早期采用者和贡献者。在线交流软件 Tattoodo 最初曾向与自己签约的一些世界上最优秀的文身艺术家提供股票期权。
- 设计出来的稀有性——通过选择性签约使其更具吸引力。例如："在第一年，我们只会与 10% 的最佳餐厅签约。您想加入这一高端团体吗？"
- 自我供给——支持一方，确保其存在。例如，有些新开张的夜总会最初可能会在晚上 10 点前提供"欢乐时光"价格，以营造气氛，增加晚上 10 点之后吸引更多顾客进店的可能性。优兔刚刚上线时，最早的视频都是创始人发布的。
- 特洛伊木马——为潜在用户提供免费工具、产品或服务，"碰巧"会将他们与网络连接在一起。一旦有足够的被动网络参与者，你就可以着手激活他们。
- 分两步走——先故意完全专注于一方，在该方人数达到合理水平后再转向另一方。比如，网上订餐平台 OpenTable 最初完全专注于签约最佳餐厅进行在线预订，然后才转向目标消费者进行广告宣传。

对很多企业来说，强大的网络效应是巨大的成功和彻底的失败之间的唯一区别。任何一种特定的特许经营都可能存在不止一种网络效应。

除了睡觉时间，我们平时把 1/3 的时间花在了手机上，如果加上与计算机、电视和身边其他屏幕的互动，时间就会更长了。再加上社交网络、用户数据、大数据分析和人工智能等，如今的市场营销正在变得越来越智能化、精准化和高度以用户为中心。有了引人入胜的、基于体验的内容，我们现在可以锁定一人细分市场，市场营销与社群参与之间的界限正在变得模糊。此外，我们还看到了移动市场营销浪潮的兴起，以及元宇宙的繁荣。下面重点讨论另外 3 种显著的转变。

动态的、永远在线的市场营销

在一个不断变化的世界里，消费者希望自己的需求以个性化的、随时可用的方式得到满足，因此，市场营销必须是流动的。即使拥有海量的数据和大量的数据科学家和专家，我们也很难预测哪些帖子会突然火遍全网。回想一下，**复杂**环境并不存在明确的因果关系。因此，现代营销人员不是花几个星期的时间准备一个帖子，而是选择快速迭代——类似于创造力循环。年度市场营销计划非常重要，但是在几个星期、几天，甚至短短几个小时内对它做出调整同样重要。

看待这个问题的另一种方式是承认，无论身处哪个行业，今天几乎所有的组织都是——或者应该是——媒体企业。忽视虚拟世界是不可能的，如果不积极塑造，而是让你的线上形象自生自灭，可不是个好主意。消费者越来越多地在线上寻找满足自身需求的解决方案，唯一的问题是，他们能否找到你的组织，以及他们能否在你这里找到令他们满意的内容。

> 无论身处哪个行业，今天几乎所有的组织都是——或者应该是——媒体企业。

作为实时对话的市场营销。声田善于在流行趋势初露端倪时抓住它们,并利用其海量的数据"洞察人们所表达的情感"。比如,那场名为"谢谢你,2016 年,奇奇怪怪的一年"的运动,其中包括很多开玩笑的帖子,例如:"那位洛杉矶的朋友,你在情人节那天连续听了 4 个小时的《孤独到永远》('Forever Alone')播放列表,你还好吧?"另一个例子是,声田把红遍全网的"Yanny 还是 Laurel?"视频放入了 #2018Wrapped 排行榜中。

> 消费者越来越多地在线上寻找满足自身需求的解决方案,唯一的问题是,他们能否找到你的组织,以及他们能否在你这里找到令他们满意的内容。

营销过程自动化。要想把面向一人细分市场的个性化产品和营销活动同规模结合在一起,办法只有一个:自动化。其中最重要的是建立包括潜在用户开发在内的渠道,然后根据潜在买家的行为自动向他们发送定制的信息。我们很快就会看到,AI 算法能够自己写出有效的营销文案。

把营销融入用户体验。在日益发展壮大的点评经济中,大胆的企业会让消费者的反馈和点评为自己说话。只要点评是真实可信的,提供最优价值的产品和服务就会胜出。而且,口碑和用户通过平台、社群和网络创造的营销会进一步增强这一点。声田的用户与他人分享歌曲,发布他们的个人见解,声田上的音乐家会在年末分享一年来的流媒体统计数据,这些让声田受益匪浅。

新时代的 20 个问题

1. 我们是否将用户作为日常决策核心的一部分?

2. 我们是否关注更高层次的消费者需求（有没有沿着马斯洛需求金字塔拾级而上）？
3. 我们的产品和服务可以被拆分吗？
4. 我们可以把服务和产品分解为微小单元吗？
5. 我们能创造更丰富的产品种类吗？
6. 我们是否能锁定一人细分市场（大规模个性化）？
7. 我们能进一步实现产品的定制化吗？我们是否可以在保持高效的同时为每一位用户高效地定制产品？
8. 我们是否应该为自己的产品添加分享和点评功能？
9. 我们能否从供方推动机制转向用户拉动机制？
10. 我们能通过"即服务"方式提供产品吗？
11. 我们能大幅简化用户体验（"得一人者得天下"）吗？
12. 我们能否改变我们的产品，使其带来极致的用户体验？
13. 我们能把人工智能纳入解决方案并交付吗？
14. 我们能利用或创建开放的平台吗？
15. 我们能利用去中介化的力量吗？
16. 我们能推动用户形成一个社群与我们互动吗？
17. 我们能在自身业务中创造网络效应和病毒式传播效应吗？
18. 我们能做到市场营销的实时调整吗？
19. 我们能实现营销过程的自动化吗？
20. 我们能否利用用户反馈、点评和点对点分享来营销我们的产品和服务？

表24.1可以帮助你评估你当前的出发点，以及你在这一领域最

重要的优先事项。

表 24.1 评估你的优先事项

从……		到……
没有用户角色,用户体验未经衡量和管理	→	熟知用户,以用户为中心,并把它们融入日常决策
专注于满足用户的基本需求	→	同时满足用户的基本需求和高层次需求
有限的产品和服务定制	→	实现一人细分市场的大规模定制
批量供应,由供方推动	→	按需提供,由用户拉动,"即服务"式
网络效应和指数级增长潜力有限	→	超社会性商业模式,强大的用户社群
采用大众市场方法的早期营销日程	→	个性化的、流动的、自动化的营销方式
用户反馈意见被严格控制在组织内部	→	公众可以查看点评和用户反馈意见

第 25 章
快速、动态、灵活！

从商至少有几年的人都会知道，组织会不断地循环重组：先是按照职能，然后按照产品线，可能还会按照用户细分市场，接下来按照地域矩阵重组。随着新的领导者走马上任和商业战略的确立，这样的过程还会重复。大部分规模较大的组织都不会停滞不前，这是肯定的，但它们仍会感到自己不能足够迅速地做出决策，适应得不够快，或者跨部门协作不够顺畅。

人们对这个问题和它的解决之道讨论了 60 多年。1962 年，艾尔弗雷德·钱德勒出版了《战略与结构》一书，阐述了组织的结构是如何遵循战略的，组织重组通常是战略实施本身的一部分。麦肯锡在 1979 年发表了《超越矩阵组织》一文，作者指出，组织必须不断重组以保持竞争力，并平衡好集中化和去中心化之间的关系。1988 年，彼得·德鲁克在他的文章《新型组织的未来》中提出，"20 年后，典型的大型企业的管理层级将不到现在同类企业的一半，管理人员不会超过现在的 1/3"。

不断地失败

事实上，如今很多组织的架构方式往往会导致失败，而且大多数精简机构的努力最终都以失败告终。实际上，只有25%的组织重构是成功的。从更高的角度审视组织变革，我们会发现，出现这种情况的原因有以下几个：

1. 在如今快速变革的世界里，组织不断依赖强大的等级结构和指挥链式的实施路径，这很难奏效。
2. 它们与特定的战略相联系（例如，把新的工作重点放在产品、以用户为中心或地域扩张上）。因此，它们的结构在本质上是僵化的、不够灵活的。当战略发生变化或者实施了新的行动计划时，新的组织变革必将随之而来，结果是员工不断感到困惑和疲劳，执行效果不理想。
3. 它们并没有针对实际工作的完成方式进行优化，而是基于传统决策以及上下级关系而优化。
4. 它们的工作重心是保证执行过程合乎逻辑和始终可控，而不是持续不断地期待和支持变革（对计划/预算的偏离，以及太多的组织变革通常被视为坏事，是不受欢迎的）。

如今的组织都在不同程度上采用等级架构，而组织转型需要一种截然不同的新形式，许多领先的企业和快速成长的初创企业已经在使用这种新形式了。

如今，工作整体上越来越颗粒状、短期化和飞速变化，这推动组织变化越来越快，越来越没有一定之规，越来越灵活。

> 3F型组织快速、动态、灵活。这意味着它们是自适应的，

并且在设计上针对不断变化的优先工作进行了优化。

3F型组织摒弃了僵化的原始模式，专注于如何在实践中创造价值、激发员工的最佳表现。组织层级和部门当然还会存在，但是只是在支持正常工作的程度上。它们是自适应的，并通过设计优化了不断变化的优先工作。这让它们变得足够灵活，有能力应对新的战略性需求。

它在实践中的样貌

对初学者来说，根本不存在放之四海而皆准的组织架构，也不存在一种适合所有组织类型和规模的最佳模式。比如，敏捷和无领导式组织通常能在初创企业和软件企业中发挥出最佳效用，但是，拥有几十万名员工的超大型组织需要真正的协调，才能在知识共享、利用采购和分销规模以及销售和营销等方面获得竞争优势，因为它们太大了。当需要的时候，我们不会刻意回避等级制度或集中化，但是有一些新的、有趣的趋势正在出现。

其中一个趋势是组织结构的**扁平化**，它把决策更频繁地推到第一线。这在很大程度上是由运营环境日益增加的复杂性决定的。随着日常工作中出现了越来越多复杂的新挑战，决策更需要人的判断，而不是常规的执行。不仅如此，事实早已证明，过长的指挥链条和严格的等级制度往往是僵硬且反应迟缓的。

研究还表明，在实际运营中，那些中心与一线之间距离最短的组织获得最佳绩效的可能性是其他组织的两倍。其他研究表明，领先的全球性组织通常只有6~7个层级，有时甚至更少，而其他组织动辄9~10个层级。当然，组织不应该为了扁平化而扁平化，把决策推向一线需要称职的、充满工作动力的员工，还离不开恰当的授权。

另一个转变是流动工作模式，即随着需求的变化，灵活地为员工分配工作任务和项目，这通常是在跨职能的团队网络中实现的。这样的网络本身也是流动的，它们仅仅存在一段时间，项目一旦被完成，网络就会自动解散。在这里，工作描述、KPI 和工作分配会根据需要随时得到调整。

> 3F 型组织采用流动工作模式，即以工作任务吸引短期工作人员，就像全球市场经济一样，只不过规模更小、速度更快。

这并不意味着常规工作必然会消失——很少会这样，通常来说，那些主要或专门从事相对稳定工作的员工会继续存在。

但这并不意味着员工应该被严格地归类为组织中的固定或动态组成部分。领先的组织把灵活性融入其结构基因，因此，任何员工都可以在新的工作任务出现时投身其中。工作可能少到仅占人们 10%~15% 的时间（少到每天 1 个小时），也可以多到成为全职工作。有些员工群体可能 100% 是流动的和按项目做事的，而另一些员工群体这个数字可能是 0，但同样的管理机制适用于所有员工。

打造内部零工经济

这可以通过创建内部零工经济或就业市场来实现，它们明确招募内部员工，并根据实际需要调用员工的技能和经验。这些角色有特定的要求，而且仅在有限的时间内有效。每个人都可能胜任零工工作，每一种零工工作的人员配备都是按需确定的，前提是参与员工必须得到所在部门负责人或协调人的批准。举例来说，联合利华是一家全球消费品企业，拥有超过 15 万名员工，2019 年，这家公司上线了 FLEX，它是一个由人工智能驱动的内部人才市场，可以帮助员工加入跨部门项目，时间可长可短，以支持快速发展的业务目标，缩小技能差距，促进人才发展和人才保留。短短两年，已经有近半数的员工用过这个平台。新冠病毒感染疫情带来消费者需求的变化，在此期间，这个平台发挥了尤为有效的作用，帮助公司为数千名员工重新部署了工作。

这种类型的结构也打破了等级组织的传统做法，即把固定的从属关系等同于绩效评估、员工发展和日常工作管理（在过去，为了确保员工的实际工作效果，面对面的互动是必要的）。

在3F型组织中，这3种做法通常是由两三个不同的实体完成的，同时，组织采用新的标准来管理它们。比如，员工可以按职能范围（如市场营销、产品开发、咨询）进行组织，以此确保高水准的新人培训和发展。

零工方式意味着日常工作是按照项目来管理和执行的，而项目是由整个组织中不同的领导者按照实际需要来领导的。工作的管理标准是活动指标（例如利用率、用户数量和请求处理情况）和成果指标（例如项目KPI、可交付成果和来自管理者、同级和团队成员的反馈）。在过去，员工反馈和发展讨论由直接上级进行，如今有些组织会使用第三方，比如在人才发展工作中由第三方负责绩效反馈和发展的管理，尤其是对组织中的较高层人员的管理。

从权力到业绩

组织的最高层级通常相对稳定，这样可以确保整体协同和总体方向的一致性，但是较低层级可能会在工作进程中发生巨大变化。实际上，考虑有多少人向一个领导汇报工作已经变得越来越没用，因为这与工作的完成方式以及该部门创造的价值没有任何关系。层级的存在只是为了协同工作和培养新人，而不是作为职业发展的阶梯。通常来说，人才会更多地横向发展。因此，在流动式组织中，建立一个属于自己的帝国已经完全丧失了意义。

> 收拢大批下属，建立一个以权力为中心的帝国，在 3F 型组织中，这样的做法完全丧失了意义。相反，重要的是以行动为中心的实际表现。

接入云端人力

除了变得日益流动和灵活，组织越来越需要发挥云端外部人力资源的作用。零工工作者不会为单一雇主工作，他们主要通过合同提供服务，他们已经占了劳动力大军的相当一部分，在一些大型经济体中，其所占比例已经超过 30%。据预测，这个数字将迅速增长，仅在美国，2020 年就增长了 33%（尽管受到新冠病毒感染疫情的巨大影响）。超级趋势专家预测，到 2060 年，超过一半的美国劳动力将是自由职业者。

零工工作者可以为组织内部人才市场带来新鲜血液，帮助公司在特定的时间内快速填补技能和资源缺口。甚至有证据表明，零工曾经被成功地用来填补领导岗位的空缺。这里的重点在于，我们可以翻转职业漏斗：组织不再需要四处撒网、广纳人才，它们可以建立一个内部生态系统，帮助内部人才找到理想的工作任务。管理人员必须懂得怎样在内部人才市场上有效地建立岗位（零工）档案，描述他们需要的具体技能。内部员工需要鼓励零工候选人不断更新自己的工作经历、资格证书和技能情况。在较大型组织里，人工智能算法可以协助完成零工需求与员工之间的匹配。

> 组织不再需要四处撒网、广纳人才，它们可以建立一个内部

> 生态系统，帮助内部人才找到理想的工作任务。

尽管零工工作在理论上的可能性和操作上的可行性是有限制的，但是，零工工作者（内部和外部）所占的员工工作时间比例将会大幅增长。消费者希望随时获得自己想要的产品和服务，与这种趋势相一致的是，组织也越来越希望随时随地获得人才。

优先发展即服务解决方案

在此基础上，组织纷纷通过大规模地利用云端和外部供应商的力量来提高自身的灵活性。软件即服务已经存在了几十年，但近些年来，随着多样性和灵活性需求的不断增加，组织开始接受万物即服务模式。德勤公司2021年的一项调查发现，3/4的企业已经将一半以上的IT运营转向了即服务模式。分析专家预计，未来几年，万物即服务市场的年增长速度会达到24%（这意味着每3年翻一番），并在2024年超过3 400亿美元的规模。

建立生态系统

最后，组织越来越倾向于投入更广泛的生态系统和组织网络——有些人也叫它元组织。它不仅可以包括上文提到的万物即服务，也可能包括以下与之类似的形式：

- 成立由年轻人才、创业者、未来学家或科学家组成的各类顾问委员会，创建和支持线上论坛
- 利用众包平台发现具体问题的解决方案
- 举办创新赛事活动
- 举办黑客马拉松，向公众开放

虽然其中一些组织形式算不上新鲜，但是它们将越来越普遍。在组织架构和边界方面，它们都指向了同样的转变，变得更快、更动态、更灵活，存在于组织的正式组成部分和非正式组成部分之间的灰色地带正在日益扩大。特斯拉是全球领先的汽车和能源企业之一，它在 2014 年做出了一个大胆的选择，宣布开源，因为它相信，这是吸引全球最优秀工程师并与之合作的最佳途径。事实证明，特斯拉的"赌博"很成功，2014 年至 2020 年，该公司的销售收入以 10 倍速增长，其技术正在不断突破新的边界。

> 打造快速、动态、灵活的组织的方法有很多，包括组织结构的扁平化、为一线人员授权、引入流动工作模式、打造内部零工经济、优先发展即服务解决方案、与外部生态系统密切合作等等。

哪些超级趋势在推动这些转变？

推动这一转变的一些主要趋势是市场和消费者需求。随着产品和服务变得越来越以需求为导向，组织也必须做到这一点。市场决定了产品供应的多样性和更频繁的新发布，消费者希望他们的需求在他们选择的时候得到满足（例如出行服务、外卖、产品交付、任何类型的流媒体，甚至更复杂的需求，如定制家具和咨询服务）。他们不是在等着你推送产品，相反，他们会拉动你提供这些产品。

推动对流动性和以需求为中心的组织的另一个趋势是日常工作任务正在变得越来越复杂。我们面对的挑战越来越多样化，越来越含混不清，因此，我们需要更多不同的专业技能和问题解决方法。一位领导者或一支领导团队就可以代表一个庞大的组织，按部就班地做出有效的、自上而下的决策，这样的日子早已一去不复返了。如今，越来越多的行业面对的现实是，情况过于宽泛复杂，因此，决策必须由那些距离行动最近的人做出，而且通常要由跨职能团队做出。换句话说，组织培养了一批半自主的团队，每个团队都拥有高效灵活的创造力循环。

我们还看到，技能的半衰期正在急剧缩短。因此，我们正在进入一个基于技能的经济时代，在那里，人们今天能做什么，远比先前的工作经验和学位重要得多。随着自动化和人工智能的发展，对身体和基本认知技能的需求将会下降，由人类承担的工作任务必将需要更多的创造性、判断力、社交和情感技能。这些工作的重复性和可预测性较低，通常最好由项目团队来完成，而不是通过业务照常的工作流程来完成——这进一步加强了对内部流动性的需要。

> 我们正在进入一个基于技能的经济时代，在那里，持续获得新技能的能力是创造价值的关键法宝。

在职场和工作中，年轻人越来越多地寻求话语权，因此，组织必须适应这一情况，否则就要面临失去人才的风险。具体来说，千禧一代和 Z 世代通常更有可能寻求远程办公或混合办公形式，他们更渴望在工作中拥有独立性和自主权，想要参与更多元化的工作项目（例如通过零工的形式），并且更愿意从事自由职业并创建自己的职业阶梯，而不是仅仅做屈指可数的工作，沿着企业事先设定好的职业阶梯向上发展。当然，凡事都有两面：那些预先设定好的职业阶梯现在越来越难找到了。这也是它们也许不会完全消失的原因，即使它们变得越来越少了。

新冠病毒感染疫情加快了这个趋势。由于大多数企业的员工不得不待在家里，转到云视频会议 Zoom、微软 Teams 还有视频会议软件

Webex 上办公，所以同事对彼此的日常生活、家庭和宠物有了新的、更深入的了解。这增加了员工之间人性的共通感和信任感，尤其是在更崇尚扁平化、对员工一视同仁的组织里。反之亦然，那些依赖自上而下决策的组织，例如在工作进度和政策方面这样做的组织，在疫情期间，其信任度、组织韧性和经营业绩都在下降。

当然，综观这一切，我们不应该忘记的是，只有当与外部合作伙伴和零工从业者合作的交易成本低于通过固定全职员工在组织内部完成所有工作的交易成本时，以需求为中心的组织才能产生吸引力。这个理论虽然简单，却极具洞察力，它是罗纳德·科斯于 1937 年首次提出的，直到今天仍然适用。不过，技术和在线平台已经降低了大量雇用外部人力的交易成本，即使是非常短的时间，或者为了完成具体而微的任务，情况也是如此，我们可以预期这种趋势在未来会加速发展。另一方面，同样的交易成本理论表明，由于组织特定文化和工作方式的重要性，成为以需求为中心的组织在操作上存在限制性。还有潜在的知识产权问题，比如，你可能希望由全职员工来负责绝密项目，而不是把它们交给自由职业者。

启程

根据我们的经验，大多数组织都能够全面检视自己的组织架构和工作方式。成熟企业往往不会采取足够大胆的行动来适应当下的情境和不断演变的超级趋势（微小的演进可能是不够的！），而初创企业和快速成长型企业通常能实现有机成长，它们会更审慎地选择工作方式，以从中获益。

早期的一步是找到组织的成功要素和未来方向。尽管组织架构是遵循战略的，但是与直觉相反，我们可能并不支持在二者之间建立过于紧密的联系，因为战略是不断变化的。

相反，我们应当确定方向，规划组织架构，用足够的灵活性来适应新出现的战略。保持简单，立足于日常工作管理方式、员工提升路径和最佳员工发展道路。一些需要实际存在的岗位，如工厂或零售岗位等，在工作范畴方面可能不需要太多的灵活性，这些岗位上的人主要向平时的上级汇报工作。另一方面，对从事跨职能团队项目的工作来说，主要的汇报链条是循着职能（例如销售、产品开发、人力资源等）展开的，这样可以保证员工得到足够的培训。要尽可能深入地推动主人翁意识和责任感，消除毫无必要的层级。简言之，要大刀阔斧地精兵简政。

> 首先确定方向，再据此规划组织架构。

除了组织架构，还要建立恰当的流程，让组织具有流动性。建立内部人才市场就是一项有效的措施。由具备适当技能（需求）的人上岗工作，并且有一套获取和认证员工各项技能（供应）的机制，以及支持这一转变机制的人才流程和文化变革要求。可以从小处做起（例如，支持员工指定最多占其15%时间的岗位），但逐渐向拥有100%时间配置的员工开放。

除了内部的流动性，还要创造外部的灵活性和联系。要从长远的系统角度看问题，在个人零工工作者和其他合作组织之间建立信任。这需要聚焦双赢关系，同时，还要清晰地阐明共同理想和合作方式。

表25.1可以帮助你评估你当前的立足点，以及你在这一领域最重要的优先事项。

表 25.1 评估你的优先事项

从……		到……
复杂的、等级森严的、命令链条式的组织结构,叠床架屋的层级和根深蒂固的条块分割	→	简单扁平的组织,通常具有团队网络、分布式权限,对一线人员授权
牢不可破的线性上下级关系,等同于工作分配和 KPI	→	无固定形式的流动工作模式,员工在需要时从事临时工作和完成项目
绝大多数工作由全职员工或长期承包商完成	→	灵活的、以需求为中心的组织,利用外部零工工作者满足飞速变化的需求
强烈偏向内部开发和横向或纵向整合	→	合作伙伴关系优先,充分发挥万物即服务的潜力
固定不变的组织边界,不会随着时间的推移而变化	→	网络化组织,在创新、协作和知识共享等方面具有流动性边界

第 26 章

管理，体现生活的速度和丰富性

这样的场景我们从未见过：一位足球运动员在比赛中一边跑一边翻看一本写着"如何踢足球"的手册。这显然是行不通的。相反，每名足球运动员都要在场上不断地做出自己的决定，即使在最好的时候，获胜的球队在通往胜利的道路上也会犯很多错误。但是这并不意味着足球没有规则（至少大家都听说过黄牌和红牌）和管理。不过在真正的比赛中，至少 99% 的决定是由球员在场上匆忙做出的。

这里要说的重点是，组织的决策往往要变得更像足球比赛那样，因为当今世界的变化速度正在加快，这主要是由与技术相关的超级趋势造成的。机器和机器人正在继续接管工作中认知水平较低的任务，这意味着人类越来越关注认知水平更高、更难预测和更具创造性的任务，这些任务常常是基于项目的、短期的和流动的。

> 人类越来越关注认知水平更高、更难预测和更具创造性的任务，这些任务常常是基于项目的、短期的和流动的。

技术还极大地降低了进入新行业的门槛，因为初创企业现在可以通过数字云、云端人力、万物即服务和数字营销获得即时的廉价服务，以极低的成本向成熟企业发起攻击。这意味着创造性创新的速度——和创造性破坏！——在日益加速。

失去最高管控

技术还让组织里的等级变得不合时宜，因为新的信息流可以绕过组织的正式架构，实现更高效的实时协作。很有可能一名初级员工非常了解某些关于业务的技术，而首席执行官却不了解。也许是因为前者昨天刚在网上查阅了相关资料，而后者没有。

> 知识不再集中在高层领导者身边。互联网的存在让知识无处不在。这证明了去中心化的合理性。

点评经济也在入侵组织，人们可以在不同的项目中为合作过的同事提供反馈意见，甚至为他们评分。这样一来，绩效管理就变成了一种持续的、完全透明的对话，而不是保密事件。当然，领导者仍然可以关起门来为员工打分，但是员工一样可以在互联网上为自己的领导打分，比如通过Glassdoor（匿名点评公司）的服务。

一个人的所作所为可以被全世界看到，包括线上的猎头，而不仅仅是他们的老板。人们因此受到鼓舞，希望通过高质量的工作建立良好的声誉，这仿佛打开了泄洪的闸门，以不那么集中控制的方式释放了人们的全部潜力。

我们需要的速度

新冠病毒感染疫情加速了其中的一些趋势。有史以来第一次，大多数上班族被迫居家，适应远程办公，开展线上合作。大部分人发现，这样其实是行得通的，很多人甚至很喜欢这样的改变。在疫情封控期间，在短短的几个星期内，对全世界数百万人来说，"居于某地远程办公"不再是一种可能性，而是必须做到的事。很多人由此发现了分布式团队协作的潜力，虽然团队成员来自组织的不同部分，甚至可能相隔数千英里。企业不得不调整和适应，很多企业采用了全新的工作方式——在短短几个星期内落实完成，而不是几年。即使是监管最严格的行业——如制药业——也可以证明，如果能把合适的人才团结起来，以全新的方式挑战现有工作流程，用大约1年的时间开发并推出有效疫苗是可能的，而不是像之前那样，动辄花上5年到10年的时间。

一切都与速度有关。在新冠病毒RNA序列被公布后，莫德纳公司只用了48个小时就在计算机上设计出了RNA疫苗。几十年来，全世界的商学院都在向学生讲授4P营销理论，即产品（product）、价格（price）、渠道（place）和促销（promotion）。它们构成了最基本的营销组合，不过现在也许可以加上第五个P，让这种组合变得更有意义，它就是速度（pace）。

> 新的营销组合包括产品、价格、渠道、促销和速度。

从优化常规到优化创新

每次完成重复性工作，我们都能从中学到些什么，所以下次完成它需要的时间就会变短。一开始，时间缩短得比较快，随后的效果会逐渐递减。这一点不仅适用于时间单位的缩短，而且适用于其他方面，例如资源利用与质量的优化等等。

这种优化对重复性工作非常有用，自1800年前后工业经济兴起以来，这一优化始终是至关重要的。它们需要强有力的流程和严格的管控。它们通常是人工的，而且从古至今一直受益于强有力的监督。比如，工厂里的工人通常薪水不高，所以对工作往往没有发自内心的特别动力。因此，和"胡萝卜"比起来，"大棒"就成了最好的选择。

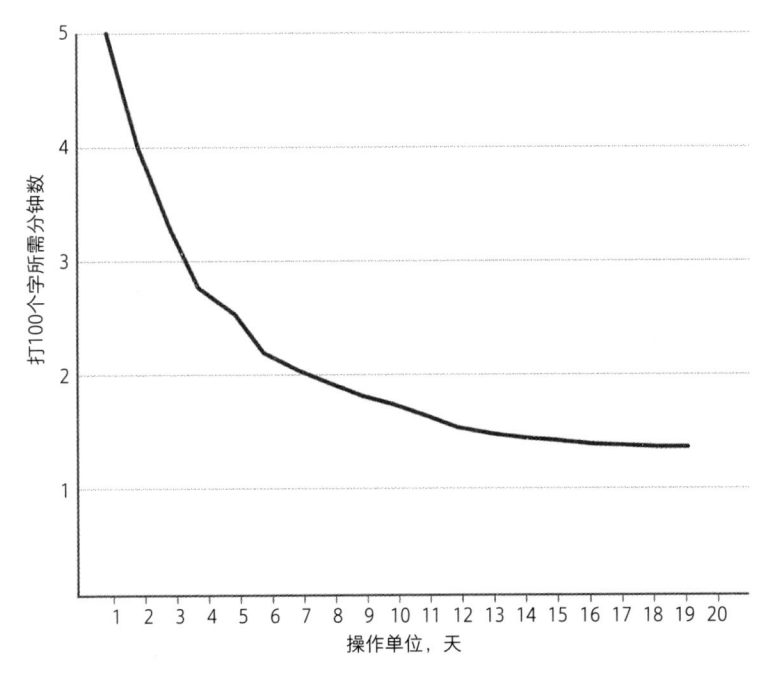

图 26.1　打字效率随着时间的推移而发生的变化清晰地勾勒出学习曲线

20 世纪 50 年代到 70 年代，更多的管理创新被创造出来，它们关注的重点是让流程变得更快、更少出错，而且耗费更少的资源。丰田的精益体系和戴明的 PDCA（即"计划 – 执行 – 检查 – 处理"）都是绝佳的例子。

近年来，又有更多的方法涌现出来，它们通常出现在快速行动的环境中。常见的新方法包括来自美国军队的 OODA（即"观察 – 调整 – 决策 – 行动"）方法，还有初创企业的精益方法及其 BML（即"构建－评估－学习")循环等。

问题在于,越来越多的重复性工作正在实现自动化,加上变革的速度不断加快,我们时时刻刻都在面对新问题。组织通常面临的挑战包括使用大数据和机器学习优化组织的各个部分(如运营、营销和人力资源等),改造用人流程以支持未来的工作,在管理好外部供求波动性的同时推进包括并购在内的全面转型项目。这意味着标准流程,例如PDCA、OODA和BML的作用仅限于此,而且我们不可能事先清楚地断定哪些需求必须得到满足。试图自上而下推行管理的领导者也许很快就会发现,他们对一线正在发生的事情知之甚少,无法有效地支持自己理想中的管理方式。相反,他们必须给员工放权,让他们独立挑大梁。

不要做什么

我们不妨从反面想一想,执行中有哪些导致延误工期、延迟执行过程、降低水平、增加成本的可能?

- 用职能孤岛把人们隔绝开。
- 让工作任务前后传递,让人们按次序工作,而不是同步合作。
- 拒绝分享信息,团队中没人真正了解全部情况。
- 通过多种监管组织(它们很忙,很难抽出时间)频繁地检查工作进度,制定下一步的决策。

令人遗憾的是,这些"不要去做"的情况在很多组织中都太常见了。

要做什么

那么，不如这样做：

在一段时间里（比如两个星期）集中所有的利益相关者共同解决问题，进行头脑风暴，做出决策并创造出成果。

然后，与最终用户一起测试这些成果，获得反馈意见，确定接下来两个星期的重点工作，然后继续这一过程。

这正是敏捷管理的本质所在，它最早是为软件开发设计的，并在2001年在线发布的《敏捷宣言》中得到推广。不过，假如一个组织在很多团队中开展这种做法，一开始可以依照创造力循环的过程来运作，这样的做法在西方带来创新的爆发，它甚至可能在人类最初进化为最有竞争力的物种的过程中发挥了至关重要的作用。

当然，我们中的绝大多数人用不着每天编写软件，而且对很多人来说，这种方法的最纯粹形式也许并不适用于他们所在的组织。但是，我们可以从它的原则中学到很多东西，下面列出了一些关键原则：

- 用短冲刺的形式工作，不断地检验和学习。
- 同时纳入所有的利益相关者，而不是频繁地进行交接。
- 关注结果，用结果（而不是行动）来衡量进步。
- 减少优先工作，缩短截止日期，而不是堆砌优先工作，延长截止日期。
- 欢迎不断改变的要求，只要它们能提高最终成果，即使是在过程的后期。
- 定期回顾流程，反思团队如何更好地合作。用开放的心态对整体流程做出重新思考。

很显然，这并不是说不需要计划和通过试验、检验的方法，而是说它们必须服从总体目标，必须立足于持续适应的开放性。

巴诺是一家拥有 600 多家零售门店的大型连锁书店。它赋予了店面经理更多的自主权，让他们更自由地决定如何存放和展示图书，以增强书店与本地读者之间的联系，并提高员工的参与度。有趣的是，这项战略还让我们认识到，这种做法势必产生重要的学习曲线："任由门店各显神通，势必会有 1/4 的店面表现优异，另外 1/4 表现特别糟糕。很多门店会变得更差，而不是更好。接下来，我们要鼓励他们，教他们怎么做，随着时间的推移，每个人都变得比以前更好了。"

即使是星巴克、沃尔玛或万豪酒店等有充分的理由依赖强大的常规流程的企业，也可以从将其标准操作流程与各种一线实验和用户反馈相结合中受益，因为它们不断寻求业务的提升。如果星巴克的咖啡师可以在店面音乐、布局和店内商品陈列上做出尝试，以提高用户满意度和销售额，结果会怎样？如果酒店一线员工可以尝试改进旅客入住和离店流程，不断提升工作效果，又会怎样？

在成果方面，迭代冲刺式的工作需要连续不断的检验和学习，并在此过程中不断地获得用户的反馈意见。这有时被称作"快速失败"或"在失败中前进"，可是"失败"这个词有负面含义，有可能把人们推向一个不好的极端：以实验的精神尝试一切，然后以短冲刺的方式做出其他全新的尝试。这样做效率并不高。我们当然要用开放的心态面对失败，但是我们的真正目的并不是求败，而是在加速的创造力循环中不断地迭代、检验和学习。

> 在加速度的循环/短冲刺中不断地迭代、检验和学习，其中信息的处理是并行的，而不是次第展开的。

软件开发可能是做到这一点的最简单的例子，像苹果和谷歌这样的企业会定期发布软件的测试版本，因为这是真正获得用户反馈、发现漏洞、确定必要改进的最佳途径。除了产品的测试版本，很多技术型企业还会以总体开发路线图的形式与用户和潜在用户分享初步创意，以不断获得投入和开发，并以利益相关者的意见为中心。

> 不断通过市场检验初步创意和测试版本的产品。

非软件企业同样可以采用这些原则。比如在线鞋类和服装零售企业美捷步，为了检验用户会不会真的愿意在线上购买鞋子，它在1999年推出的电子商务网站上展示鞋子的照片，而不是库存本身。如果有人真的在线订购了（很多人这样做了），美捷步会在零售门店打折销售。

宝洁是一家全球性的包装消费品企业，它在市场营销工作中采用了"验证和学习"原则。荷兰国际集团（ING）也在新产品开发和用户服务中采用了很多这样的原则，如图26.2所示。

- 高绩效团队合作
- 为团队授权
- 关心人才和技能
- 不断地向用户学习，学以致用、不断提升
- 在确定重点工作时心怀全局
- 在组织设计与工作方式上保持一致
- 组织务求精简
- 重视重复使用，而不是重新创造

图26.2　ING的一个工作原则

从电子邮件到社交协作工具

所有这些都基于一种新的协作和信息模式：

- 新的常规，例如每日快速检查和频繁的攻关会议，这些会议要求当时必须拿出看得见的结果。
- 把一般的"近况更新"会议控制在最短时间内。
- 用更灵活、更实时的渠道替代电子邮件，如聊天群组 Slack、谷歌聊天、软件 Discord、企业内部协作沟通平台 Yammer、智能手机通信应用程序 WhatsApp 和微信。

团队领导者与成员之间的互动也是如此。同样是讨论具体的问题，与其等待每周一次的一对一会谈或电子邮件答复，不如实时处理。当然，在这种环境中，在不分心的情况下花时间进行深度工作变得越来越重要——而不是时不时地被各种平台打断信息。但是即使如此，答复的时间也从几天变成了几个小时，甚至几分钟。

为了确保在任务和可交付成果方面有单一的真相来源和透明度，信息共享被移到了云端。个人把文件储存在硬盘上并通过电子邮件共享的日子早已成为历史，如今的会议都在使用实时更新的在线文档，这些会议通常会被录制和分享，以便那些无法出席会议的团队成员可以跟踪进度。通过这种方式，每个人保持相同的进度，不仅如此，进度还是实时更新的。

我们都知道，在加速进入模糊未来时，超社会性对每个人都至关重要，对组织来说也是如此。我们在前面提到过飞快的、流动的、灵活的组织新结构和管理范式，它需要的协作只会更多，而不是更少。事实证明，非正式网络往往是大型组织创造价值的关键方式，而通过协作工具、信息透明性和授权激发超社会性至关重要。最新的技术甚至可以描绘出社交网络的模样,这在实践中进一步支持了超社会性。

> 把关键信息放在共享文档中实时更新。

治理即服务

当团队从组织的不同部分聚集在一起时,他们必须得到恰当的授权,根据自己的专业技能来实现目标,并且他们必须全程接受(甚至欢迎)一路上的变革,如果这些变革可以加快或改善交付。这离不开真正的授权,不仅要体现在纸面和理论上(团队成员仍然觉得在决策时需要高管的指示),也要体现在实践中。随之而来的是由硬性规定(定义具体方法)转向基于判断的指导原则(明确价值观、目标和一些不可协商的参与规则),并规定团队可以做出哪些类型的决策,以及哪些类型的决策必须寻求他人的意见。这样一来,团队就获得了实验的自由,人们已充分地认识到,一线团队是大部分日常工作最理想的决策,因为他们离实际情况更近,在一些具体问题上通常比高管更专业。我们把它称为"治理即服务"或"按需治理":组织为团队授权,期待它推进工作,而且仅在极少数情况下引入高级利益相关者。

决策**方式**的改变同样重要。通常情况下,组织有多名决策者(如一个专门的委员会),但是介绍分析和建议的人却寥寥无几(如花几个星期准备宣讲材料的团队领导者)。在3F型组织环境里,最有效的方式是相反的——一两位决策者(如团队领导者),同时有很多人提供意见、商讨具体问题(如组织领导者和相关事务的专家),但是后者不对决策的制定或实施负责。这彻底改变了对话方式,从试图说服对方转变为开诚布公地讨论实际情况,然后让负责任的个人来决定和采取行动。

> 从众多决策者、少数想法提出者转变为众多讨论参与者、少数决策者。

怎样做到这一点？

总的来说，以上讨论可以总结如下：

- 把长期计划转变为一系列的短期目标。
- 将管理流程从次第展开转变为并行。
- 将信息从电子邮件和本地存储转移到共享的社交媒体应用程序中，并实时更新。
- 尽早并持续进行验证。
- 倒转决策流程。

在这种情况下，管理也从批处理方式转向即服务方式，这与很多产品和服务的转型非常相似。如果有什么不同，那就是这种方式有助于打破戴维·多伊奇提出的"巨大的一成不变"和等级法则，进而在组织中激发递归智能。

对有些组织来说，通过迭代走向授权团队的工作方式意味着更大的转变。有些初创企业和较年轻的组织生来就是敏捷的，而一些存在时间较长的企业也许在这个问题上苦恼了很久，即使这些概念非常有意义。不过，无论是对年轻企业还是成熟企业来说，这都是一个不断调整适应的过程，很少有组织能真正得心应手地驾驭这一模式——**我们说的是在规模上！**

这个问题不存在立竿见影的解决方案，它往往不仅需要技术变革，还需要文化变革和真正的技能培养。人们总是很容易退回到过去习惯的样子和自己熟知的一切，尤其是在动荡不安的时代里。因此，这种转变需要自上而下的领导者角色建模和综合行动，以便将变革融入整个组织体系。

向更敏捷的工作方式的过渡应当以敏捷的方式来完成。你可以从组织的一个具体部分入手，比如某个部门。你可能已经准备好了跨部门的行动方案，但是你必须从一开始就慎重考虑人员配置，并在成员能力和工作时长等方面建立透明度。举个例子，就像上一章提到的，我们可以通过形式化支持更灵活的工作分配流程，即使一开始比例很小，比如每天只允许1小时的灵活时间（仅占全天工作时间的10%~15%）来支持其他项目。此后，逐渐扩大这种灵活性，向更多的员工和更多样的项目类型开放。先熟练掌握它，再慢慢扩大。

> 向更敏捷的工作方式的过渡应当以敏捷的方式来完成。

定义、沟通，然后重新传达组织和部门目标至关重要，这样才能让人们完全清楚组织需要做什么以及为什么要这样做。明确员工需要遵守的指导原则和界限（例如业务范畴、决策权、预算等）。要做到简单但足够清晰，要让团队感觉到自己有权在界限之内进行实验。

上一章提到的流动工作模式对这种工作方式也有帮助。关键是要在工作的供给（员工能力及其技能组合）和需求（项目需求和所需技能）方面创造透明度，同时建立一种机制，公开透明地把人员调配到不断变化的项目中去。有些技术供应商已经为这些内部人才市场提供了相关解决方案。我们要做的是将它们与一流的技术平台相结合，用于文件共享、智能信息管理和虚拟协作。

现在不需要为组织结构担忧，先考虑如何完成工作。先用恰当的方式完成工作，再调整组织结构也不迟。但很有可能，如果你做得足够好，很少有人会注意到组织结构发生了变化。

有些组织多次调整和重塑自己，终于成为行业龙头，并长期保持领先地位，数字媒体企业网飞就是一个很好的例子。不知读者是否记得，1997年刚刚起步时，网飞只是一家技术含量较低、依靠邮寄DVD（数字通用光盘）的租赁企业，而且直到2007年它才开始提供流媒体服务。从那时起，网飞开始扩展业务，在190个国家提供原创节目和本地内容。2009年，网飞在线发表了长达125页的《文化集》，不断强调"自由与责任感"、"营造环境而不是加强控制"的重要性，确保各团队做到"认同一致，松散耦合"。这些原则反映了"创新的5个C"中的关键因素。在组织环境里，确保集约单元、健康竞争、共通准则、合作网络和变革诱因的存在，将在创新、员工整体参与度和整体效能方面发挥重要作用。

其他的例子数不胜数，其中很多来自非技术性企业。比如，巴克莱银行成立于1896年，目前在全球超过55个国家拥有近5 000家分行，8万多名员工。巴克莱银行采用敏捷原则为团队赋能，鼓励灵活性，以产生"更好、更快、更安全、更快乐"的结果。它甚至把这些原则应用于审计等领域，通过在合理范围内最大限度授权，激励员工发挥最佳表现，结果审计人员将完成审计所需的平均时间减少了1/3。

表26.1可以帮助你评估你当前的立足点，以及你在这一领域最重要的优先事项。

表26.1　评估你的优先事项

从……		到……
处理繁重的次第执行，重点在于输入/活动	→	迭代的、适应性的短冲刺，重点在于输出/交付
不达完美不罢休	→	持续实验、用户验证和反馈
重控制，通常有很多决策者	→	治理即服务，真正做到授权和实验自由
基于电子邮件和多次会议的协作	→	多方面的协作技术
大量资源耗费在协调工作上	→	实时协作和决策
信息被储存在本地硬盘上，在需要时进行共享	→	信息被存储在云端，工作任务和可交付成果状态完全透明
信息囤积	→	信息共享

第 27 章
成为技术型企业

我们最近穿越回到 2010 年，坐上了一台菲亚特熊猫。这当然不是真的，但是它给我们的感觉像极了穿越。这辆车包含的科技——或者科技的缺乏——让人感叹：少得可怜的车载诊断，没有 USB 接口，没有蓝牙集成，没有巡航控制系统，没有倒车影像，没有倒车雷达，没有数字屏幕，只有 5 个挡位。仅仅 10 年后，坐进类似价位/市场定位的汽车里，我们会看到这些功能都是齐备的，而且不止 5 个挡位。就更别提特斯拉或蔚来了，它们是自动驾驶电动汽车风潮的引领者，与其说它们是交通工具，不如说它们是成熟的智能机器人。

技术正在缓慢而坚定地渗透到人类生活的每个角落。我们每天都能感受到技术的进步，虽然很慢。苹果发布了新的 iOS 系统。哦。微软发布了一款更薄更快的笔记本电脑。嗯嗯。TikTok 上线了新的视频编辑工具。你和我说这个干什么？

但是技术会累积叠加，实际上是无休止地以指数级累积叠加。比如，如今的可穿戴技术可以测量血氧水平，并在结果低于一定水平时提醒你。在增强现实的帮助下，我们现在可以直接看到宜家家具摆放在家里的样子。关键是，当经历这一切时，我们通常看到的是发展而不是革命。这等于只见树木不见森林，只要回看 5 年的时间，我们就会发现，累积的变化往往会变得激动人心。

请思考这个超级趋势：一切可以被数字化的东西都将被数字化——这只是时间问题。某个事物一旦被数字化（或者被部分数字化），它就会进入指数级增长。各行各业的组织都必须全力投入技术，继续敏锐地掌握正在发生的一切，而不是争论即将发生的事情的细节。对某些已经落后的企业来说，这意味着从现在开始进行重大的技术转型。

> 一切可以被数字化的东西都将被数字化。

数字新人类

各行各业如今都在以前所未有的速度飞速变革，我们可以肯定地说，未来 10 年，所有行业都将多次面临翻天覆地的变化。在此过程中，越来越多的人会变成"半人马"，即计算机辅助下的人类。比如，服务部门的分析工作越来越多地使用大数据、算法和自动化，甚至用它们提出初步建议。战略咨询企业也在加速部署数字化工具和数字资产，连同它们的咨询专家一起为用户提供帮助。这些工具还可以衡量员工敬业度和组织有效性，预测行业未来的发展，还可以提出改进建议。律师也在使用技术和人工智能完成重要的工作任务，包括用自然语言处理分析数千页甚至数百万页的文件。如果把这样的工作交给律师助理来做，他们恐怕要几年才能完成。不过，开发出机器人律师或机器人医生的更有可能是所谓的外行人士，就像智能手机是苹果这个"门外汉"开发的一样。在这样的情况下，我们谈论的将不再是"半人马"，而是转移，即技术将活动从生产者转移到消费者。

此外，还涉及越来越多的自动化，尤其是重复购买。比如，阿里巴巴的天猫精灵智能音箱早在 2017 年就上市了，它可以帮助消费者播放流媒体音乐、上网冲浪、控制家电，还可以在网上下单。只要简单地说一句"天猫精灵，我想买牛奶"，这款音箱和它的集成软件就会提供多种购物选择。亚马逊智能音箱也提供类似的服务，同样整合了用户的智能手机，提供订阅服务。即使是亚马逊 2014 年推出的 Dash 按钮（一个智能按钮，帮助消费者一键下单，重复购买洗衣液和卫生纸等快速消费品），如今也被智能手机和语音控制设备取代。

通常被认为技术含量低的行业也将经历复兴。比如，正如我们所看到的，农业正在从传统的劳动密集型人工劳作转向以人工智能和机器人驱动的高新科技领域。崭新的气候创新即将到来，我们将在实验室里利用干细胞培育出更可口的人造肉，这种肉生产成本更低，造成的污染更少，而且在生产过程中不会伤及动物。去中介化、数字化、自动化和人工智能的支持将在教育、医疗保健、金融服务等服务业里大面积铺开，所有与人和实体硬件有关的行业，包括交通、酒店和制造业等，都将变得更加自动化和自主，自动驾驶汽车就是个例子。其他例子包括向数字货币和数字化数据存储（如区块链）的彻底转变。手写和打印病历、银行账簿或房产证明的时代都将一去不复返。再次强调，从现在起的 10 年内，几乎所有行业都将发生巨大变化，很多行业甚至会变得面目全非。

> 去中介化、数字化、自动化和人工智能的支持将在几乎所有服务业里大面积铺开。

在技术为先的初创企业中，创造性破坏的周期变得更短

对任何一种运行良好的创新型资本主义体系来说，创造性破坏一

直是，也将永远是其重要的组成部分。1955 年的《财富》500 强企业如今留在榜单上的只有约 10%。其余的约 450 家企业要么破产，要么被收购，要么萎缩变小，这通常是由于其竞争力相对于其他企业大幅下降。

今天的不同之处在于，变革和颠覆的速度正在加快。1935 年，标准普尔 500 指数成分股企业的平均寿命是 90 年，到了 2010 年，下降到 18 年，如图 27.1 所示。最近的研究表明，企业的平均寿命还在继续下降。比如，一项 2015 年的研究发现，普通企业往往只存在 10 年左右就会被出售、并购或清算。企业的倾覆速度正在变快，从统计数字来看，现在是企业失败风险有史以来的最高点。这一切再次说明，创造性破坏的力量正在加强，而且这种趋势可能会持续下去。

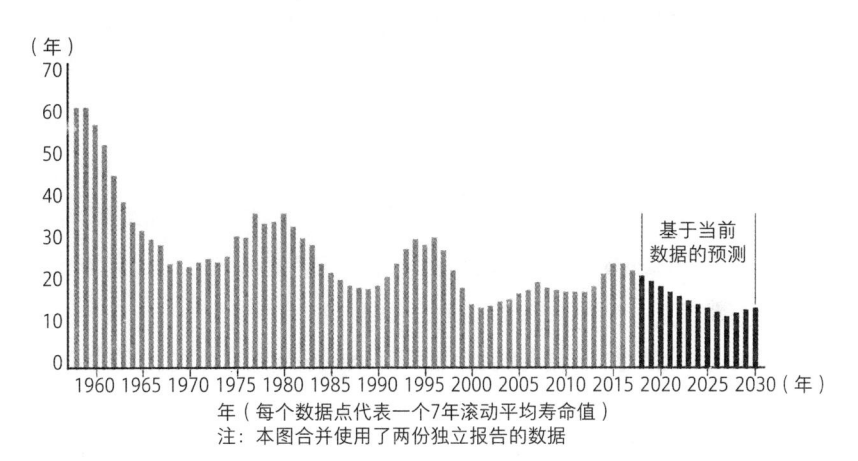

图 27.1 标准普尔 500 指数成分股企业的平均寿命

颠覆的一大驱动力是技术，更具体地说，是技术为先的初创企业。这些新兴组织正在以越来越快的速度取代成熟企业。如今，全球最有价值的 10 家企业主要是数据企业，而不是之前的石油企业、汽车制造企业、零售企业和工业制造企业。或者，也可以这样说，曾经的最大型的企业主要来自工业经济，如今的霸主主要来自精准经济。

我们还看到，日益增多的资本转向风险投资和初创企业，相对年轻的组织在整个经济中所占的份额越来越大。也就是说，创造性破坏正在加剧，随着技术趋势不断加快的商业化步伐，创造性破坏的规模会扩大、速度会变快。

所谓"技术为先"的初创企业会变得越来越多。这种现象指的是，当初创企业进入一个行业时，已有的成熟企业正在使用某些技术，但并未将这些技术作为其主要竞争特征。当一家以技术为先的初创企业进入这样的行业时，它会把前沿技术放在最优先的位置，从行业整体利润中分一杯羹。

> 在利润丰厚的行业，成熟企业越来越多地受到年轻的以技术为先的初创企业的攻击。

发起反击的传统企业最终看起来可能会非常不同，它们可能会为了生存和发展而自我颠覆。实际上，我们认为，在未来的3到5年里，绝大多数组织必将经历深刻的技术革命（从产品和服务到工作方式，从能力到文化），否则就有被甩在后面的风险。

如今，大多数成长型初创企业都是以数字方式诞生的。这些企业的优势在于，它们没有传统产品或旧的工作方式的包袱。它们一开始也没有任何用户，从表面上看，这肯定是一个劣势。但是，这也促使它们独辟蹊径，以全新的方式进入市场。这些初创企业各有不同，但是都以技术为先。

另一个有趣的双重性是，初创企业和新进入者有时可能会重新定义行业的边界，有时又会完全聚焦于一种产品。举例来说，苹果最初是一家计算机企业，如今，它的业务延伸到了个人理财、医疗保健、电视、视频游戏、新闻、图书和教育等很多领域。它就是这样通过智能的、技术为先的方式成功地分走了这些传统行业的利润。

同样的情况也发生在其他技术巨头身上，它们最初都从具体的产品做起，随后大大超出传统领域的边界。因此，成熟企业必须越来越多地把"非主流"企业视为自己的竞争对手。就拿医疗保健行业来说，苹果、脸书、谷歌、亚马逊、百度和沃尔玛都在这个价值链的各个环节站稳了脚跟。同样的情况还发生在金融、教育、媒体、新闻和其他许多行业。技术为先的巨型企业正在从各个角度发起进攻，分走越来越多的蛋糕。

> 成熟企业现在必须越来越多地把"非主流"企业视为自己的竞争对手。

这是巨头们的做法，从另一个极端来看，初创企业纷纷瞄准极为具体的产品或服务。比如，与传统银行广泛的业务范围不同，新银行企业通常专攻一点，例如企业信用卡、个人投资或数字支付等。制造业也是如此，在几乎所有领域，即使是通常由大型企业主导的领域，比如护肤品、服装、珠宝首饰和酒类等，也有技术为先的精专企业。

创办初创企业的成本不断下降。一个主要原因是，如今的初创企业可以租赁工业设备，包括先进的机器人和 3D 打印设备。它们还可以通过即服务的方式按月付费使用软件、租用云端数字存储空间，并通过自由职业人才市场外包几乎所有的工作任务。因此，与过去相比，如今创办企业的成本通常可以控制在极低的水平上，它们几乎不需要固定成本和初始投资，这也让它们更容易获得风险投资。

这让它们能够以相对较低的风险进入市场，专注于一种产品，然后快速出击。这种竞争策略被称为"色拉米香肠战术"（类似于我们平时切香肠）。较小的、技术为先的企业每次从成熟企业身上切下薄薄的一片利润。每次动作都很小，不足以引起对方强烈的反击，但是随着时间的推移，市场份额可能会发生戏剧性的转变。

> 倚仗不断下降的运营成本和不断增加的融资机会，初创企业常常会一块一块地蚕食由传统企业控制的利润池。

当然，成熟企业有自己的优势，它们通常拥有更强大的资产负债表和现有的忠实用户基础，这让它们在面对经济冲击和经济衰退时更有韧性——就像很多行业在新冠病毒感染疫情期间经历的那样。成熟企业通常也会在能力建设、投资和人才招聘等方面有更大的预算。

不过，这里的趋势很明显，成熟组织在规模和深度方面的优势往往不足以保证其生存。在惨遭颠覆之前，它们必须思考技术为先（这通常意味着数字技术）和自我颠覆的问题。那些把技术视为机会而不是威胁的组织终将走向繁荣，它们的努力也更容易获得回报。反之，那些不这样做的组织会落后于竞争对手。

> 随着创新速度的加快，创造性破坏的速度也在加快，而企业的平均寿命却在缩短。对传统企业来说，一种显而易见的对策就是尽可能地自我颠覆。

在20世纪80年代和90年代，数字化转型意味着拥抱计算机和随之而来的一切，把之前通过模拟方式完成的工作转到计算机上，包括使用万维网搜集信息、共享文件、收发电子邮件，以及创建网站、在线联系用户等，使用范围越来越广。对一些幸运的人来说，数字化意味着可以使用寻呼机、掌上电脑，甚至是手机。对大多数人来说，这些变化是深刻的。

在21世纪的第一个10年里，数字化转型意味着注册脸书、优兔、推特等新型社交媒体平台的账户，并建立线上销售渠道，甚至是数字化商业模式。最具前瞻性的企业开始接受数字支付。2010年之后，各组织开始认真对待社交媒体营销，利用消费者数据做销售。对大多数组织来说，这些变革都是深刻的。

不过，对大多数组织来说，直到2015年或之后，数字化转型才真正意味着更强大、更深刻的技术，如云、大数据分析、人工智能、数字化和自动化。最近，一些组织才开始涉足虚拟现实、增强现实、物联网、可穿戴技术和3D打印等领域。对很多组织来说，这些变化仍然是深刻的。

无心插柳的技术企业

技术本该是组织核心的一部分，但令人遗憾的是，很多企业仍然把它视为一种边缘功能。技术正在融合并终将彻底、不可阻挡地改变整个商业格局。与其疲于奔命地继续追赶，不如承认，如果想生存下来，几乎所有的企业在未来都会成为技术企业——无论它们喜欢与否。如果向技术企业的转变确实是无意的，或者在某种程度上是迫于无奈的，那么组织应该把它变成有心的，而且越快越好。

> 现在几乎所有的企业都是技术企业，无论它们喜欢与否。

早在2020年新冠病毒感染疫情开始前，数字化就已经潜入各行各业，2020年和2021年采用率又大幅上升，涉及的领域包括娱乐业、公共设施、公共服务、银行、教育、医疗保健和零售等。有趣的是，在这一时期，巴西、印度、中国和墨西哥等发展中国家的数字化普及率增长更快，这说明它们正在赶超欧盟和美国，部分原因是前者成功地绕过了传统技术。

怎样在实践中做到技术为先？

成为一家科技企业要从人和文化两方面做起。各部门的领导者和员工必须从根本上提升技能，改变工作方式。也许奇怪的是，即使是像微软这样的技术领导者也很难适应全新的数字革命，而萨提亚·纳德拉在2014年成为微软新一任首席执行官后所做的第一件事就是，重新设定并对组织的文化和协作方式进行全面转型。纳德拉指出："创新已被官僚主义取代，团队合作已被内部政治斗争代替。我们已经落后了，更令我沮丧的是，我们居然坦然接受了这一切。"

如果一件事对微软来说不算轻松，那么它一定不轻松。纳德拉首先为每位高管发了一本必读书，这本书是马歇尔·卢森堡的《非暴力沟通》，它讲的是同理心的关键技巧。纳德拉深知，如果想要发挥自身的潜力，微软就必须打破部门之间的孤岛，让公司的各个部分在全新的、以市场为导向的思想上协同合作。他还想方设法建立一种学习型文化，通常来说，企业越成功越难做到这一点。但是他希望微软能从一种"无所不知"的文化变成一种"无所不学"的文化。

> 从一种"无所不知"的文化变成一种"无所不学"的文化。

顺便问一句，为什么纳德拉如此重视同理心？因为它不仅是内部协作的关键，也是创新的关键。纳德拉知道，如果没有同理心，微软永远无法真正理解用户的需求，更不要说满足用户的需求了。以用户为中心是成功的初创企业最重要的特征之一，它需要一种基于设计思维和以人为本的根本不同的解决问题的方式。

应该如何应对实际的技术？根据我们的经验，组织中的大多数员工都听说过区块链、大数据分析、机器学习，也许还有物联网，但是很少有人能真正解释清楚这些概念，更不用说应用它们来改进自己的日常工作了。你的企业文化和出发点也许和微软很不一样，但是你可能同样需要在某种程度上提升技术能力，同样需要招聘新人，而且速度要快。

接下来是技术的应用和实验。公司采用了实验和学习的路径，但这种迭代通常要在跨部门团队中进行。结果，很多组织都会在这里卡壳。比如，在本书写作时，我们称为相关标准技术的技术（如果有）在主流金融行业里还没有得到足够好的部署，参见图27.2。

请标出贵组织利用以下技术实现预期业务成效的准备就绪水平（5分制，1分为极低，5分为极高）

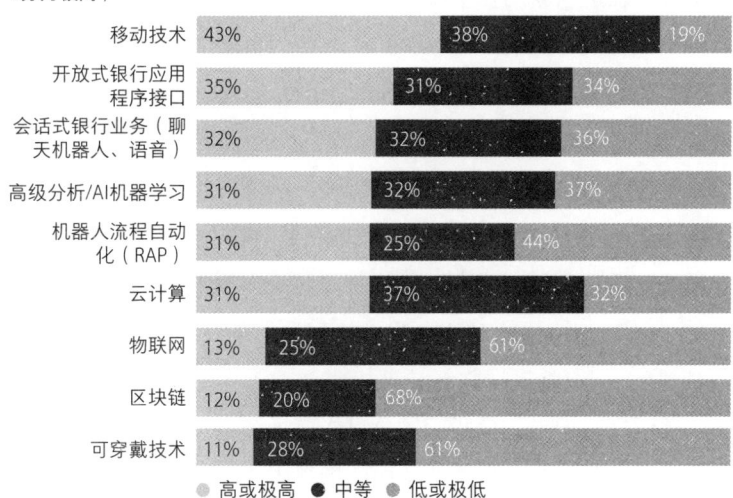

技术	高或极高	中等	低或极低
移动技术	43%	38%	19%
开放式银行应用程序接口	35%	31%	34%
会话式银行业务（聊天机器人、语音）	32%	32%	36%
高级分析/AI机器学习	31%	32%	37%
机器人流程自动化（RAP）	31%	25%	44%
云计算	31%	37%	32%
物联网	13%	25%	61%
区块链	12%	20%	68%
可穿戴技术	11%	28%	61%

图27.2 金融机构利用数字技术的准备就绪情况

（利用以上技术实现预期业务成果的准备就绪程度）

走进赢家通吃的竞技场

在实际工作中，组织必须借助用户旅程图和对融合技术的理解完全重新定义自己通过产品和服务创造价值的方式。这往往意味着颠覆自我、颠覆自己的核心商业模式。在数字化转型方面，确立方向和大胆行动的重要性仍然有效。

以下3种现象决定了市场常常是赢家通吃的：

- 网络效应（用户越多，服务的吸引力越大）
- 转换成本（对用户来说，转换供方太复杂）
- 大数据（最大的竞争者拥有最上乘的知识）

这就是为什么对许多科技公司来说，大胆的先发举措往往获益良多。不过，在进入新的技术市场时，快速跟进战略和高效的执行也可以产生重大价值。这也意味着，如果你认为自己的企业算不上科技公司，但是你打算把它变成科技公司，那么这些都是你需要遵守的新规则。

纳德拉大力推进云计算，大胆决策，从许可转为订阅模式，免费提供Windows系统，通过即服务形式提供Xbox（电视游戏机）游戏，放弃诺基亚手机项目，改进用户体验。在关停不成功的业务时，他从不手软。另外，纳德拉对"自我价格颠覆"的认识也与大多数人不同。"实际上，走向云端并不是自相残杀。转变我们的商业模式也许需要一些时间。但是，就我们的总目标市场和为用户增加更多价值的能力而言，这是一次大规模的全面市场扩张。"

用技术服务用户

我们频繁地需要大胆的决策，这也适用于内部流程和工作方式。

每位员工都有自己的用户,他们可能只是内部用户。我们必须不断地、想方设法地借助技术重新设计为用户服务的方式。比如,大数据分析、人工智能和机器人流程自动化在今天已经得到广泛应用。从你已经掌握的数据开始做起,把它当作你的起点。有些语音辅助技术对大多数职能部门都是有用的,管理者应该配备一些机器人,为重复性的任务提供支持——实际上,为什么不把可支配的机器人数量作为企业成功的衡量标准,用它取代领导者麾下的员工数量呢?

> 每位员工都有自己的用户,无论他们是内部用户还是外部用户。每位员工都要不断地思考一个问题:如何利用技术更好地为用户服务?

在数据的利用方面,领先企业做到了智能化,它们会根据实时数据流做出决策。很多这样的决策都是自动化和预测性的。比如,算法影响了亚马逊用户大约 1/3 的决策和网飞用户 80% 以上的决策。网飞立足于多种因素,精准地预测到电视剧集的成功,随后购买版权或者投入时间来制作它们,最后大获全胜,这样的故事太多了。当然,也有让人意外的惊喜之作,如《鱿鱼游戏》等,不过算法会立即把这些新情况纳入自己的学习范围。

很显然,技术的指数级增长和融合是所有成长型企业必须成为科技企业的核心原因。此外,我们还看到很多初创企业活动成本的飞速下降,这意味着新的竞争对手可以更快地颠覆市场。初创企业通常是天生的数字化企业,相较于成熟企业,初创企业在这方面具有与生俱来的独特优势。

不仅如此,新世代是拿着智能手机长大的,他们希望拥有飞快的、持续在线的、可自助处理的解决方案。领先的社交媒体平台用出色的用户体验宠坏了他们，他们希望在其他网站和应用程序上获得同样流畅的体验。如此看来，就像新一代的企业可以诞生于数字化一样，新一代的用户也可以。

> 新一代企业往往是数字化的，新一代用户同样如此。

数字化重生之路

数字化转型是一个持续多年的旅程，它必须涉及企业的每个领域，并且应该以数字化为中心，而不是得过且过地应付。它涉及战略、系统、能力和文化、流程和数据等多个方面。它要求我们有广阔的视野，而不是专注于特定的技术，建立和招揽一支真正的数字员工队伍，能够驾驭和应用各种尖端技术。

制定数字战略既需要解决短期问题，确保你不会错过眼前的潮流，也需要做出必要的、中长期的冒险选择。它可能需要大量投资，我们往往要在看上去为时尚早，甚至5年内不可能实现盈利的情况下做出投资。关键是要走在潮流的前面，掌握正确的能力和经验，而这些能力和经验只能通过一次又一次的实践和实验来获得。你可能不得不因此做出很多方面的转型，包括你的能力和文化、核心技术堆栈、数据和分析以及核心流程。还是那句话，如果一件事对微软来说不简单，那么它一定不简单。

在能力和文化方面，要明确哪些人需要知道哪些事，并在能力建设方面投入大量资金。此外，通过聘用顶尖的技术人才来填补能力差距——跨越式发展——而不是疲于奔命地追赶，在未来会获得更多回报。文化的变革离不开整个体系的改变，包括激励机制和人才管理体系、师父带徒弟式领导、角色建模和沟通等。下面4个问题可以很好地帮助我们检验自己的工作：

- 人们有没有得到恰当的激励,把数字化放在优先地位?
- 人们知不知道优秀是什么样的?
- 领导者有没有提出正确的问题?
- 员工是否理解事情的紧迫性,知道自己应该做什么?

要定期统计进步情况,比如,统计具备数字技能与专业知识的员工的百分比,掌握员工对各种技术的理解情况,了解员工对数字化转型的持续情绪。

在流程方面,要把用户放在一切工作的中心位置,无论是内部用户还是外部用户。要让创建用户角色、旅程地图、同理心地图和其他设计思维工具成为必备的能力。与其改进流程,不如重新构想它。衡量用户满意度,并把它作为标准衡量尺度,应该成为标准衡量尺度的还有净推荐值。这也适用于内部用户。

在数据方面,要培训或招聘足够多的数据专家,他们可以构建和分析数据架构,还要有能够以足够的广度跨越组织业务和数据世界的人才。可以考虑使用数据科学即服务企业。数据已经成为新时代的石油,全球最有价值的企业都是有能力驾驭最优质数据的企业。

下面还有几句话是有关网络安全的,虽然我们不是这方面的专家,但我们可以引用美国联邦调查局原局长罗伯特·穆勒三世的一句话:"世界上只有两种公司:遭受过黑客攻击的公司和即将被黑客攻击的公司。"有些人可能会认为存在第三种类型的公司:遭受黑客攻击却浑然不知的公司。这并不是一句玩笑话,请把它当成严肃的警告,并加大网络安全方面的投入。

总的来说,建立生态系统视角并采取大胆行动至关重要。云服务和万物即服务的风险在于,供方的分布过于稀疏,这会让接下来的整合成为一场噩梦。当然会有迁移,而且是及时的迁移,但是,选择轻松的方案、更长时间地留在传统系统里意味着与未来的高效率失之交臂。

我们可以通过一些切实可行的办法加速数字化重生，比如，你可以选出10种最重要的流程，敦促这些流程的负责人使用新技术重新构想它们。有些组织甚至要在这个步骤之前加上一步：先找到流程的负责人。如果你能落实这些大胆的设想，你就有可能更快、更高质量地完成流程。同样，我们还可以选出最重要的5种重复性决策，比如招聘、推广、新业务投资或采购等，并询问如何在大数据和人工智能的帮助下从根本上改善这些决策。

表27.1可以帮助你评估你当前的立足点，以及你在这一领域最重要的优先事项。

表27.1 评估你的优先事项

从……	到……
模拟企业，技术是附加的或事后考虑的	数字为先的企业，技术是企业的遗传基因
技术战略支持整体业务战略	技术和数字化是战略本身的核心组成部分
员工并不完全理解最新技术，不知道如何把它们用于日常工作	员工成为技术引领者，不断突破现有技术的极限
烦琐的内部流程和传统系统，缺乏改进的动力	重新构想的、自动化的、简便的内部流程，用来衡量内部用户满意度
通常在很少或根本没有实时可用数据的情况下做出决策	数据驱动的决策，基于大数据分析和预测性洞察

第 28 章

保持组织活力

电影院是绝佳的休息消遣场所，它是我们暂时逃离日常生活的好地方。而在 IMAX 影院观赏扣人心弦的 007 传奇故事《无暇赴死》、沉浸在环绕立体声中，绝对是另外一种体验，你会忍不住被这部电影迷住。

令人遗憾的是，组织常常将创新视为一系列行动方案和活动，把它们限定在少数的公司项目里，同日常业务活动割裂开来。这些做法会让每个参与其中的人都忙个不停，表面上看似乎是一种进步，但实际上什么都没改变，因为组织的基本结构、文化和商业模式丝毫未变。这被人们戏称为"创新剧院"——动作很多、娱乐性很强，但充其量只是对现实的暂时逃离。这就像帅气的牛仔只有漂亮的帽子，却连一头牛都没有。顺便说一句，徒有其表的创新剧院不仅仅发生在企业里，当公共服务部门通过投资手段激励创新时，这样的情况也很常见。

组织是怎样失去适应能力，走向消亡的

可以把组织想象成人的身体，它们会衰老，因为它们会在个人和

组织层面发生僵化。人类大脑的原始能力也会在年轻得令人尴尬的年纪达到最高点——大多数是从十几岁到二十几岁，这要看处理哪方面的任务。因此，我们有时会依赖经验法则、习惯和偏见来解决我们经常面临的问题。这些心智模式可以有效地帮助我们快速行动，但是它们也会妨害创造力和创新。"我从前就是这样做的，所以现在也要这样做。"

组织也会在结构、流程、绩效和奖励体系等方面产生僵化，这同样有助于协同工作和快速执行，但同样不利于创新。不过，适应未来的组织不会允许自己过于僵化，也不会让自己过得太舒适。相反，它们会持续不断地自我革新，而不是坐等被人颠覆。

> 逐渐丧失适应能力是组织的自然趋势——这和人体自然发生的情况一样。

当研究组织失败的根本原因时，我们会发现，组织失败的大多数情况可以归结为未能适应不断变化的外部环境。究其实质，是外部环境与组织的内部战略以及运行模式之间存在不匹配的情况。失败的组织并不是"坏运气"的牺牲品，它们往往未能行动或行动太迟。实际上，在与很多企业领导者的会谈中，我们探讨了组织失败和失误的根本原因，结果往往就是少数几种原因。它们几乎总是可以归结到企业的组织方式、决策方式、领导方式和文化上。

天下无敌的偏见和过度自信。 认为当前战略和运营模式是未来成功的保证，因为它们在过去是有效的。

决策偏差。 受到可用信息的影响，即使它是不相关的（锚定偏差），为新近的事件或我们可以想起的事件分配更大的发生概率（近因偏差和可获得性偏差），寻求肯定性而不是否定性证据（证真偏差)。

畏惧冒险。选择"较为安全的冒险",而不是未知的或高风险高回报的冒险(损失厌恶偏差)。它会出现在各类决策中,小到在会议上的发言,大到各种各样的战略选择。

目光短浅。关注短期回报,而不是等待更大的未来回报(现时偏见)。财务和非财务激励往往会加强短期行为,包括与股票期权相关的奖金以及季度和年度业绩 KPI。短期思维还可能发生在领导者即将退休或想要另觅出路时,这会让他们推迟或回避启动长期行动计划。

线性偏差。认为一个量的变化必将引发另一个量成比例的变化。人类偏爱线性思维,经常认为一个量的变化会让另一个量产生成比例的变化。这和指数趋势及技术融合完全背道而驰,这样的偏差一旦发生在战略层面,就可能造成致命的影响。

这个列表也得到了更全面的研究的支持,这些研究发现,企业的衰落往往是自己造成的,并遵循某种可预测的模式。让人略感宽慰的是,这些失误并不是不可避免的,组织可以保持扭转局势、重塑自我的能力。

释放创造力

2021 年末,《鱿鱼游戏》在网飞上线。只用了不到 4 个星期的时间,它就成了该平台收视率最高的节目。故事讲述的是 456 名债台高筑的参赛者接受了邀请,在一系列的儿童游戏中角逐,胜者会获得超级大奖。但问题是,如果输了一场比赛,他们就会丢掉性命。是不是非常惊险刺激?

其中一个游戏是在一个直径约 10 厘米的圆形椪糖上抠出预设的形状。给定的形状浅浅地印在椪糖的表面上,所以有图案的地方更薄，也更易碎。参赛者手上只有一根针，而且必须在10分钟之内抠完。如果破坏了形状或者超时，他们就会被射杀。

你可以想象，参赛者血管里的肾上腺素在迅速飙升，尤其是当他们听到枪响，看到其他选手因为抠破椪糖而被射杀倒地时。他们的手在颤抖，他们一边拼命集中精神完成手头的任务，一边禁不住汗流浃背。不用说，同样是尝试新事物，这样的环境让冒险变得难上加难，因为它的成本实在太高了。压力重重的环境会触发交感神经系统，让我们变得更警觉，随时准备采取行动，但它也让我们更多地忽略周围的环境，降低同理心，让我们对新想法变得没那么开放。

为什么会有那么多组织要以等级权威为驱动力，而不是基于信任和支持来做管理？想要真正释放创新的力量，组织必须用积极的眼光看待机遇和挑战，帮助员工发挥最佳水平。这就需要创造一种积极的、以实力为基础的、支持性的环境，奖励创新和新思维。然而，这并不意味着完全放手，创造力需要一定程度的约束才能发挥出最高水平，这确保了组织朝着同一个方向前进。

癫狂的结构

人们很容易将创新视为一种突然改变产品和行业面貌的天才在辉煌时刻展开的活动。它绝对是艺术、技能甚至科学的结合。但是，最具创新性的企业在解读超级趋势和处理走近创新方面都非常有条理，它们非常清楚自己在寻找什么类型的创新（例如渐进式创新、颠覆式创新、激进的创新）。它们为此建立了一套严格的创新流程，通常包括以下几个步骤：

- 建立激励人心的目标，所有部门上下齐心构建用户机会
- 发现、用户互动、创意构思

- 创意评估（例如，创意的吸引力、合理性、可行性）
- 用户测试与验证（例如，概念验证、最小可行性产品、最早期版本、测试版本和对比测试）
- 发布准备就绪的产品
- 执行和规模化

这种创新漏斗从大量的创意开始，然后经过多道"大门"和"检查站"的筛选，确保它们符合某些标准。这绝对是一种数字游戏，因为即使不是绝对的不可能，事实上也很难预先找出最终胜出的创意。一项研究发现，在对初创企业的 100 笔风险投资中，64.8% 以失败收场，33.7% 小有斩获（获得 1~20 倍的回报），达到 20~50 倍回报的只有 1.1%，收获 50 倍或更多投资回报的只有 0.4%——1 000 笔投资中仅有 4 笔。

预期回报越高，你需要小笔投入的项目就越多。把风险降到最低的一种办法是使用计量资金，新创意或新项目在整个过程中需要通过 4~5 道关口，每通过一道关口，获得相应比例的资金，而不是事先批准全部预算，虽然这是组织在处理年度计划时惯常的做法。

> 大型组织的创新方法之一是同时启动多个项目，但使用分阶段计量出资法：新创意或新项目在整个过程中需要通过 4~5 道关口，每通过一道关口，获得相应比例的资金。

组织的价值？

由于变革的速度如此之快，问题的性质变得如此复杂，所以不可能自上而下地规划好一切。最好的创意有时候是偶然产生的，是无心插柳的结果。因此，无论是创意的产生、创新，还是它们的执行，都必须在整个组织的支持下完成。距相关活动最近的员工，以及实际操作相关工作的员工往往具有独特的用户识别力和业务洞察力，他们可以释放出大量的创新想法。我们必须为这些人提供必要的支持。

> 创意的产生和创新必须在整个组织的支持下完成。

领先的组织运用各种各样的方法帮助个人和团队发现机会并采取行动。我们已经讨论了创建平台的重要性，在这些平台上，自组织的、获得授权的团队可以自由合作。

另一种无悔的做法是通过数字化和面对面模块打造规模化的核心创新能力，这些模块可以是设计思维、绘制用户同理心地图和用户旅程图、构思和创造力（是的，它是可以学习的）、绘制商业模式（记录关键假设和创意可行性）以及快速原型等。这种做法的立足点同样是无悔的，那就是加强对组织技术流畅性和数据素养的召唤。

为这些种类的创意提供充足的资源同样很有帮助，无论是资金、时间（比如，允许员工拿出一定比例的时间用于副业），还是其他资产，如共享VR/AR头戴设备、3D打印机，或者员工可以尝试将想法变为现实的"微型工厂"等。其他可能的办法还包括：

- 内部创业计划，为选定的员工提供有计划的理论和实践辅导（爱立信就是这样做的）。
- 灵感预算，个人或团队可以用它来邀请演讲嘉宾、举办活动，帮助自己走出舒适区和日复一日的常规生活，激发新的思考方式。
- 改造物理办公空间，以促进更多的协作和创造力。
- 任命创新传道者。

我们合作过的一家公司在全公司范围内设立了实体和电子意见箱，并**保证**所有意见在 48 小时内得到审阅和回复。

我们也见过很多组织采用创新活动和奖励的办法，包括举办《龙穴》或《创智赢家》之类的比赛（这是两档真人秀节目，参赛的创业者在节目上向潜在投资人宣讲自己的项目）。这种活动也可以吸纳外部参与者。比如，希尔顿酒店就曾经通过《龙穴》节目遴选供应商，目的是节约资金和减少对环境的影响。

创新成为整个组织的优先工作

除了为个人创新提供支持，组织还必须做出决策，在统一的方向上激发更广泛的资源。比如，IBM、脸书和 NASA（美国国家航空航天局）广泛采用的创新赛事活动和黑客马拉松等，这些活动把员工聚集在一起，在有限的时间内合作攻关，解决具体问题。人们有时会带着睡袋来到赛场，不间断地比赛 24 小时到 48 小时。线上黑客马拉松的优势是可以向全球观众开放，有时在线观看人数能达到数万人。

有些组织会成立"红队"，它的唯一目标就是找到方法，颠覆本组织。"臭鼬工厂"项目也是一种应用广泛的策略，它通常需要一支精英小分队研究和开发一个项目，追求大胆激进的成果。臭鼬工厂项目的优势在于，团队可以独立运行，不受现行组织流程和规范的限制。这些项目有时是保密的，只在成果发布后才会被披露。"臭鼬工厂"的名字来自美国航空航天制造商洛克希德·马丁公司，该公司在第二次世界大战期间采用了这种工作方式，并一直沿用至今。臭鼬工厂通常建在远离总部的地方，团队拥有更高的自主权。工作成果一旦被验证是成功的，这些项目就会被扩大规模并整合到核心业务中。不过，也有些组织寻求为此建立新企业，并把它当作一种商业模式。对这些企业来说，成功的含义不是重新整合，而是建立一系列的衍生企业。

还有多种组织杠杆可供选择，比如，强生公司通过去中心化的方式激发创新和培训企业领导者。有些组织通过大规模招聘迅速提升团队技能，激发新思维。比如，它们可能一次招聘几百名数据专家、设计思维专家和创新专家，或者为公司准备进入的特定行业聘请行家里手（比如汽车企业招聘能源专家和电池工程师等）。通过建立新的卓越中心或横向组织单位（跨实体创新部门），可以把这种做法正式化。打造一个更多样、更兼容并蓄的组织是增强创新和创造力的另一种途径。

一手交钱，一手交创意

如果不考虑生态系统层面，那么对创新的讨论是不完整的。要想获得顶尖人才、创意和执行能力，需要发挥元组织（如专家、年轻人和用户顾问委员会）、众包创意的力量，甚至需要建立企业风险基金和加速器，投资和支持初创事业。并购可以一网打尽地获得新技术、知识产权和人才，近年来，巨无霸组织之间的联盟日益增加，例如亚马逊、伯克希尔 – 哈撒韦和摩根大通等。

其他的生态系统策略包括建立应用商店（如苹果和谷歌）、组织或加入平台（如微软和阿里巴巴）、开源（如特斯拉）、开放式架构（如瑞士信贷），以及开发商业枢纽（如阿联酋和中国建立的免税区）等。

35 种生存之道

如果你的组织已经不再年轻，而你认为它也没那么垂垂老矣，表 28.1 列出了 35 种企业创新制度化方法供你参考，它们覆盖了个人/团队层面、组织层面和生态系统层面。

表28.1　35种企业创新制度化方法

个人／团队层面	组织层面	生态系统层面
自组织和赋能团队	系列衍生企业	元组织
大规模构建核心创新能力	臭鼬工厂	众包
内部创业项目	去中心化	企业风险基金
灵感预算	横向单位	企业加速器和孵化器
创新奖项	新的卓越中心和数字工厂	并购
内部《龙穴》	商业模式克隆，快速复制他人的成功	结盟
专用于个人项目的时间百分比	创新赛事活动	开源
资源的获取	线上黑客马拉松	开放式架构
线上意见箱，承诺行动	加入外部创业加速器	应用商店
改造虚拟和现实办公空间	公开透明的创新仪表盘	枢纽式发展
任命创新传道者	颠覆性的、大胆的、覆盖全组织的活动	跨生态系统协调和参与
	打造多元团队	
	成立"红队"	

如你所见，可预测的、大众化的创新需要一个整合式的、协调一致的方法，而不是一些创新剧院式的行动方案。它和组织的其他部分紧密相连，并建立在激励人心的目标的基础上，通过大胆的行动设定方向而不是目的地，实现自组织和赋能团队，成为一家科技企业，并利用更广泛的生态系统。

所有这一切的先决条件是，组织会持续不断地、充满竞争力地管理核心业务，而不会失去重点。适应未来的组织，其管理兼顾当前和未来，并且相应地管理预算和人才。我们通常不建议把所有的顶尖人才都集中在失败的项目里试图力挽狂澜（过去的大型企业喜欢这样做），也不建议把他们推到未经验证的、光芒四射的新项目里。相反，我们应该采取一种全面的方法，既考虑当前和未来的需求，也考虑顶级资源和各种需求岗位的具体技能的对比。

表28.2可以帮助你评估你当前的立足点，以及你在这一领域最重要的优先事项。

表28.2 评估你的优先事项

从……		到……
财务目标和畏惧心理驱动的、规避风险的组织	→	积极把握机会，充满鼓励，拥抱可能性的文化
创新是昙花一现的奇观，需要的管理或流程有限	→	结构化和稳定流动的创新，有管理的组合
基本上是自上而下的创新	→	充足的资源、支持和激励使创新无处不在
不容许变革，不接受颠覆现状	→	通过多种手段在整个组织层面开展大胆的行动（例如，臭鼬工厂、黑客马拉松、建立新的卓越中心）
封闭式创新路径，"非我族类"式心智模式	→	生态系统式路径，合作开放的心智模式（例如，结盟、众包和企业风险基金）

第 29 章

关于学习过程：优兔案例

假如给你组织里的每个人发 1 000 美元，并要求他们只许亏损不许盈利，你会有何感想？如果我们要求员工抛下日常工作随便挥霍这 1 000 美元，把压力和挫败留给明天，你又会有何感想？你会不会觉得我们疯了？假如我们要求你年复一年地重复这个过程呢？

上面的描述和如今很多组织里的"学习与发展"情况很相似。我们承认自己有些夸张，但也只是一点点。从历史上来看，学习和知识管理从来都是落后一步的，而且很多时候被视为毫无必要的成本中心。识别技能差距依赖于每年或每两年一次的绩效评估，然后，这些技能差距被塞入学习与发展项目，而这些项目全靠面授教学。这样的做法早被业务发展速度和现代工作的完成方式远远甩在了身后。

全球组织每年在培训和发展上的花费近 4 000 亿美元，但是几乎没有哪个组织能够真正看到其学习努力带来的底线影响和正向的投资回报。一项调查告诉我们，75% 的经理对公司的学习与发展职能不满意，70% 的员工指出，他们并未掌握完成工作所需的技能，只有 12% 的员工把学习与发展项目中学到的新技能应用到实际工作中。这实在值得我们深思。

外部环境并不是一成不变的。我们都知道，行业被颠覆的速度比以往任何时候都快，5年后的岗位和技能要求一定和现在大不相同。世界经济论坛预测，从2020年到2025年，50%的员工需要大量学习新技能。

为什么会这样？随着技术不断自动化那些重复和简单的任务，人类必须承担起更具创造性、更抽象的任务，这些任务需要更高的情商、概念性的问题解决方法和系统思维。

在这里我们无意把所有的责任都推给人力资源或学习与发展部门，因为成功也需要更广泛的企业文化的转变，每个人都要肩负起自身的责任。不过，事实胜于雄辩：随着周围世界的加速发展，我们必然需要一种新的学习范式。

面向真正变革的教学

让我们从学习策略讲起。大多数组织的学习管理工作都不尽如人意，组织经常把这项工作下放到很多层级里，并采取被动应对的方式。用于学习的预算和很多其他预算一样，往往都是按年制定的，与实际工作需求相去甚远。在业务转型的过程中，人们经常在时过境迁之后才想到学习这码事。

这种方法完全置战略性学习需求于不顾。在最坏的情况下，员工会把这些预算随便用在自己喜欢的事情上，因为他们有钱花。从员工参与和激励的角度来说，这不一定是件坏事，但是，这样的做法不应该和工作技能培养混为一谈。

相反，组织应该把学习与发展和自己努力实现的转型和目标结合起来，并将学习与发展作为战略的直接推动力量。也就是说，不要只是教你怎样做你已经做过的事——只是为了把它们做得稍微好一点儿。相反，你应该发现自己真正想做的是什么，然后直奔核心，围绕它开展教学。

比如，一家银行呼叫中心的战略可能同时旨在通过自动化重复和简单的呼叫来降低成本，以改善用户服务并增加每位用户荷包所占的比例。目标确实不少，但是现实情况只有一个。从这些目标向后倒推，组织可以确定未来呼叫中心接线员所需的具体行为和技能。比如，在新型呼叫路由技术和 AI 互联网机器人的支持下，呼叫中心专员不再需要接听更改地址或账单明细等简单任务的呼叫，而是必须专注于解决更复杂的问题，如支付争议、诈骗，甚至将呼叫服务的新渠道视作销售新产品。这些技能一旦被定义，组织就可以审视呼叫专员当前的技能水平，据此设计学习干预措施来弥合这些差距。以商业战略为最高学习目标，把二者完全连接起来。

随之而来的是转变衡量学习影响的方式。科氏培训效能评价模型这样的典型框架把学习与发展的影响分成 4 个层次来衡量：

- 参与者对培训的反应
- 学习程度
- 工作中的行为改变
- 学习与发展对业务结果的贡献

如今，大多数组织都在用错误的顺序衡量学习与发展的影响。人们主要关注衡量参与者对学习的反应（培训是否吸引人？人们为此投入的时间是否值得？辅导员的表现怎么样？），他们还在培训前后借助简短的多项选择评估表来衡量参与者的学习程度。后两个层次反映的是培训的实际结果，在实际工作中很少被衡量。

适应未来的组织必须颠覆这种衡量框架，以倒推的方式创建学习策略。这首先要定义学习与发展试图实现的业务目标，比如，银行呼叫中心把首次呼叫解决率从 73% 提高到 75%，并将用户净推荐值从 20 分提高到 35 分。然后，在特定人群中确定完成这项工作所需的技能和行为（例如，关于信用卡产品的知识、解决争议的技能和同理心），评价当前所有关键技能的熟练程度，优先考虑需要关注的技能差距，然后制定学习方案（既包括正式培训，也包括岗上培训），缩小这些差距。

> 针对具体业务目标开展培训，而不仅仅是为了获得技能本身。

由此得到的学习策略可以清晰地描绘出有多少人需要掌握哪些技能，需要掌握到怎样的程度，以及在何时完成。接下来，根据优先级和缩小差距所需的措施来确定预算。缩小技能差距不仅被视为内部学习与发展部门的分内工作，而且是学习与发展部门和业务部门共同的KPI。学习与发展部门被视为业务部门的合作伙伴，而不是服务提供者，投资回报可以更清楚地与提高 OKR（目标与关键成果）的价值挂钩。

调适

在新冠病毒感染疫情大流行之前，很多学校和组织的教室还是很久以前的老样子：讲授者对台下人们在技能和经验方面的差别一无所知；这是一种一刀切式的讲授方式；学习远离其本身的实际应用；知识的学习发生在它被需要的时候。

学习与发展通常仍然是为面对面的世界而设计的，在这个世界里，工作、任务和员工都很稳定，执行速度和决策极其缓慢。这在当今世界根本行不通，因为任务越来越多地基于项目，经常由临时团队承担，团队成员越来越多地由临时（自由职业）人员充当，而且对工作完成速度的要求越来越高。技术不仅改变了我们需要学习的内容，还改变了我们学习的**时间**、**地点**和**方式**。学习与发展要有效地支持组织转型，首先必须完成自我转型。

令人欣慰的是，这样的转型正在发生，事实上，我们现在看到了从"以防万一"式的学习向即时学习的转变。这意味着，人们不需要为了学习而远离工作地点（比如，在教室里集中学习），它就发生在工作过程中。

它在技能需求方面也更有针对性。人们可以在短时间内（有时只需几分钟）学习，而不必坐上好几个小时听面对面的讲座。专门讲解一项特定技能或辅助技能的数字微课程让这一切成为可能。事实证明，这种微学习远比传统的批量学习有效得多，因为它更适合个人，更容易获得，可以在最需要时学习，符合大多数人的习惯，尤其是年轻人的媒体消费习惯（边走边看、偏爱看视频、短小精悍）。

> 我们现在看到了从"以防万一"式的学习向即时学习的转变：人们不需要为了学习而远离工作地点（比如，在教室里集中学习），它就发生在工作过程中。

微学习即服务

这样做还有一个好处，就是从一刀切式的批量讲授转向个性化的按需取用方式。意大利联合圣保罗银行就是个很好的例子，这家银行发现，它对传统正规课堂和电子学习方式的依赖与业务需求脱节，因为这种学习方式速度缓慢、不可扩展，并且提供的度量和分析很有限。这家银行受到网飞和优兔等公司的启发，创建了一个云学习平台，其中包含了重新设计的、针对各种技能的微学习内容。学习者现在可以获得个性化推荐和基于他们当前需求与偏好的各种建议，就像优兔提供与用户过去观看和喜欢的内容相关的推荐和内容一样。员工可以很容易地搜索到自己想要的其他内容。也就是说，学习不是被批量地推给人们的，相反，学习是按需拉动的。

这听上去很像优兔，结果大大减少了招聘新员工、进行再培训和处理各种变化所需的时间。意大利联合圣保罗银行的呼叫中心专员可以更轻松地开发新产品或学习新技能，如复杂的纠纷调解，有了学习即服务平台的支持，他们可以一边工作一边学习。

> 同教室里一刀切式的方法相比，优兔创建个性化播放列表的做法为我们的学习带来了更大的启发。它还把批量学习变成了按需学习，把推动方式变成了拉动方式。

通过数字实体相结合的方式学习技术

面授或线上直播课堂有时仍然很重要，例如领导力开发或需要更多互动的情况。在这些情况下，技术仍然可以根据参与者的需求和实时反馈为他们提供更加个性化的支持。VR头戴设备或苹果平板电脑里的模拟形象会向教师反馈实时数据，教师可以看到学员正在做什么。这种日益普及的方法也被称为"数字实体相结合"。

新技术的出现扩展了可能的领域，包括沉浸式虚拟现实体验（常用于制造业或零售业）、带有虚拟形象的AI模拟、参与者必须自行穿越的完全游戏化场景，这对测试概念性问题解决等技能很有用。我们甚至看到虚拟教练的出现，他们会根据领导者说了什么、说话的方式和每次在谈话或会议中说了多少内容，为他们提供实时反馈。这些"教练"整合了可穿戴技术、自然语言处理和大数据分析，可以帮助领导者练习各种行为，比如发言之前的停顿，在会上更多地倾听，通过变换语调让自己的演讲更富煽动性。它甚至还有一个被称为健身镜的版本，很多企业都推出了相关产品，例如智能家庭健身设备公司

Tonal、Mirror、埃施朗和美国健身科技公司 Tempo 等公司提供的镜子可以变成屏幕，真人大小的健身教练出现在屏幕上，为用户提供健身私教服务。这些服务包括预先录制的标准健身课程，还可以自动监控和纠正用户的锻炼行为。

需要注意的是，技术选择必须由学习策略驱动（谁需要学什么技能，什么时候学习）。应该首先掌握学习策略，然后确定缩小技能差距的最佳方式。

触手可及的洞察力

上面提到的大部分内容可以用一个简单的比喻来概括：它就像过去 10 年音乐市场发生的一切。过去的人们在想听音乐时，要么购买唱片，要么打开收音机，听电台主持人觉得你喜欢的任何音乐。如今，音乐市场是按需购买的——更依情境而变，也更智能。

有了各种移动设备，人们可以轻松地选择在何时何地观赏优兔视频，包括缓存自己喜欢的视频以供离线观看。这就是我们说的触手可及的、个性化的、自适应的、拉动式的、即服务的内容解决方案。在组织的学习和发展中，我们也必须做到这一点。

要做到这一点，学习必须是分段式的，它必须被切割成微小的模块，方便人们按需取用。

理想的情况是，这一切可以在 AI 的驱动下进行。适应性学习可以预测最适合每个员工的学习模块，能在恰当的时间通过恰当的渠道把它推荐给恰当的人，然后搜集反馈，不断改善结果。AI 最有可能把有用的模块推送到团队成员眼前，其实它的决策依据是每个人的行为，也就是说，这种看似推动的做法实际上是一种拉动过程。

> 在理想情况下，学习是触手可及的、个人化的、自适应的、

拉动式的，并像优兔一样提供即服务。

绩效和学习之间的反馈

这一切得益于绩效衡量与学习之间的实时整合，当员工需要时，在岗表现会触发学习模块或必修学习模块的推荐。

仍以呼叫中心专员为例，现在，呼叫中心可以根据呼叫者的少许线索进行分类，确定查询类型（比如，具体产品、不明收费，或者为即将开始的旅行咨询保险建议）。自然语言处理可以确定电话查询的问题是否被解决了，哪一方说话最多（是用户还是专员），各方的情绪（气愤、沮丧、快乐）。当然还可以掌握通话时长。基于这些信息，算法可以比较轻松地识别出哪些专员更擅长处理哪些类型的呼叫，哪些呼叫让他们犯难，从而有针对性地向他们推荐相应的微型学习模块。

这种机器会关注呼叫专员（包括完成各种学习模块的专员和未完成的专员）的工作业绩，通过微评估或其他反馈工具从专员那里搜集数据来继续学习。它会根据模块的长度、内容格式（比如，视频、多项选择题、拖放框）、教师以及其他要素进一步分析模块的有效性，以便不断优化学习模块。最终的结果是基于实时数据不断学习的个人化的、可预测的学习模块。就这样，AI和呼叫专员结合在一起，形成了"半人马"。

全世界的知识

"如果西门子知道自己有多博学，它早就发大财了。"这是业内广为流传的一句老话。

西门子是一家富有的公司，不过它本来可以更富有。西门子成立于1847年，是一家德国工业技术与制造企业。2022年，西门子的员工总数约30万人，遍布全球近200个国家。鉴于其业务活动的广度和速度，难怪它的学习与发展部门很难持续满足新的技能要求。

不过，我们也可以换个角度看待这个问题。AI 驱动的自适应学习似乎是一种推动式学习方式，学习者被灌输或强制学习所需的内容。然而，实际上它是拉动式的，员工自己训练计算机，他们能够在需要时找到他们需要的内容。可以说，这在未来将变得更加重要，因为我们必须越来越多地了解如何学习，如何获取准确信息，而不是死记硬背特定的主题。因此，学习与发展部门应该自问，西门子怎样才能做到既了解自己所知所想的一切，又掌握整个世界的所知所想。这正是优兔在视频（如今还包括音频）内容领域一直以来的做法。20 亿活跃用户和 5 000 万订阅用户对超过 3 700 万个频道和 8 亿条视频的感受如何，优兔统统知道。

未来的学习平台会越来越像优兔、网飞、阿里巴巴和亚马逊，而不是成为封闭的知识门户。传统知识管理将被智能知识策展取代。知识内容既包括学习与发展部门的创造，又包括用户的创造，还包括通向外部资源的链接。前面提到意大利联合圣保罗银行，它的平台上总计有超过 130 万小时的内容。假如一个人每星期学习 5 天，每天学习 8 小时，这些内容要 445 年才能学完。该银行不可能自己每年创造出接近这个数量的内容。

> 传统的知识管理将被智能知识策展取代，在这里，AI 会不断引导每个人获得最有用的知识点。

这样一来，学习与发展部门的作用就变成了辅助知识开发和获取，界定内容生产范围和标记方式（使其可搜索），衡量内容的有效性，并不断淘汰过时材料。最佳实践仍然很重要，随着工作环境的快速变化，其生命周期价值也在不断缩短。

类似军队之类的组织会更进一步,正在尝试脑机接口实验(就像现实生活中的《终结者》一样),通过接入云端帮助组织里的成员扩大认知能力。这能帮助人们利用全球知识,扩大记忆容量,甚至为人们带来更强大的智能。

最后一个建议——上述一切都离不开更广泛的组织流程、文化和工作方式的系统性整合。技术本身并不能解决学习迫切性的问题,解决这个问题需要一种新的组织文化。领导者必须成为成长心智模式和学习心智模式的典范,帮助人们明确地认识到,帮助组织在过去获得成功的那些策略和技能并不足以确保组织未来目标的实现。

快速的、规模化的学习

我们相信,未来的赢家不一定是那些今天拥有最多知识的组织,而是那些最有能力以一定的速度和规模学习、忘却学习和再学习的组织。

表 29.1 可以帮助你评估你当前的立足点,以及你在这一领域最重要的优先事项。

表 29.1 评估你的优先事项

从……		到……
特设的、反应式的学习,与战略目标脱钩	→	学习策略和预算与业务战略紧密结合,专注于最重要的技能
以防万一的、面对面的、一刀切的学习方式	→	在恰当的时间为恰当的人提供恰当的内容,通过数字微学习模块实现
有限的反馈循环,对学习影响的衡量有限	→	自适应学习,使用越多越智能
封闭生态系统内的知识管理	→	智能知识策展,利用全球知识资源
依赖于最佳实践和过去的成功经验	→	成长和终身学习文化,高效地学习、忘却学习和再学习

第 30 章

从管理人才到支持人才

在快速、流动和灵活环境中运行的组织，被要求保持基于工业经济而不是基于精准经济和体验经济而优化的人才管理模式是有问题的，为什么？

因为最优秀的人才可能会离你而去。如今，积极寻求新工作机会的员工人数（有些统计显示，这一比例已经超过 50%）创下了新纪录，而对那些没有积极寻找工作的人来说，如果潜在雇主找到他们，他们中的很大一部分人会认真考虑。这样的情况只会愈演愈烈，因为千禧一代和 Z 世代已经占据了当前全球劳动力的 60% 以上，有人预测，他们一生中会拥有多达 18 个工作岗位和 6 种不同的职业。员工越来越多地寻求有意义的工作，这些工作能提供学习、成长和进步的机会，并能提供灵活性。当然，薪资待遇仍然非常重要。

一份 2021 年的研究发现，新冠病毒感染疫情之后，全球一半以上的员工会考虑离开不再提供灵活办公机会的工作，其中，千禧一代选择离职的可能性是婴儿潮一代的 2 倍多。和之前相比，员工更倾向于认为是自己在推动自己的职业发展，而不是把它留给组织，他们更有可能在必要时采取行动。

> 一项研究表明，83%的员工想要一个面对面互动与远程灵活办公相结合的混合工作环境。

再加上零工经济、云端人力资源、内部人才市场和必然走向快速、流动和灵活的组织的增加，一种朝着技能经济的转变出现了，在这里，专业知识变得比你知道谁和知道什么更重要。工作任务越来越多地由具备该职位所需精准技能的内部和外部人员担任，无论他们的年龄、受教育程度、工作经验和所在地如何。

这一切意味着，组织的人才管理方式必须经常改变。实际上，新型职场需要更少的人才管理和更多的人才支持，其目标是为每个人赋能，为每个人提供必要的工具和资源，帮助人们做好当前的工作，不断探索新角色，不断地学习和重塑自我，让每个人真正决定自己的职业发展路径。

> 新型职场需要更少的人才管理和更多的人才支持。

这对整个人才周期都有极其深远的影响，包括填补职位空缺、绩效管理、职业路径规划、学习与发展和人才保留等。正如员工通过公开透明的市场竞争获得好工作一样，企业也要通过公开透明的市场竞争获得优秀的员工。

> 正如员工通过公开透明的市场竞争获得好工作一样，企业也要通过公开透明的市场竞争获得优秀的员工。

创造自己的进步阶梯

人才管理者经常通过某些职业路径来指导员工，而且会特别关注顶尖人才。管理者会制定详细的员工队伍建设战略，精确制定未来3~5年的计划，哪些岗位需要多少人，以及何时需要。然而，随着战略规划从设定目标转为向以大胆行动为基础设定方向，人才的战略管理必然会随之改变。鉴于业务和市场的流动性，最好的人才队伍计划应该只有一个大致的方向。而对人才的支持应该专注于建立以技能而不是资历为基础的、实时的零工市场。当然，跨部门的组织行动方案和人才投资仍然必须是可管可控的，但是它们应该被辅以这种流动性的方法。

> 人才支持的重点是创建生态系统，让人才能够找到工作，并发现自己可以在什么地方创建自己的职业阶梯。

这为每个人带来了公平的机会，帮助人们看清他们需要什么，并相应地重塑自己，无论他们有过怎样的经历。不仅如此，有些组织甚至尝试在更广泛的组织生态系统中匹配员工的供需，并在出现短暂人才盈余时把他们有效地"租借"出去。你可以想象，在未来的大多数组织中，工作机会和员工技能档案都是经过认证的，并集中在同一个云端数据库里，这会把整个工作场所变成一个公开透明、充满竞争的人才市场。

减少评估、增加辅导

绩效管理是传统人才管理的一大支柱。企业会确立KPI，并根据这些KPI对员工进行评估和排名，然后每年或每半年提出反馈意见。我们将率先指出，对企业的成功而言，强有力的绩效导向至关重要。

假如缺少了坚实的业绩基础，即使是最成功、最受敬仰的组织也不可能取得今天的成就，无论它们是麦肯锡、谷歌、亚马逊，还是苹果和网飞。

但是，与其借助威慑（人们希望规避什么）来管理绩效，不如通过信任和支持（人们想要做到什么）来实现绩效。说到为成功提供明确的指导方针、培育持续的基于优势的反馈文化、"前馈"（以未来目标为情境，专注于你需要做什么和必须采用的绩效方法，而不是专注于过去的绩效）与辅导、全程提供强有力的培训和支持，上述组织堪称佼佼者。也就是说，从面试开始，员工就非常清楚成功的必要条件，然后得到不懈的支持以达成目标。

同样的原则也适用于其他组织。只要懂得怎么做，人们总是希望把自己的工作做好，如果你相信这一点，那么绝大多数人都会用自己的行动证明你是对的。要明确地表述工作期望，同时提供恰当的机会，通过培训、进步机会和不断的反馈帮助人们完成这些期望。数据分析的运用可以进一步支持员工，帮助他们理解自己当前的位置，以及如何持续不断地改进。当员工通过提供给他们的数据自行发现这一点时，他们实际上是在接受指导，而不是评估。

> 随着绩效数据和微学习模块被提供给员工，他们的体验可能会从较少的评估转变为更多的指导。

帮助员工进步

为个人学习授权需要一种优兔式的教育微模块生态系统。然后，学习者可以自行构建学习旅程。这样做的回报是进步机会、工作机会和工作业绩本身。令人欣慰的是，现在有各种基于云的技能分类法，它们可以帮助学习者对学习模块进行分类，并证明学习者的熟练程度。

但这并不是完全的放任自流。就像员工规划仍然需要战略分析和方向设定一样，组织仍然需要发展特定的能力，使之成为自身独特文化和工作方式的一部分。图 30.1 概述了这些差别。

关键特征

技能	能力
颗粒状的	广泛的
某名员工会做什么	一项工作是怎样被完成的
描述性的	规定性的
学到的能力	行为集合
组织间可转移	因组织而异
由技术支持和维系	人工建立和维护
动态的/不断更新的	静态的/一个时间点的
所有者=员工	所有者=人力资源部门

图 30.1 技能 vs 能力

塑造工作的未来

最后，让人才在成长和保持个人平衡的同时发挥最佳表现需要灵活性。新冠病毒感染疫情告诉我们，地点方面的灵活性是行得通的——即使以闪电般的速度实施。接下来的转变就是时间方面的灵活性。事实证明，时间、地点和工作量等方面的高度灵活性在有些情况下可以把工作效率提高 50%，而且能让员工更快乐。实现绩效、成长和幸福是相辅相成的——不需要权衡取舍。

> 一项研究表明，时间、地点和工作量等方面的高度灵活性在有些情况下可以把工作效率提高 50%。

所有这些都指向众多用人单位和员工之间的新型劳动关系。当然，这种新模式不是完美无缺的——世上没有哪种模式是完美无缺的。远程或混合工作模式可能会对员工的成长产生消极影响，尤其对年轻员工来说，因为这会减少他们获得在岗辅导和培训的机会。这也使得保持共同的目标感和文化，培养连通性和非正式网络变得更具挑战性。因此，我们可以确定地指出，向全球人才敞开大门既带来了各种机会，也带来了各种陷阱。在 X 处办公的模式也对管理者和领导者提出了新要求。无论如何，未来的工作都将继续下去。

最成功的组织往往大胆行动，不断尝试，不断学习什么**对它们有用**、什么没有，它们会不断适应这一模式。它们不会把自己困在以工业经济为基础的传统模式中，恰恰相反，它们会用自己的方式塑造属于自己的未来。在此过程中，它们必须倾听员工的声音，让员工成为塑造未来组织的一部分。超过 50% 的员工表示，他们的组织在授权员工管理自身职业发展方面做得不好，或者还不够好。支持员工畅所欲言，用这些意见推动战略决策和日常决策，这不再是"锦上添花"的方式，而是赢得未来的关键。

表 30.1 可以帮助你评估你当前的立足点，以及你在这一领域最重要的优先事项。

表 30.1　评估你的优先事项

从……		到……
人才管理，目的是通过固定职业阶梯引导员工	→	人才支持，帮助员工创建属于自己的职业阶梯
每年或每半年对 KPI 进行一次回顾性绩效评估	→	持续的、前瞻性的绩效指导，帮助员工发挥自身潜力
固定的学习旅程，取决于职业发展	→	员工主导的技能发展，为员工赋能，帮助他们不断重塑自我
坐班制，朝九晚五，每周工作 5 天	→	工作时间、地点和工作量灵活
员工对工作完成方式和组织如何发展发言权有限	→	员工畅所欲言，协助塑造未来的工作模式和文化

第 31 章
马斯洛在行动

2021 年，我们迎来了"大辞职潮"，人们开始以前所未有的速度辞掉工作。仅在美国，2021 年 4 月至 8 月，就有近 2 000 万人辞职，比上年同期高出 60%，按照年化率计算，这个数字约占美国劳动人口的 1/3。同一时期的其他研究显示，大约 40% 的劳动者表示，他们可能会在未来 3~6 个月辞掉工作。

追求高品质生活

人们纷纷辞掉工作有很多重要原因，比如，人们感到自己的价值没有得到工作单位的认可和上司的重视，缺少归属感，无法在工作与个人生活之间取得平衡。新冠病毒感染疫情期间，很多员工发现了简单而无价的幸福，例如在家做饭、睡前和孩子们道晚安、重拾荒废已久的爱好。举个例子，在 2020 年，员工对精神健康，多样性、公平性和包容性，个人持续成长以及工作灵活度的重视程度明显增加。超过 2/3 的受薪员工希望放弃朝九晚五的坐班制，还有很多人开始从事自由职业。

人们对这些问题的认识可能已经发生了永久性的转变，而组织对此视而不见，把自己置于风险之中。有的时候，不可持续的情况需要一场危机才能得到纠正甚至重置，我们正在见证权力从雇主向员工的转移，员工正在越来越多地成为工作的消费者，而不仅仅是提供者。

> 员工正在越来越多地成为工作的消费者，而不仅仅是提供者。这意味着，雇主需要把工作推销给员工。

机械的文化产生机械的结果

每一位首席执行官都发表过类似这样的高论："员工是我们最宝贵的财富。"只不过这些组织的文化和日常工作往往是另一番模样。早期组织形式遗留下来的传统心智模式普遍存在。我们仍然看到很多领导者把自己的组织视为可以随意配置和优化的机器，员工只是机轮上的一个小轮齿，而不是活生生的个人，轮齿怎么会有价值观念、抱负和困难？传统的心智模式认为，文化和制度的设计都是理性的、不带感情色彩的，是由生产力驱动的。员工被认为不值得信任，只能通过强硬的政策来管控，只能被赋予极为有限的决策权。员工被认为主要是由他们的财务私利驱动的，只会受到奖金等物质奖励的激励（如果工作目标没有完成，这些激励手段很快就会被取消）。

我们并不是说你不应该关注业务结果，也不是说传统心智模式的某些方面有时是不必要的，我们想说的是，以可持续的方式取得成果的道路已经变得不同了。为提高生产效率而优化的、机械式的体系很难在如今这个时代立足。

这里的原因有很多。从最基本的层面来说，人类要想繁荣发展就**不能**每天在同一个地方待8个小时重复劳动。另一方面，如今对员工日常工作执行速度和多任务工作能力的要求都在增加。想要在这样的环境中展开竞争，员工通常需要更多的信任和更高的授权。

企业与员工之间的劳动合同也在发生变化。企业用终身岗位和退休方案换取员工忠诚服务的日子已经一去不复返了。企业可以而且确实比以前更频繁地辞掉员工，员工可以而且确实更频繁地更换工作。想要获得员工的忠诚，仅靠提供一份稳定的薪水远远不够，还需要将人性带回组织运营的中心。

也就是说，人才市场正在变得更快、更流动、更灵活，世界正在从工业经济转向精准经济和体验经济，在这里，包括工作消费者在内的各种消费者寻求的是新的、差异化的体验，这些体验往往能满足比以前更高层次的需求。我们甚至可以称其为"人的经济"，以便进一步把它同过去以实体和知识为基础的工作区别开来。这需要员工在工作中有更多的同理心、更高的创造力、更强的判断力，以及以人为本的文化所支撑的行为。

> 随着我们迈向体验经济，对具有更多同理心、更高创造力和更强判断力的员工的需求也在增加。这必须通过组织的管理方式来激发。

提到这一点，一个很好的例子来自西南航空，它是北美地区一家领先的航空公司。一位叫马克·迪金森的乘客不幸失去了孙子，他在最后一刻购买了一张机票。尽管他抵达洛杉矶国际机场时距离飞机起飞还有 2 个小时，但是机场排队的乘客太多了，迪金森确信自己会错过那班飞机。他想尽一切办法想要跳过安检手续，但是无济于事。等他终于来到登机口时，通道已经关闭 12 分钟了。令他没想到的是，那次航班的机长正在登机口等他。原来马克的妻子拨通了西南航空的客服电话，把事情的原委告诉了客服代表。出于同情心和共通的人性，飞行员做出了自己的决定，他对马克说："没有我，他们哪儿都去不了，没有你，我哪儿都不去。别担心，我们会把你安全送达目的地。请您节哀。"

假如换一家航空公司，一家既没有这样的同情心，也没有这种授权文化的航空公司，这个故事会变成什么样子？

制度的设计是为了人的发展

以人为本的组织源自这样一种信念：所有人都希望把事做好，员工也都很在意自己的用户，只要有机会，他们就会做正确的事情。明确的目标和强有力的绩效导向仍然起着关键作用，但是，这些组织也明白，想要完全释放员工的潜力，需要一种更全面的方法。这种方法通常在员工敬业度模型中得到很好的体现。它们显示了诸如：

- 拥有合适的设备
- 有利的工作环境
- 有喜爱和信赖的同事
- 自主权
- 灵活度
- 成长机会
- 明确的目标
- 一个支持、认可、指导你的领导
- 足以应对的工作量
- 表达自身观点而不会被报复的能力
- 自身价值观与组织价值观一致
- 有意义的工作

马斯洛在行动

请这样思考：我们之前看到，一般来说，当马斯洛需求金字塔的较低层次得到满足之后，边际消费就会向更高层次移动。同样的情况也发生在组织从自视为工作的提供者到面向工作消费者推销工作的转变中。满足这些敬业度要素不仅会影响员工的工作满意度和忠诚度，还会影响重要的人才和业务 KPI，如人员的流失、管理的有效性、销售收入、创新、生产力和转型成功。

有些组织认为，业绩和敬业度之间的选择是一种权衡和零和博弈，或者你可以通过提供心理健康网络研讨会等孤立的举措来掩盖敬业度的不足。你也许会以牺牲员工健康和敬业度为代价压榨出更多的业绩，这样的例子当然是有的，它们在初创企业、医疗保健和高级金融领域等高压行业里表现得尤为突出。但是这些结果是短暂的，可能会在别的方面对业务造成损害。它们可能导致员工过度疲惫，无法继续工作；它们可能会摧毁长期效能；它们可能会让糟糕的员工价值主张长期存在；它们可能会将顶尖人才推向竞争对手。

实际上，只要落实得当，以人为本的文化就是双赢的。当组织衡量员工敬业度并鼓励员工畅所欲言时，它们同时也在清除通向员工福祉和绩效道路上的障碍。

关注员工的一切

员工经常认为，他们必须表现得很"专业"，无论遇到什么个人问题，都应该把它们留在家里，不能带到单位。管理者站在他们的角度，可能认为最好不要过问员工的任何私事。这样的不闻不问也为管理者带来了莫大的好处。电影《教父》中的一句台词可以很好地概括这一点："这与个人恩怨无关，桑尼。这都是为了生意。"在组织做出有损员工的决策时，这种理由经常被使用。

以人为本始于承认人不仅仅是朝九晚五的那个自己。当雇用一个人时，你雇用的是一个完整的人，他们会遇到困难，你不能假装它们不存在。雇主也许不需要为员工的个人责任或困难负责，如家务事或个人问题，但是他们有责任将其考虑在内。因此，组织必须从管理员工的体验转向管理员工的人生体验。这不仅是正确的做法，而且已被证明对员工的身心健康、员工的忠诚度和绩效表现以及吸引顶尖人才的能力都有积极影响。

> 组织必须从管理员工的体验转向管理员工的人生体验。

对员工人生体验的管理离不开组织整体心智模式的转变，加上管理者培训、新员工/人力资源政策，以及将员工视为最宝贵的资产。这一点可以通过参与度调查来衡量，理想情况下，这样的调查最好每星期进行一次。

与此相结合的是完整性的概念。如果你希望员工在工作中全身心投入、超越最基本的工作要求，那就要帮助他们在工作中**成为**完整的自己。这就需要创造一个适宜的环境，让员工放心大胆地做自己，无须掩饰自己的缺点。很多研究表明，个人和团队在信任、接纳和心理安全的环境中表现最好。

对完整性的最佳描述之一来自麦肯锡前咨询顾问弗雷德里克·莱卢和他在重塑组织方面的开创性工作。他将有益健康的文化称为"邀请我们重新获得内心完整性，并让我们所有人都参与工作的实践，而不是狭隘的'职业的'自我"。这些做法包括以下内容：

- 培养安全和互助的团队环境。
- 制定健康合作的基本规则，清晰界定哪些做法是可以接受的，哪些做法是不可接受的。
- 为人们提供安静的反思空间。
- 创造会面机会，支持人们充分表达自己的观点、想法和感受。
- 及时解决各种形式的冲突。

把这些做法融入实际工作往往需要真正的文化转型。要想实现这一转型，就要建立以人为本的价值观，并把其融入人才体系的各个方面（招聘、反馈、学习与发展、内部流动性选择），还要确保领导者的行为、沟通和其他组织体系对目标行为发挥强化作用。文化的变革从来都不是一蹴而就的，它可能需要多年一贯的努力——关键是要让文化的发展方向与你周围的趋势保持一致。

多元化、公平性和包容性

我们还看到，人们更加重视多元化、公平性和包容性。你很可能听说过多元化、公平性和包容性的重要意义。事实当然不可能撒谎。相对而言，更多元、更包容的组织通常拥有较好的财务业绩，以及更健康的组织文化。事实上，近年来，这种业绩差距一直在扩大。

事实上，许多企业都在努力实现真正的多元化、公平性和包容性，但是进展缓慢。比如，世界经济论坛《2020年全球性别差距报告》指出，以目前的进展计算，人类还要100年才能实现性别平等。麦肯锡发现，大多数组织的努力都是在原地踏步。当然，谈到寻常男女喜欢哪种类型的工作可能存在统计上的差异，但是不应存在阻碍某一性别参与的统计壁垒。

不过，这样的壁垒可能存在，雇用其他文化或种族的人的壁垒也可能存在。令人不安的原因有很多，特别是因为劳动力越来越多样化，而且这个趋势只会日益加速——毕竟，同之前相比，人们更换居住地的情况越发多见，远程工作为企业从全球任何地方雇用员工打开了新的大门。

应对这一挑战需要系统性方法。在确定整个组织的优先事项、改进人才流程、开展重要培训（比如怎样消除偏见、培养信任和包容性）时，董事会和高管的关注和报告至关重要。多元化、公平性和包容性是可以量化的，领先的组织每个月甚至每个星期都会对自己在这方面的努力进行监测。避免采取一刀切的方法、特别举措或可能激励错误行为的任意的KPI。此外，还要切记，不同地域的多元化、公平性和包容性可能存在极大的差异。举例说明，美国的种族矛盾可能比全世界任何其他地方都要严重，而其他国家在努力解决阶级差距、种姓制度或基于性别或民族的歧视问题。因此，在不存在种族主义的地方关注种族主义可能会适得其反。

新冠病毒感染疫情从很多方面改变了人们的工作习惯，这些改变使得人们不得不关注真实人类的问题，几十年来，这些问题始终在表面之下冒出一串串气泡，但每到真正关键的时刻，它们却沉默了。尽管这场疫情是灾难性的，但它也成了一种催化剂，促使全球数十亿人反思什么对自己真正重要，并开始采取更坚定的立场。我们已经达到一个临界点，未来的赢家必定是那些以人为本的组织。

表31.1可以帮助你评估你当前的立足点，以及你在这一领域最重要的优先事项。

表31.1 评估你的优先事项

从……	到……
为工业经济或知识经济而优化的工作流程 →	为体验经济（或者"人的经济"）而优化的工作流程
组织把员工视为机器上的一个轮齿，认为员工受到财务私利的激励 →	为人类繁荣而设计的组织，为了满足人类的基本需求和更高层次的需求

续表

从……		到……
注重员工体验	→	注重员工的人生体验
职业面具，朝九晚五的人格设定	→	拥抱完整的人，对优缺点兼容并包
一刀切或者特别的多样性、公平性和包容性的方法	→	系统的多样性、公平性和包容性的策略，激励并转变整个组织

结 论

关于世界是如何演进的，以及推动这些变化的潜在力量是什么，我们已经谈了很多。我们已经看到，如果创新的5个C同时出现，那就可以释放出各种各样的创新。我们谈到了指数级超级趋势，它们可能触发技术、市场、生活方式、组织形式等方面的激烈变革。任何希望驾驭未来的人都必须理解这些超级趋势。

这些变革在过去创造了巨大的机遇。随着这些变革的速度不断加快，它们势必在未来创造更多的良机，一切只会越来越快。这样好极了。

不过，为了跟上这些变化，我们必须不断地调整和适应。展望未来，我们必须在思考和行动方面变得更快、更灵活，并建立对自己和他人的新认识。

在个人层面，我们讨论了许多有助于支持我们穿行于模糊未来的方法。它们包括自我激励、学习和适应的技巧。随着你周围外部环境的不断变化，你了解自我和周遭环境的能力必须随之进化。

我们谈到了8种适应未来的心智模式：主人翁心态、指数思维、初学者心态、成长心态、富足心态、好运气心态、复合心态和韧性心态。我们相信，这些心智模式是相辅相成的。只要重新调整你的思维方式，把它们融合在一起，适应未来就不会像听起来那么让人望而却步。

在**组织**层面，我们探讨了每个组织都应该认真思考的10个关键转变。当然，每个组织都有自己的情况，所以我们会尽可能多地考虑，不过我们发现，在现代动态环境里，这些转变往往出现在那些表现出色的组织里。这些转变涉及价值观、战略方向、市场路径、速度、灵活性、技术部署、创新、人才、文化、领导力等诸多方面。

在我们看来，有压倒性的迹象表明，未来（多半）会远胜现在，就像现在（多半）远胜过去一样。不过，要理解世界变化的方式和原因绝非易事。学会为此做出积极贡献（并从中实现自身的繁荣）离不开洞察力、反思和决断。希望本书对你漫长的征途有所帮助。我们在撰写本书的过程中受益匪浅，我们很感激能有这个机会。

致 谢

没有哪本书是从天上掉下来的。《从马尔萨斯到火星》是超社会性的产物,包括我们同很多最有趣的人的对话。我们要感谢每一位对本书提供帮助的人,他们贡献了各种各样的认识,不断地鞭策我们。需要特别感谢的是:

- 预测公司 Supertrends Institute 所有未来学家、管理顾问和同事——你们的智慧和经验让本书显露锋芒,变得更加优秀。
- 160 多位专家,他们为超级趋势时间表做出了贡献,帮助我们不断完美化未来图景。
- Greenleaf 出版社和快公司出版社,它们从始至终都在诠释真正的合作伙伴的含义。
- 萨米拉和莱克,感谢他们在整个写作过程中的投入和支持,每次我们提出"快速拍摄一段视频,用于本书的线上宣传"时,他们总是报之以专注和耐心。

最后,还要向读者表达特别的感谢,感谢你们花时间阅读本书。欢迎与我们线上联络,这样我们就可以把对话延续下去,并在我们一起加速冲入迷雾一般的未来时将前面的点连接起来。